中国经济发展的必经之路

——转型中的中国

［马来西亚］林华生 / 编著

世界知识出版社

目　录

第三部分

第四部分

研讨会：中国的经济发展·法律调整与日系企业

◀◀

中文翻译版自序
美欧债务危机与中日

日本早稻田大学亚太研究中心　教授

日本早稻田大学中华经济研究所　所长）

一、以美国为主的先进工业国经济每况愈下

——美国是世界经济的救星，还是万衰之源？

美国既是世界第一的经济大国，又是世界第一的债务大国。美国长年来拥有严重的"双胞胎赤字"（国家财政赤字和国际贸易赤字），雄辩地说明了美国经济的虚弱体制。为了弥补财政赤字，美国只能增印钞票和大量发行公债。由于美元是国际基础货币以及美国拥有世界上最大的黄金储备作为后盾，滥发美钞虽是慢性通货膨胀的主要根源之一，美元基本上还能受到世界各国的公认和使用。由于美国经济已一蹶不振，以致美元日益贬值（2011年8月11日，1美元已降至76.54日元！）。任何拥有大量美元的中央银行以及任何外汇储备中拥有大量美元储备的国家，都是惶惶不

可终日。

2011年8月2日，美国上下两院，最终达成妥协，取消长年来美国国债14.3兆美元上限，允许美国政府多发2.1兆美元的国债。条件是今后10年内，美国政府必须缩减2.4兆美元的财政赤字。此次，美国政府如果不能得到批准增发国债，就不能凑到足够的金钱来发国民年金和公务员薪水。同时，美国国债也将会即刻变成"不履行债务"（default），完全失去信用而导致美元进一步贬值。然而，提高发行国债上限，说明政府国库空虚，只有靠借钱来还债。日本增发国债，基本上有96%左右是日本国民购买。而美国的国债，只有五成左右由美国人自己购买，其余五成由中国、日本、英国等世界各国来购买。也就是说美国基本上是向外国借钱的。美国增发国债，暂时缓解了一些经济和财政难题，然而美国债台高筑，只是加重和加深了美国的经济困境，无法根本解决美国的经济难题。况且，除了中央政府14.3兆美元财政赤字外，加上地方州政府也负债了24兆美元以及退休金和医疗费也用了20兆美元，一共接近了60兆美元，再加上政府有关系的住宅关联企业的负债，竟然超出了一百兆美元！如此看来，在美国，引发更强烈的金融和经济危机的可能性，只是时间的问题罢了。

美国的增发国债决定一出台，美国三大国际评估等级机构之一的S&P（Standard and Poor's.标准普尔）马上把美国政府债务评级由AAA下调为AA+。这是美国政府债务有史以来第一次被降低信用度。降级有可能会迫使美国财政部提高新债券的利率，进而加重美国政府的财政负担。美国总统奥巴马强调，不管情况如何变化，美国国债必须维持在AAA。其他两大评估等级机构的Moody's Investor Service和Fitch Ratings现在比较谨慎，虽然在8月2日，还把美国国债评为最高的AAA，不过，随着美国经济的进一步恶化以及国债公认信用度的进一步下降，它们有可能会跟随S&P，降低美国国债信用等级。从中长期来看，今后很有可能会出现以下的恶性循环：国债信用度降低→政府财政支出受到限制→成长钝化→财政恶化→金融危机→国债信用度进一步被下调评级。人们开始担心美国今后会出现双谷衰退。

8月6日（星期六），美国国债信用等级被S&P降格为AA+之后，次周星期一的8月8日（因为8月7日是星期天，股市没有交易）美国股市以及世界各国的股市大跌。世界股票市场是否会由此引发大恐慌，这是大家所关心的事。

同一天的8月8日，S&P把美国政府系住宅金融机关——联邦住宅抵押金库（Fannie Mae）以及联邦住宅放款抵押公社（Freddie Mac）的长期债的等级由AAA降低为AA+。这必定会引发金融恐慌和股市的进一步滑跌。

其实在欧洲，由于国债高筑，首先在冰岛，现在在希腊，已引起金融以及经济大恐慌。葡萄牙当然也不例外。世界七大工业国之一的意大利，也危机四伏，不能保证不爆发金融危机。8月5日（星期五），美国总统奥巴马迫不及待地通过电话，和法国总统萨科齐以及德国总理默克尔协商（奥巴马没打电话给日本菅直人首相，理由不明，但肯定菅首相会感到很难堪）。欧洲各国首脑也互相取得联系，共商对策。G7财政部长和中央银行总裁也在8日清晨，召开紧急会议以及发表紧急声明。同日，G20的财政部长和中央银行总裁就美国国债降格和欧洲债务问题发表了共同声明，强调将采取一切措施以安定金融市场。这是非常罕见的举动。由此看来，美国国债问题，不单单是美国和欧洲的问题，也是世界性的问题。

很明显，美国的国债危机以及股市大跌，马上波及欧洲以至全世界。对欧洲产生了极其负面的影响，加深了欧洲经济的衰退以致最终可能导致金融体制的崩溃。亚洲的两大经济强国——日本和中国，受美国国债风波的影响，在某种程度上来讲，肯定也不会小于欧洲。

二、满城风雨的欧洲联盟

——自身难保的联合体

1993年11月1日，《马斯特里赫特条约》正式生效，欧盟正式诞生。之后，欧盟在世界舞台上成为一股强大的势力。另一方面，东亚加强经济合作，也取得了可观的进展。东亚经济共同体（EAEC）正在逐渐地实体化。因此，世界上便会出现欧盟（EU）、北美自由贸易区（NAFTA）、东亚经济共同体（EAEC）三极鼎立的格局。

　　1997~1998年亚洲金融风暴发生以后，东亚—亚太地区经济合作和经济整合的速度迅速加快。东亚地区更把欧盟作为学习榜样，从政治、经济、社会体制以及共同货币（欧元）等方面全面参考欧盟。

　　可是，非欧盟国家的冰岛在债务危机发生后，连累了欧盟。欧盟国家，尤其是英国、德国以及法国，对冰岛都有大量的金融投资，因此，欧盟只好积极展开对冰岛的支援。遥遥欲坠的冰岛经济还没得到解决之前，欧盟国家的希腊、葡萄牙、西班牙甚至是意大利，都面临债务危机的巨大威胁。尤其是为了拯救希腊，欧盟已经发起总动员以全力支撑希腊。

　　欧盟几个国家的债务危机，以至可能导致的金融危机，显然带给了东亚国家不小的冲击。东亚国家突然觉得仿效的对象是如此糟糕，那么东亚经济合作以至东亚经济整合更不是前途黯淡吗？

　　不少欧盟国家的国家债务——财政赤字，相当严重。其中包括欧盟"优等生"的德国、法国和英国。因此，美国国债面临危机以及国债信用度被降级后，欧盟马上引起一阵恐慌。前面所述，美国立即和德、法、英取得联系，共同表示无论如何必须支持美国、捍卫美国金融体制，显示了"美欧命运共同体"的重要性。同时，G20也发表声明，力援美国，避免美国发生债务危机以至金融危机。

　　欧盟一方面被冰岛债务危机和希腊等国的债务危机—经济危

机搞得焦头烂额，另外一方面又必须大力支撑美国，因此更削弱了自身的经济实力。欧盟不可能袖手旁观，但能力又非常有限。怎么办呢？今后只好加强和日本（其实日本也已自身难保）、以中国为主的金砖四国以及东盟的合作。G7或者G8，肯定解决不了美欧各国的债务危机。只有在G20的全面合作下，像处理2008年秋首先在美国发生的金融危机那样，才有可能解决欧美国家以至世界的债务危机——金融危机。

美国的债务危机和欧盟各国的债务危机，尤其容易波及同样是工业先进国的日本。另一方面，由于中国是美国最大的国债持有国，因此美国的债务危机，最能影响金砖四国中的中国。

日本和中国将是美国债务危机的最大受害国。美国的债务危机，马上迫使日元增值。原以为日本经济或者能慢慢好转，可是现在除日本"3·11"地震之外，日元急遽增值又对日本当头一击。8月4日，日本政府和中央银行三年四个月以来再次抛出4.46~4.66兆日元来购买美元，美元有反弹，但只是暂时的现象。目前，G8不愿和日本一起，共同介入货币市场，以扶持美元，因此，日本只能孤军奋战，效果非常有限。看来，日本经济的复苏，更显得遥遥无期。

另一方面，美国的债务问题，难免引起中国的大恐慌。下面将会比较详细地论述由于美国债务危机，造成中国的巨大损失。同时，人民币势必坚挺，这必将导致中国庞大的外汇储备损失，同时，人民币的进一步升值将影响中国的出口贸易。

三、满目疮痍的世界第三经济大国——日本

——日本经济有复苏的希望吗？

日本"3·11"地震海啸灾难之后，经济元气大伤。1991年泡沫经济崩溃后，日本实际上"已失去了二十年"。日本经济始终处于萎靡不振，但金融体制没有崩溃，经济体系没有瓦解，至今还"健在"，其实也是个"奇迹"。

日本是个天灾频发的大国。地震、海啸、洪水，台风、酷热严寒气候，不时侵袭和破坏日本。日本人一出世，便开始被训练如何应付这些自然灾害、如何与自然作斗争。因此，日本人的国民性坚韧不拔，但同时又具有强烈的宿命论和听天由命的想法。先进的日本人，不少是茫然无所适从的。

1991年泡沫经济崩溃后，政治、经济、社会、文化、教育等改革，还理不出一个体系制度来。尤其是经济方面，没有一贯性。首相的改朝换代，也造成正确的政策缺少连贯性和持久性。"3·11"地震以来，日本东北生产链被切断、电力供应不足，日本制造业争先恐后地往外国移。这回日本真正地碰上了"产业空洞化"问题。

日元大幅度增值，对日本来说是个致命伤。1985年G5会议后，日元大幅度增值，由1美元相当于242日元开始猛增。10年后的1995年4月，1美元相当于78.79日元。大大地冲破了日本企业界期望的1美元相当于100日元的生命线。如今，"3·11"事件一发生，日元一时猛涨至1美元相当于76元左右。虽然过后日元和

美元的汇换率有所改善，可是8月2日美国取消国债上限后，国债信用下降，市场认为美国经济从此便会一筹莫展，于是抢购日元，因此日元价格便陡增。8月12日，1美元只能兑换76.67日元！已迫近"3·11"地震之后的3月17日之1美元等于76.25日元的史无前例的低汇率。幸亏，8月24日，Moody's Investor Service 把日本国债信用度由 Aa2 降低为 Aa3，这是2002年5月开始9年以来的首次降级。如今，日本国债的信用等级和中国一样，但却是G7当中等级最低的了。8月25日，日元马上掉回一美元等于77.11日元。不过，市场还是认为日元还会继续反弹和坚挺。

日本企业尤其是出口产业，长年来作出了大量的努力，克服日元对美元的大幅度波动。但是，日元大幅度增值，美元大幅度贬值，使日本经济完全失去了应变能力。再加上日本人口迅速老化、不吸收外来专业人士以促进新陈代谢、不积极引进外资外企等，造成日本社会像是一潭死水。

日本经济萎靡不振，其实与日本的政治体制和政治文化也是分不开的。日本的政治也是杂乱不堪的。日本有上下两院，众议院480人，参议院242人。其实大约可以减少半数，或者取消参议院，因为参议院基本上没有实权。日本的国会议员，每人的年薪、各种补助和津贴、免费乘坐优等的新干线快速火车和飞机舱位等，大约需花费1亿日元。因此，假设减少250位议员，那么每年就可以减少250亿日元开销。日本政治家其实数量太多。政治家没事干，说话多，办事少。或者说，只会说话，不会办事。大清早起来不是争争吵吵，便是高谈阔论。搞派系，合纵连横，贪污腐败，争权夺利，无一是处。因此，日本政治就缺乏透明性、一贯性、规划性、连续性和可行性。经济的发展缺乏根本的政策指南和方针。政治的发展往往落后于经济的发展。日本如果没有工业家和企业家的奋斗努力，日本的经济可能早已破烂不堪、分崩离析。

如此的日本，经济何时能正式复苏呢？日本经济已病入膏肓、日本政治混乱异常（内阁中，该走的不愿走，不该上台的却拼命要上台）。8月29日，菅直人终于决定解散内阁，改选民主党新代表。在合纵连横、激烈火拼的情况下，新代表野田佳彦终于被选出。9月2日，"野田内阁"正式登场。标榜以"少壮派"为主轴的新内阁，例如财务部长安住淳和外交部长玄叶光一郎等人，根本不是本行人，却承担了重任。17名阁僚中，有10名首次入阁。大家摩拳擦掌，立下雄心壮志，准备大干一番。其实，菅直人留下来的是个烂摊子。明年9月，民主党再次改选党代表时，野田首相是否能解决灾后经济复兴重建问题，在国民的理解和支持下大幅度提高消费税以及制止日元急遽升值而搞垮日本经济，将是决定他的命运的三大课题。

其实，日本社会，如今已动荡不安、日本人心无所适从，原本是风光明媚、樱花盛开时那种世外桃源似的日本，只不过20年的时间，已面貌全非。日本人只能过一天算一天，听天由命、对国家的未来似乎没有太大的期待和盼望。

日本真的会如此一蹶不振、崩溃下去吗？持乐观者还是认为，日本经济基础还很健全：1. 日本失业率在5%以下，虽然是战后最高的，但比起欧美10%左右的失业率，何必担忧呢？2. 日本保持国际贸易顺差，虽然强劲的日元把日本的出口产业搞得天翻地覆，但长年来顺差值都是可观的。3. 日本的海外资产盈余，长年来保持世界第一位。日本从二十世纪60年代开始便已开始海外经济援助、企业海外进出、海外直接投资，因此日本的海外资产，长年来为日本创造了庞大的财富。4. 日本产业的技术根基还是很雄厚的。日本从1868年明治开始至今，在过去一个半世纪左右的时间里，从来没有停止过引进欧美技术、改良欧美技术以适合国民生产业用途。5. 日本的国家财政赤字（1142兆日元、2011年8月13日至现在），已高达GDP的189.3%，比世界任何先进工业国家都高①。根据2011年8月8日的日本经济新闻报道，2010年度的几个主要国家的国债发行余额/GDP比（%）为：日本199.7%、美国93.6%、意大利126.8%、希腊147.3%、德国87%、法国85%、英国80%、西班牙60%、中国17%②。幸好在日本，96%左右的国债都是由日本国民（金融机构、邮政储蓄银行、年金基金）购买的。不像美国那样，相当大部分是依赖中国、日本、英国等国。6. 日本的国民资产（现金、房地产、股票等），据估计有1440兆日元，因此，日本国民还不是贫穷的。7. 更重要的是，日本国民那种敬业乐业、精益求精、坚韧不拔、团结一致的精神。日本越和平富有，国民越会安居乐业。国家灾难当头时，便会奋发图强、克服困境、重建社会、改造家园，这是日本国民最独特的性格特征。

以上这些原因，可以解释为什么日本已经"失去了20年"，但是还没有发生经济大恐慌，日本经济还没有崩溃。

在此，有一点特别值得强调的是，除了日本之外，美国、德国、英国、意大利等西方工业先进国，都有相当高的国家债务。这也就说明这些国家的经济财政体制是脆弱的。因此，美国一发生债务危机时，其他的工业先进国家们都非常恐慌，认为这不是隔岸之火。

其实，纵观历史，一个国家的荣枯盛衰是常有的事，不足为奇。日本的复兴，其实也是时间的问题。三年五年，看来不易。十年八载，也不好说。这也要看日本国内和国际局势的变化而定。不过，日本已陷入难以自拔的非常困境，这也是铁的事实。在此中长期来看，我们也不能完全排除日本经济会遭遇瓦解和崩溃的厄运。1. 日本少子化和老龄化问题日趋严重。早在2006年9月，日本65岁以上的人口已高达3640万人，占总人口的20.7%。2. 日本社会没有包容性和开放性，基本上不吸收外来人才，固步自封，没有新陈代谢，就像一潭死水。3. 日本国民虽拥有大约1500兆日元资产，但其90%以上是由60岁以上的老年人拥有的。因此国内的消费市场不容易扩大，在很大程度上，这种资产便变成了"死的资产"。4. 日元在过去的四分之一世纪里（从1985年秋季开始至今），基本上都是坚挺的。现在的日元更是上涨至历史的最高度。如今1美元在70日元左右移动，不少经济学者看好日元会向60日元、甚至50日元位数增长。不管如何，越来越多的日本企业再也无法在国内生产，只好向海外转移，日本正面临严峻"产业空洞化"的挑战。5. 如前所说，日本国家财政赤字已高达1000兆日元，占世界首位，又完全没有改善的迹象。日本财政枯竭，国民年金无法支付，社会福利福祉无法增强改善，势必造成政治社会动荡，以致经济崩溃。6. 从国际局势发展角度分析，以中国为主的新兴国家经济迅速发展来看，虽也给日本带来了机遇和发展的刺激，但也不可否认它们在国际舞台上，已变成日本的竞争对手以及强敌的事实，这也就大大地削减了日本在国际舞台上的竞争能力和经济优势，等等。

日本如此的困境和发展前景，势必影响到中国、亚洲太平洋以及全世界。

四、中国是世界经济发展的巨龙吗？

——迈步前进路上的诸多障碍

美国2008年秋的金融危机，冲击了中国。除了以G20为主的世界各国力挽美国之外，中国当时也担心美国的金融危机会对中国以及世界产生灾难性的冲击，于是积极参与到救济美国经济的行列。同时，除了地方政府以及各政府部门积极拨款振兴经济建设之外，中央政府更拨出了4兆人民币（以当时的汇率计算，约等于60兆日币），作为改善福利福祉制度、振兴灾区、扶植中小企业、改善和建设社会基础设施等用途。中国大规模的财政支出，除了一部分资金流入股市和房地产市场以至一定程度上造成慢性泡沫经济外，中国的宏观经济调控政策基本上有一定的收效，大大地缓和了美国金融风暴的冲击，对美国金融危机的扩散，起了一定的相应的缓和作用。

正如前面所述，2011年8月2日，美国放弃国债14.3兆美元上限的决定后，国债信任度由AAA降至AA+，以致美国以及世界股市大跌、美元大贬值。据报道，中国突然之间就损失了60~70亿美元。8月6日，中国新华社发表评论，强调"中国完全有权利要求美国保证中国的以美元为主的资产之安全性"；主张"美元必须由国际来监管，同时为了防止其对特定国家的毁灭性的影响，必须检讨新的安定的国际准备货币"。

中国拥有世界最大的外汇储备金，一共有3兆3000亿美元，而其中大约7成是以美元为准的。此外汇储备金主要是由以下几项构成的。1．过去33年来积极引进外资的积累。2．长年来国际贸易顺差的积累。3．国际投机商（speculators）以及对冲基金机构经理（hedge fund managers）预见人民币会增值而投入中国购买人民币的"热钱"（hot money）。4．中国国民传统的高储蓄率的累积。5．为了避免人民币增值太快，中国政府定期抛售人民币来购买美元，因此美元储存量迅速增多。6．政府有节制地利用公款发展社会与工业基础设施的结果。7．环保、社会福利保障制度、地方区域发展（尤其是西部大开发）、教育实质的提高、科技发展等的节省开销的累积。中国今后如何有效地利用国家大量的外汇储备金，建设经济、发展社会、造福人群，将是影响中国经济、社会、科技、文化、环境发展的百年大计。

纵观中美关系，其实美国经济在很大程度上是受到中国牵制的。这是因为中国是美国国债的最大买主，总值高达1兆1655亿美元（2011年6月末）。不过，相反地，只要美国降低国债利率或者迫使人民币升值以及美元贬值，中国肯定会大受其害。这么看来，中国却又是大大地受美国牵制的。其实，中国有骑虎难下之窘。购买美国国债，回馈高但是风险也大。近年来，中国分散风险，扩大购买日本、韩国、中东等国债以及采取"一揽子货币"新政策。这是正确的。只是效果不大以及错过了好时机。今后如何挽回，将是一个重大且长期的课题。再说，中国外汇储备多元化，将可能带动非美元货币的升值，以致美元的贬值，那么，中国很有可能会大受其难。

再说人民币问题。奥巴马一上台，主要的任务之一便是力促人民币升值。克林顿国务卿和盖特纳财务部长的主要任务也就是在所有场所，一有机会就力促人民币升值，其他再也看不出他们为美国立了什么功劳。其实，人民币已在2005年7月21日开始正式升值了2%，由1美元等于8.27元人民币变成1美元等于8.11元人民币。今天（8月14日）是6.38元人民币，因此，从2005年至今，它已升值了23%。日本就是在美国压力下，1985年开始让日币迅速且大幅度地升值。现在已后患无穷，日本虽然一开始也极力唆使人民币升值，现在几乎听不到什么声音了。

　　美国始终认为，中国低估人民币，藉此促进出口，开拓国际市场。美国常年来对中国的贸易逆差耿耿于怀。人民币虽然已升值了23%，美国还是不能改善对中国的贸易逆差、不能减少国内大约10%的失业人口。中国认为物美价廉的中国货，造福了美国国民。同时，中国认为充分利用贸易顺差购买美国国债，无可非议。况且，人民币于何时、需要升值多少，应该由中国按照国内外具体情况而定。这其实也是中国的内政问题。然而，美国却强词夺理地主张中国还应使人民币升值20%左右，才能扭转美国的国际贸易劣势。中国有一项报告显示，如果人民币对美元升值20%，将导致就业下降3%——超过2000万份工作。如此，中美贸易摩擦和经济摩擦，难分难解没完没了。再说，中国国内的通货膨胀和消费者物价指数（CPI）显然偏高，但通过升值人民币来有效地解决这两个问题，毕竟作用有限。因为造成国内通货膨胀和消费者物价指数的大幅度提升，在中国国内生产的产品占了极大的部分。换言之，国内物价的上升，主要是由于国内产品价格的骤然上涨。因此，大幅度地让人民币升值，加强中国国际贸易的购买力，以缓和国内通胀和物价指数的提升，效果有限。尤其必须指出，中国的通货膨胀问题以及房地产泡沫经济问题已相当严重。虽然政府已采取各项措施，进行控制，但效果还是非常有限，大有需要进一步的加强和改善，以免后患无穷。

　　且谈中国的国际贸易，目前表现还良好。2008年秋季以后，由于世界经济萧条以及保护主义抬头，中国2011年1月至7月的国际贸易顺差为762亿美元，同比减少8.7%。不过，中国在2011年6月份的贸易顺差是275.0亿美元，而7月份的贸易顺差增加到314.8亿美元。一方面说明了中国制造业产品在国际市场上还有相当的竞争能力，中国对欧美市场的出口还很顺利；同时，中国也尽量减少对发达国家的依赖，开拓新兴国家的市场。这种趋势，尤其随着中国—东盟自由贸易区的建立，中国—东盟之间的贸易往来，有待进一步的加强。

总的来说，中国过去33年来的经济迅速发展，有目共睹、有口皆碑。如今，以GDP计算，中国已成为世界第二大经济大国，中国正在力图快速赶超欧美大国，尤其是美国。不过，大家都明白，中国的人均所得，大约只等于日本的1/10或者美国的1/14。虽然以购买力平价（PPP: Purchasing Power Parity）来计算，中国和美日的差距可以大大地缩小。不过，中国要达到美日的经济发展水平，还需要一段相当长的时间。

中国经济发展的大方向是正确的。2008年北京奥运会和2010年上海世博会的顺利召开以及圆满结束，证明了中国的经济实力已达到了一定高度的水平。不过，以人均GDP所得来计算，跟美日欧相比，中国还有一段相当漫长的道路需要走。同时，国土面积960万平方公里以及总人口13.39亿人的中国，在高速度经济发展的过程中，也难免遇到了诸多障碍。譬如说，环境污染、贫富差距扩大、沿海城市和内陆地区发展不平衡、工人农民收入差距扩大、贪污腐败横行，等等。这些都是需要制定有效政策，长期地纠正和改革下去。

最近，中国温州"7·23"动车追尾事故，震撼了中国和世界。日本从1964年奥运会起便开始启用了新干线高速动车，半个世纪以来没发生过事故。温州动车才启用不久便发生了追尾事故，死伤严重。温州"7·23"动车追尾事故发生，说明了以下几个问题。1. 中国高速铁路建设，是否因为发展过快而没有充分考虑安全问题？据调查，日本半个世纪里只建造了2387公里的新干线快速铁路（不包括还没正式开通的大约233公里的金泽、福井和北海道等的新干线铁路），而中国在2005年才开始建造类似日本新干线高速铁路，2007年4月开始使用。如今，便已建造了9677公里的干线铁路（约等于日本的4倍。包括1318公里的京沪铁路）。而且还有17000公里的干线铁路正在建造。2. 高速铁路的建设，跟当事者是否有偷工减料、贪污腐败的问题有关？中国是否需要更进一步地加强立法和执法力度呢？加强法制呢？3. 事故发生后，没有经过严密检查，有关当局便草率处理解决，其中是否有掩盖了一些事实？譬如说，开始说是打雷的影响，后来才承认自动保护系统（控制系统）出现了毛病，未能及时刹车。

中国力图快超美、欧、日的宏伟目标，完全可以理解。不过，高速经济发展所伴随和带来的弊病，也需要充分做好准备和采取有效对策。温州"7·23"动车事件便是最明显的例子。

中国经济发展的大方向已定，但是，在一段相当长的时期内，中国还是在"摸着石头过河"。过去30多年来的经济发展，证明中国基本上已与世界经济挂上了钩。由于中国经济实体巨大，美、欧、日经济发展对中国的影响也就更加广泛深刻。相反的，中国对工业先进国的影响也已越来越显得重要。另一方面，中国对金砖四国、东北亚、亚洲太平洋地区甚至全世界，都起着举足轻重的作用。中国在国内转型经济中，面临了不少难题和必须解决不少课题。在国外，各种各样的金融危机和债务危机，更使中国面对严峻的考验。中国国内的"社会主义市场经济"的扩展以及国际市场经济的压力和挑战，将是中国政治、经济和社会发展所必须面对的重大课题与考验。

尤其必须强调的是，中国能不能以及是否有需要由"世界工厂"向"世界的消费市场"转移的问题。中国的发展靠的是大量引进外资和技术，结合国内廉价劳动力和原材料，然后向世界市场提供产品的发展模式。中国是由于长年的国际出口贸易盈余，积累了大量的资金，有效地促进了国内社会建设和经济发展。中国出口导向型经济增长战略，也是今后经济发展的保证。以中国国民购买力来看，在当今世界债务危机和经济萧条的情况下，同时为了提高中国国民生活水平的大前提下，中国积极刺激国内市场和促进消费理所当然。可是，在可预见的将来，中国不可能像美国那样，成为世界的消费市场。

中国出口导向型经济增长战略，也面对了一些严峻的考验。这主要是生产成本的迅速提高问题。工人工资的提高和调整、外资企业优惠政策的修正、对外资企业雇员增收保险税等，是中国经济转型的一些初步对策，这肯定加重了国内外企业的生产成本以致降低中国产品在国际市场上的竞争能力。一些外资企业以及中国国内企业的海外迁移现象，也将会越来越明显。

*　　*　　*

　　此书是由日本蒼蒼社出版的《转机中的中国——经济发展，法律完善和日系企业》（2011年5月）翻译而成。不过在此中文版中，又另外添加了以下三篇日本学者撰写的文章：1. 谷口诚——世界经济危机与"东亚共同体"。2. 滨胜彦——中国改革开放30年的政策展开过程——成果与课题。3. 滨胜彦——中国的能源"危机"与节能发展战略的展开。这三篇文章，进一步充实了此书的内容。此书能够顺利出版，孙健强和王春兰夫妇以及女儿孙柳峰承担了翻译工作。它是一个家庭共同劳动的成果。编著者在此表示万分的感谢。

　　此书是由海外学者（包括长期在海外研究和工作的中国籍学者）合作写成的。基本上是从中国国外来研究中国和分析中国。一些分析的角度和观点极可能和中国国内学者不一样。也正因为如此，一些观点和建议值得中国国内学生、学者、专业人士以至政策决策人作为参考和借鉴。此书中各篇论文的观点和立场，仅代表作者本身，并不代表早稻田大学中华经济研究所或者是作者所属的有关机构或单位。此书若能起到抛砖引玉的作用或者多少引起一些共鸣，便是我们编印出版此书的最大的目的了。

　　编著者感谢中国太平洋经济合作全国委员会的杨泽瑞博士，他为本书作出了大量的校对和编辑工作。感谢胡秋伊、纪小燕、陆长荣、周宸等研究生参与了校对工作。感谢世界知识出版社的龚玲琳编辑的专业性的订正和编辑工作。龚编辑不遗余力地为早稻田大学中华经济研究所出版了第四本中文书，在此表示衷心的感谢。编著者负责监修此书的翻译和校对工作，不尽完善之处，有待改进，敬请包涵和指正。

　　台湾"裕隆集团"在严凯泰董事长的经营管理下，取得了辉煌成就和惊人的发展。众所周知，裕隆集团非常热心公益事业和教育事业。在裕隆集团的珍贵哲学理念下，经台湾裕隆汽车制造股份有限公司董事及中华汽车工业股份有限公司林信义常务董事的大力推荐、裕隆汽车制造有限公司陈国荣总经理的积极支持和裕隆经营企业股份有限公司事业企划部的配合下，"裕隆集团"为早稻田大学中华经济研究所设立了"裕隆讲座"，为期五年（2011~2015年）。早稻田大学中华经济研究所的一切研究活动和学术活动，都是由"裕隆集团"所赞助、都是在"裕隆讲座"的名称下推行和展开的。此书能顺利出版，当然也是因为得到"裕隆集团"的全面赞助与支持。特此表示万分的感谢。

（2011年9月8日写于早稻田大学林研究室，修改于2011年10月1日）

注释：

① 世界上只有三个国家没有发行国债，它们是摩纳哥（Monaco）、列支敦士登（Leichtenstein）和文莱（Brunei）。世界1~10位国债发行余额/GDP为：1．津巴布韦282.6％。2．日本189.3％。3．圣基茨和尼维斯185.0％。4．黎巴嫩156.0％。5．牙买加124.5％。6．意大利115.2％。7．希腊113.4％。8．新加坡113.1％。9．冰岛107.6％。10．苏丹103.7％。这里尤其必须指出，新加坡113.1％相信是超过不少人的意料之外。新加坡仅次于希腊的113.4％（又注：2011年10月1日，新加坡李显龙首相回答日本经济新闻时强调说新加坡宪法规定国家的收入和支出必须平衡、不持有净负债）。如今，希腊已面临40年来最严重的债务危机和经济危机。欧盟大量的财政支援已完全无效。反观新加坡，其政府的资金，主要是中央政府长年来的通过对雇主（employer）和对被雇用者（employee）的强制储蓄（中央年金，central provident fund）而筹得的。而此资金的大部分，是运用在发展社会基础设施（social infrastructure，譬如政府组屋、地铁、道路、医院、大学、学院等）和工业基础设施（industrial infrastructure，譬如工厂用地、发电、填海等）以及建立政府企业（state enterprises and statutory boards，譬如新加坡政府投资公司（Government of Singapore Investment Corp.）、淡马锡控股（Temasek Holdings）、新电信（SingTel）、新加坡航空（Singapore Airlines）、星展银行（DBS Bank）、新加坡地铁（SMRT）、新加坡港口、海皇航运、新加坡电力和吉宝集团等。基础设施的建设，使新加坡发展成为一个现代化的国家。另外，除了若干政府企业有巨大亏损外，大部分的政府企业在国内和海外投资（包括货币买卖和M&A等）似乎表现还不错。因此，较高的政府债务，并没有给新加坡带来债务危机，就

像如今发生在冰岛、美国以及欧洲的几个国家——希腊，还有可能是葡萄牙和西班牙，甚至是意大利的债务危机。

② 有另外的资料（Financial Times）显示，中国地方自治体的国债发行余额/GDP比为37%。其他作为政府系统债务的铁道部的债务、国家政策下银行发行的债权以及加上国营银行的不良债权，一共高达90%。

追记：

这两个月（2011年10—11月）来，美国经济不仅没有好转，财政赤字反而越来越恶化。尽管民主党和共和党屡次协商，仍无法达成关于削减财政赤字的协议。另一方面，美国的失业问题也显得越来越严重。美国国民正在开展全国性的"反失业、反贫富不均"示威活动。美国政府只好一方面削减在中东和世界各地的军事开销，一方面极力推进TPP进程。美国不断向日本施加压力，迫使日本加入TPP，希望进一步打开日本市场。最后实现奥巴马期望的将美国出口额度扩大两倍的宏愿以缓和国内严重的失业问题。

在欧洲，尽管以德法为主的欧盟国家极力支援希腊，但希腊的债务问题根本无法解决。虽然希腊首相被迫下台，但新政府对债务危机却束手无策。如今作为G7成员国的意大利，也只得在IMF和欧盟国家的监督下着手解决日益恶化的财政赤字问题。意大利总理最后也只得被迫引咎辞职。国民希望新的领导班子能有效地解决日益严重的财政危机问题。在西班牙，执政党（社会劳动党）无法解决日益严重的财政赤字问题，只好把政权交给了反对党（国民党）。

希腊爆发的债务危机，也使葡萄牙和西班牙等国的财政赤字问题愈发恶化。在葡西两国爆发债务危机之前，意大利却率先爆发了财政危机。希腊的债务危机其实是欧盟危机的缩影。希腊危机不限于希腊，希腊危机其实也就是欧盟危机。意大利出现债务危机的可能性甚高。如今，连欧盟两大强国——德法也产生了危机感。即使是德法发行的国债也很难找到买主。现在，欧盟各国纷纷增发国债以设法加强国家的财政实力，避免爆发债务危机。由于国债数值突然增大，不利于发售，因此，欧洲国家只好纷纷提高国债利率，这也就意味着国债的贬值。贬值的国债，谁会来购买呢？

中日是否是欧盟各国国债的大买主呢？中日分别是世界第一和第二的外汇储备大国，如今，一方面是欧盟的恳求，另一方面是由于高国债利率具有魅力，中日两国难免显得特别热心。

其实，为了支援欧盟，日本也先后对EFSF（European Financial Stability Facility，欧洲金融稳定基金）提供了百分之二十的财政资助。日本今后是否会冒巨大风险，利用坚挺的日元支援欧盟？支援将会出现在何时？它又会优先大量购买哪一个欧洲国家的国债？这一系列问题依旧不得而知。其实，这几天，由于意大利、西班牙、希腊等欧洲国家国债的显著贬值，日本已开始大量地抛售欧洲国债。

至于中国，虽然答应要协助欧洲解决债务危机，并希望借此加强与欧洲的合作关系。不过，世界不应夸大中国的实力。同时，中国始终认为欧洲的问题首先必须由欧洲自己来解决。中国如果不谨慎地大量购买欧洲的国债，不能不说是个大挑战。

（2011年12月吉日）

序 言
中国面对的几个重大问题

林华生

（早稻田大学研究生院教授　早稻田大学中华经济研究所所长）

中国全国人民代表大会与中国人民政治协商会议于2011年3月5日召开，在3月14日举行的第11届第四次会议上通过了"十二五规划"后顺利闭幕。（1978年至今，中国实施改革开放已有33个年头，如今中国经济改革开放政策获得成功，并且超越日本成为世界第二经济大国。本次大会是在取得上述成就后的首次全国人民代表大会，具有重要的意义。）

虽然难以预测中国未来10年、20年的经济发展战略，但重要的是先要制订出今后5年的计划。纵览中国的第12个五年规划，关于经济发展方面的内容，可归纳为以下几个问题。

1. 经济增长问题

2010年国内生产总值（GDP）的增长率是10.3%，消费物价指数（CPI）被控制在3.3%，为城镇创造了1168万个就业机会。虽然全球经济形势较为严峻，但（2011年）仍预计GDP的增长率为8%，政府希望将CPI控制在4%，有望为城镇创造出900万个就业机会（将城镇有登记的劳动者失业率控制在4.6%以下）。此次，政府为帮助就业，承诺投入423亿人民币，旨在重点发展劳动密集型产业、服务业、小型企业、科学技术产业，推出了能满足各个阶层就职需要的政策。

另外，众所周知，2008年秋由美国引发的金融危机向世界迅速扩展。中国推出了一系列刺激经济政策，外界认为正是由于这些刺激国内经济政策的实施，使得中国经济向有利的方向发展。但是，在世界经济的持续混乱中，今年中国的GDP增长要达到8%并非易事。3月11日，日本发生了以东北三陆冲为震源的9级强震，由于日本大震灾的发生，使得日本陷入混乱状态，必然会给日本对中国的直接投资及日中间的国际贸易带来不小的影响。为此，中国将五年规划的经济增长目标设定在7%也是可以理解的。同时，在这样的背景下，与追求高GDP的增长率相比，更重要的是要拿出精力来改善中国国内堆积如山的政治、经济、社会问题。

2. 财政赤字问题

在2011年，中国将继续实施积极的财政政策。政府将财政赤字和国债规模限定在9000亿人民币以内。与2009年的9500亿人民币及2010年的1兆500亿人民币相比有所减少。如前所述，在2009~2010年期间爆发的全球性金融危机中，中国也不得不采取大规模的金融措施，引起了财政赤字有所增长。在政府强有力的宏观调控下，经济得到了恢复，但在国际经济的混乱中，为了刺激国内经济，有必要继续保持巨额财政赤字而不可大幅削减。而且，中央政府要继续代替地方政府发行2000亿人民币的地方债，将其编入地方预算，才能对地方经济的振兴产生作用。

中国在毛泽东时代常引以为自豪的是"既无内债、又无外债"，"自力更生、奋发图强"。1978年以后，随着改革开放政策的推进、积极引入外资及发行国债，国内经济得到了发展，然而，事实上中国早已陷入"既有内债，又有外债"的局面，幸运的是，中国的内债及外债并未成为过去33年间经济发展的障碍。由于国债的发行，整合利用了国内的资本，为经济进一步发展发挥了作用。外债部分则利用了外国资本以弥补国内资本不足。当然，随着外资（外债）的引入，也引进了不少外国技术及国外的经营理念。中国一直以来都定期发行国债以调整资本，同时也大量吸引外资。

外界认为，实际上中国现在并未受到"财政赤字"的困扰，由于政府参与吸引外国直接投资及外国热钱的流入、国际贸易黑字的累积、卖出人民币买入美元，使得外汇储备额以空前的态势增加。实际上，中国已成为世界上最大的外汇储备国和世界最大的美国国债持有国。

3. 收入分配问题

中国政府表示要建设"社会主义市场经济"和"有中国特色的社会主义"，更将消除"两极分化"及"阶级社会的形成"作为最高指令。但是，伴随着中国经济的急速发展，所得差距、收入差距也在扩大。城市和农村、沿海城市和内陆地区、经济特区与其他地区居民的所得差距逐渐扩大了。脑力劳动者和体力劳动者、熟练工和非熟练工的工资差距也被拉大了。

国外，由于通货膨胀的加深和持续，一般市民的实质工资在下降。近年来，虽然政府制定了各种保障城市劳动者最低工资的法律，但还是跟不上经济的急速发展。

如果不用政策来平衡收入的分配，经济差距就会逐渐扩大，从而招致政治、社会的不安定。在此次的政府工作报告中，温家宝总理强调要"强化社会建设，保障市民生活的改善"。有关部门还进一步指出：①重点提高城乡低收入人口的基本收入。②加强收入分配的调整力度。③强化收入分配体系的完备和规范。当前最重要的是要从根本上改善国民保险制度和保障制度，提高国民的生活质量。

4. 稳定房地产价格问题

中国随着市场经济的推进，社会上的富裕阶层在增加。而且，富裕阶层踊跃参与房地产投机和投资。中国经济的良好发展招致房地产价格急速上涨。特别是2008年秋，美国爆发金融危机并向世界蔓延以后，以G20为主的世界各国中央政府加大财政支出，推出刺激经济政策。中国也在2010年前向国内资本市场投入了总额4兆元的资金，因此，国内景气大幅回升。但是，部分资金通过政府银行流入了股票及房地产市场，由此引发了股票和房地产的急速升值，形成了某种程度的中国的泡沫经济。这一结果使得政府不得不推出强有力的宏观调控政策。

政府首先开始管制资金，避免其流入股票和房地产市场。而且，在此次政府工作报告中，第一，强调继续坚持对房地产市场的宏观调控政策，同时进一步扩大各种保障性住房的建设规模。2011年政府将拿出1030亿元的补助金，用于1000万套低价住宅的建设和改善，并改造150万户农村老旧住房。第二，政府加强履行强有力的宏观经济调控政策。为抑制房地产方面的投机、投资活动，必须制定和实施廉租房政策、税制政策、关于房地产的税收政策、继承税政策。第三，设立健全的检查问责机构，对违反政府一系列房地产政策和住宅政策的行为必须进行追究。

由此可以窥见政府对稳定住宅及抑制房地产泡沫的坚决态度。

5. 三农投入问题

三农指农业、农村、农民。三农问题基本上就是农民收入的增加、农业的增产和农村安定的问题。中国是农业大国，农村人口近9亿，占全国人口的70%。农业人口近7亿，占总产业人口的50.1%。中央政府强调，在中国，三农问题与"国民的素质及经济发展"有着密切的关系，与"社会安定、国家富强、民族复兴"也有着密切的关系。

所谓政府"对三农的投入"就是真正的解决三农问题，此次中央政府预算在2011年投入9884.5亿元（比去年增加1304.8亿元）用于"确保农产品供给，多渠道增加农民收入"。政府强调"稳定产粮面积，支援有大规模生产棉花、食用油材料、制糖材料优势的生产地区，同时大力发展畜牧业、渔业、林业"。政府多次向国民表示要进一步认真推进新一轮的"菜篮子工程（蔬菜一条龙服务）"建设，确保大中城市郊区的基本蔬菜种植面积及生鲜食品的供给能力。

关键是，中国是农业大国，无论经济怎样良好的发展，都必须提高农业生产，切实增加农民收入。只有这样，才能在世界经济不景气的情况下，缩小对外贸易的依赖，进一步拉动内需，扩大国内市场。

以政策性、战略性的方法来增加9亿农村人口的收入，对当前政府来说是一个最大的课题，特别是在现阶段农村与城市、农民与城市劳动者、沿海地区与内陆地区的收入差距逐渐扩大的情况下，这已成为社会、政治以及经济的不安定因素。如不恰当解决这一问题，扩大内需，今后的发展就会遇到障碍。就会像胡锦涛总书记曾说过的那样"不要认为中国共产党永远领导中国是理所当然的事"。

事实上，中国存在着很多政治、经济和社会问题，但中国已走人"社会主义市场经济",并正在建设"有中国特色的社会主义"国家,中国的经济建设或者"治国方法"是"北京的一致意见"还是作为"中国的经济发展模式"提供给世界,特别是新兴工业国以及发展中国家的典范呢?这值得我们深思。

* * *

早稻田大学综合研究机构在校内中华经济研究所、现代法学研究所、跨国HRM研究所的协助下,于2010年11月11日举办了研究成果发表会。中国经济研究所从宏观经济的角度分析并阐述了现代中国经济发展的诸多问题;现代中国法学研究所探究了中国经济的发展与法律完善的关系;跨国HRM研究所研究了日资企业进出中国市场的特征和课题。发表会取得了很大成功,并将研究成果、发表会上的论文以及小组讨论的会议记录编纂成册加以出版。

此书的出版得到了早稻田大学综合研究机构的资助,在此,由衷地表示感谢!

此外,中华经济研究所的学术研究活动还获得了顶新国际集团和裕隆企业等团体的援助。而且,在此次研究成果发表会召开之际,还得到了早稻田大学校长镰田薰先生、综合研究所机构负责人森原隆先生及参与综合研究机构成果发表会的各位同仁的友好支持,在此一并表示感谢!

此外,还特别邀请中华经济研究所的研究员木下俊彦先生

（原早稻田大学教授）、城西大学教授张纪浔先生、阪南大学教授洪诗鸿先生寄来稿件，蒼蒼出版社的中村公省社长从专业角度给予了很多出色的建议和企划，也在此一并表示感谢！

（2011年4月吉日于澳大利亚阿德莱德制酒场）

序 论　中国经济发展与东亚

林华生

（早稻田大学研究生院教授　早稻田大学中华经济研究所所长）

1. 中国及东亚的政治经济变动

由突尼斯爆发的茉莉花革命[①]引发了中东民主化多米诺现象，并波及北非和中东，引发了一系列反政府示威游行，其结果导致了埃及穆巴拉克独裁政权的倒台。民主化的浪潮又蔓延到利比亚，使利比亚陷入内战状态。美、英、法等国直接介入这些国家和地区，特别是以北约为首的空袭，使北非及中东的形势日益复杂化、长期化。

北非及中东民主化运动的最大起因在于这些国家长期的独裁统治政权（穆巴拉克统治埃及30年，卡扎非统治利比亚42年）。其结果是政治麻痹、经济低迷、国民受苦，因此，引发了要求改革政府、改变现状、提高生活质量的国民运动。

北非及中东的民主化运动也孕育了穆斯林派系间错综复杂的纷争，十分复杂。另一方面，在沙特阿拉伯这样富裕国家中，也因年轻人失业问题、贫富差距加大、反对强权政治、统治阶层腐败及国民未能享有民主权利等不满而引发了民主化示威游行。

中国在1978年以后实行的改革开放国策所获得的成就，在近33年间的政治经济社会的发展中显而易见。据2011年4月28日中国国家统计局发布的第6次国情调查显示，中国本土的总人口为13亿3972万4852人，其中1亿5000万为贫困人口。这对国土广阔、世界人口第一的国家来说并不足为奇，但是，如不能有效地改善和解决这些问题也会招致社会的不安和政治的混乱。实际上，中国中央政府非常重视这些问题，也正在努力改善国民的生活。同时，政府还加大高度重视伴随经济飞速发展而引发的环境污染和食品安全问题，并积极采取了具体而有效的措施，努力加以改善。

西方的自由民主主义未必适合中国的国情，以议会民主主义为象征的两大政党（或是英国式的三大政党）轮流执政、或是像日本民主党那样一个大党和几个小党联合执政也未必能很好地统治国家。在共产党领导下的中国，不能轻易采取多党轮流执政的方式。近年来的欧美各国，特别是现在的日本陷入长期经济低迷状态的原因在于长年的政治混乱和对政府的不信任。日本自1991年泡沫经济破灭，至今已20年，经济还在低迷之中。美国2008年秋爆发金融危机以来，双重赤字（国际贸易赤字和财政赤字）持续增加，失业率也徘徊在10%左右。欧盟各国，特别是希腊、意大利、葡萄牙、西班牙等国经济进一步恶化。德国、法国、英国三国经济也在衰退，2011年欧元区（有17个国家参加共同货币）

的失业率为9.9%，欧盟27国的失业率为9.5%，形势相当严峻。

可以说中国政府较好地推进了经济发展，邓小平提出的"社会主义市场经济"和"有中国特色的社会主义"是人类历史上的首次尝试。中国33年的经济发展证明了这一实践是成功的。另一方面，也有不少人预测中国的股票市场和房地产泡沫经济将崩溃，但政府已采取宏观经济调控政策，有效地抑制了流动资金大量流入股票市场和房地产市场。如果中国形成了泡沫经济并崩溃，那么，这对中国来说将是一个悲剧，中国政府必须尽全力来阻止其发生。

中国政府大力创造就业机会、改善国民生活、提高卫生福利、缩小贫富差距、制止贪污腐败，以此来进一步构筑和谐社会[②]。如能推进这一系列的方针政策，中国就不会爆发北非和中东那样的"茉莉花革命"。

中国国民经济正在向健康方向发展，国民生活也得到了大幅改善和提高。2010年中国超越日本，成为世界第二经济大国。中国人口相当于日本的10倍，但中国的人均GDP只是日本的1/10，中国经济的发展道路还很漫长。如果用购买力平价[③]（PPP. Purchasing Power Parity）来计算，中国大体只相当于日本的1/6到1/8。

此次中国人民代表大会召开期间，政府反复强调要改善国民生活和缩小贫富差距。2010年政府修建了560万套面向一般国民的低价房，在此基础上，2011年承诺建设1000万套（总费用大约在1兆3000亿人民币至1兆4000亿人民币）面向低收入者的低价住宅。从这点也可清楚地看到，中国政府是在诚心诚意地，而且是实实在在地在提高国民的生活质量。

在亚洲太平洋地区，中国的经济发展特别突出。此外如越南、新加坡这样的东南亚联盟国家及印度的经济发展也很顺利。政治和社会稳定，就能进一步加快经济发展。像伊拉克、阿富汗等处于战争状态的国家，国民如同一盘散沙，经济建设无从谈起。

幸运的是，在东亚及太平洋地区没有直接引发战争的契机，虽然有些突发的小争端和冲突（例如泰国和柬埔寨的边境纠纷、朝鲜半岛的紧张局势等），但最终都得以抑制，没有发展成战争。从而，使东亚及太平洋地区基本得以在基本和平的环境中发展经济。

2. 欧美日的经济低迷给中国带来的各种不利影响

众所周知，欧美日各国的经济长期处于低迷状态，而且情况日益恶化。欧盟27国的主要国家德国、法国、英国也在为高通胀率、高失业率和高财政赤字而困扰，但又不得不支援经济复苏迟缓的希腊、意大利、葡萄牙、西班牙等国。冰岛是非欧盟成员国，但因冰岛的经济危机将欧盟及美日也卷入其中，因此，虽处于严峻的财政状态之中，欧盟也必须对冰岛进行支援，其结果使得欧盟主要成员国如德国、法国、英国的财政负担越发加重。

事实上，欧盟正式成立以后，在海外直接投资、国际贸易、技术转让等经济协作领域获利不小。但对欧盟以外的国家，特别是东亚各国来说是不利的。也就是说，欧盟成立以后，东亚各国基本被排除在外，这给东亚经济的发展带来了消极和不利的影响。

北美自由贸易区（NAFTA）的成立，也同欧盟基本相同，具有排他性和闭锁性。NAFTA成员以外的国家，在海外直接投资、国际贸易、技术转让等各经济领域里基本被排除在外。即NAFTA对美国、加拿大和墨西哥的经济协作有利，对该贸易区以外的国家，特别是东亚国家不利。

眼下，东亚各国正在积极加快经济协作的速度，但这些国家并未成立任何区域性的经济共同体及贸易区。ASEAN及ASEAN10+1（中国 ASEAN FTA，日本 ASEAN FTA、韩国 ASEAN FTA 等）强化了经济合作，但其进展并非如想象得那么快。总之，在东亚各国及亚洲太平洋各国之间，具有功能性的、系统性的经济合作尚且发展缓慢，必须进一步加快和强化发展的速度。欧美日经济发展减速，世界经济发展持续低迷，在这种状态下，东亚各国自然也处于不利状态之中。1997~1998年，亚洲金融危机爆发，由于亚洲各国间的经济协作尚处起步阶段，因此受亚洲金融危机的打击很大。但在过去的13年间，东亚各国拟定了清迈协定（Chiang Mai Initiative）④、亚元债券市场协定（Asian Bond Market Initiative）⑤的形成，以及亚洲地区内两国间（bilateral）或多国间（multilateral）自由贸易协定（FTA）的缔结等，对东亚及亚洲太平洋地区经济贸易协作的实质推进具有强化意义。因此，在2008

年秋，美国引发金融危机之际，亚洲各国采取了与之前相比更为适时有效的经济、财政政策。使亚洲各国较少受到美国金融危机的打击。无论从哪方面来说，与亚洲金融危机时期相比，亚洲各国此次受到美国金融危机的打击都比较小。

众所周知，美国引发的金融危机瞬间扩展到全世界，金融危机发生之后，G8、G20被迅速召集起来，说明了只靠美国、日本等先进工业国家，很难解决此次的美国金融危机及与之相伴的世界金融危机。美国除依赖于欧洲、日本等先进工业国以外，还必须依赖以BRICS（巴西、俄罗斯、印度、中国及南非）和以ASEAN为中心的亚洲各国，而且在亚洲，美国除需要获得日本的帮助之外，来自中国和印度的协作也是不可或缺的。

随着经济的快速发展，中国的国际地位日益重要和提高，中国在国际经济的稳定和发展中所起到的作用也日益增强。但从中国的人均GDP来看，中国只是美国的1/20，中国人口（13亿3972万人）相当于美国人口（3亿553万人）的约4.4倍，因此，在未来10~20年间，中国很难取代美国成为世界最大的消费大国。

实际上，希望并促使中国成为世界最大消费国，是以美国为首的西方国家的圈套。对中国来说成为世界最大的消费大国并非好事，如果成为消费大国，中国就要一方面扩大内需，另一方面扩大进口，其结果，中国的国际贸易黑字将缩小，或是转变为贸易赤字。

中国GDP发展的变化

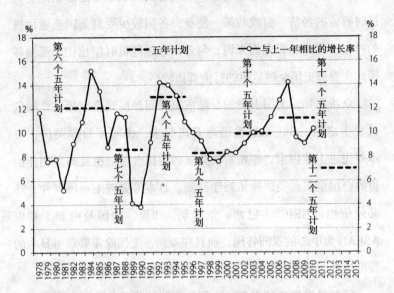

资料来源：21世纪《中国信息手册》2010年版，中国统计公报2010年版。

　　美国为减少对中国贸易的赤字，希望中国减少出口扩大进口，这种做法与美国促进本国出口政策相吻合，能够实现其扩大出口的愿望。事实上，美国发生金融危机后，世界各国均大规模动用国家财政以救济本国经济，刺激国内消费，扩大国内市场，保护本国企业。由此，促使了"保护主义"的抬头。在不能增加出口贸易的情况下，大多采用首先限制进口贸易的做法。

　　这种做法最明显的是美国，美国限制国内消费，促进出口，降低失业率，想以此来恢复经济。但上述做法并未收到具体成效。美国没有办法，开始将经济不能复苏的原因归咎于中国。他们认为中国政府对人民币评价太低，一有机会就给中国施加压力，要求人民币升值。事实上，中国政府于2005年7月21日对人民币实行了11年之内的再次调整，升值2%，从1美元兑换8.27元人民币升至1美元兑换8.11元人民币，至今人民币升值已超过2%。但包括日本在内的西方多国坚信人民币被中国政府低评了约40%。

中国的第11届全国人民代表大会第四次会议于2011年3月14日闭幕，会上通过了"第12个5年计划"⑥。将今后5年的年平均经济发展速度定为7%。同时，决定将抑制通货膨胀⑦作为政府宏观经济调控的主要任务。

当然不可否认，人民币升值，对抑制通货膨胀会有一定的效果。但是，无限制的人民币升值，会进一步降低中国产品在国际市场上的竞争力，导致中国国内很多制造商倒闭。而且，中国在2011年3月末时持有外汇储备（约70%为美元，不包括黄金）为3兆447亿美元（4月14日中国人民银行发布），如果人民币升值，就意味着美元将立即贬值，那么，中国所蒙受的外汇损失将是无法计算的。

现在，中国政府将消费者物价指数（Consumer Price Index）控制在5%以下。中国要想获得经济持续发展、政府的宏观经济调控政策取得一定成效，首先要控制好消费者物价指数，如此，政府就不必在短时间内大幅升值人民币。面对要求人民币升值的压力，中国政府一贯主张"何时、何种幅度升值，这完全是中国的内政问题。而且，要视中国国内经济发展的具体情况及世界经济的具体发展情况而定"。

3. 中国和东亚各国必须做些什么

2011年3月11日发生的"东日本大地震"是日本有史以来最大的地震，世界为之震惊。以东北、三陆冲为震源地的此次地震为日本国内观测史上的最高级9级，历史上，全世界与此相当的地震只有4次。地震引发的海啸波及美国西部的加利福尼亚州、太平洋南端的巴布亚新几内亚及位于日本背面的智利。与地震相比，福岛第一核电站事故而引发的放射性物质的扩散，给日本国民带来了更大的不安。

据日本警察厅统计，至5月1日此次地震共造成超过1万4000人死亡、超过1万人下落不明，预计经济损失在25兆日元以上（不包括核电辐射方面），日本国民生产总值很有可能下降1%~2%。日本想从自1991年以来泡沫经济（迷失的20年）的泥潭中脱身将越发困难。

但是，日本国民素有团结一体、共担苦难的美德。灾难来临时，在有些国家会发生暴徒掠夺及厂家乘机哄抬物价的事件，但在日本几乎没有看到。优衣库（UNIQLO）的柳井正会长宣布个人捐出10亿日元，其公司Fast Retailing宣布捐资3亿日元并从全世界的员工募集1亿日元的援助金和相当于7亿日元的物资援助。乐天的三木谷浩史会长也宣布捐资10亿日元，Soft Bank孙正义会长也承诺捐资100亿日元，日清食品也分两次，每次各无偿提供100万份方便面作为紧急援助，并派出具有供给热水功能的食品车。企业用自己的产品支援灾区，并捐献援助金的做法正在逐渐展开。此外，日本银行为稳定市场和确保市场资金流动，已于3月14日向市场提供18兆日元。日本保险公司为赔付保险损失，从国外大量召回资金，"东日本大地震"后，3月16日在纽约外汇交易市场日元一时急升至76.25日元，相隔16年，更新了1995年4月的最高值79.75日元的纪录。灾难面前，日元不跌反而升值了。

另一方面，11日地震发生当天，首都圈公共交通瘫痪，车站、道路上人满为患。陷入大混乱中的日本普通国民极富忍耐力地排队等待交通设施的恢复。由于严寒，暖气的使用量增加，从傍晚到夜间用电量高峰期，用电量大幅攀升，有关部门匆忙召开新闻发布会，称将从17日下午随时实行大规模停电计划。由于企业提前了上班时间，铁道公司减少了运行车次，加之民众的齐心协力，使得首都圈避免了大规模停电。在受灾地区，灾民们也都是排队领取援助物资及饮用水。日本冷静地对待这次国难，一定会克服困难早日复兴。

但是，从国际经济的角度来看，此次的日本大地震给全世界带来了影响，特别是给东亚国家带来了很大影响。无论怎样，日本这个经济大国在"东日本大地震"后，国内外股票市场大跌，大地震及计划停电不仅给东日本的供应链带来影响，甚至影响到了全日本，有很多企业还不能恢复生产。今后，日本的海外出口必定大幅减少，事实上，3月份的贸易黑字与前一年相比减少了78.9%。特别是半导体等高科技零部件（结晶板、芯片、玻璃基板、BT树脂等）的出口减少，汽车出口也大幅减少了27.8%。海外汽车工厂零部件供应不足，不得不停产或者减产。制造用于智能手机等液晶板的零部件（世界市场占有率为90%）、ITO粒子材料（世界市场占有率为70%）、制造用液化气（世界市场占有率为40%）、彩色胶片用颜料（世界市场占有率为60%）、中小型液晶板（世界市场占有率为60%）等工厂多数受灾，迟迟不能恢复生产，影响到了世界各地的生产。最近，所有日本生产的产品均被放射性物质污染的谣言也广泛流传，使日本产品蒙受了巨大损失。此外，对今后日本在海外的投资也必将带来巨大的负面影响。总之，日本与此次东亚各国为主的亚洲太平洋地区各国的经济协作关系必然将被削减。

今后，东亚各国必须加强经济协作，日本必须强化与东亚各国的经济协作关系。在过去10年间，日本与中国、韩国，日本与ASEAN个别成员国，日本与ASEAN所有国家的经济协作关系很强。从各个阶段的路线图也可看出东亚经济联合的情况。ASEAN10+3 [8] 及ASEAN10+6 [9] 也取得进展。日本及其他ASEAN大多数国家倾向于有美国、印度、澳大利亚、新西兰等国在内的ASEAN10+6，因此以中国和马来西亚为主的亚洲各国，拟在ASEAN10+3的基础上进行调整和让步，ASEAN10+6目前已在东亚及亚洲太平洋地区成为联合经济的主要趋势。事实上，在东亚经济组织的强化过程中，在一定程度上受到了来自APEC[⑩]的影响。特别是现在，东亚经济联合正在受到亚洲太平洋贸易区（FTAAP）[⑪]以及环太平洋战略经济合作协定（TPP）[⑫]的挑战。TPP于2006年由新加坡、文莱、新西兰、智利发起，2008年，美国、澳大利亚、马来西亚、越南、秘鲁5国表明加入。2010年，加拿大、菲律宾、韩国、日本、中国台湾也对TPP表示关注。此后，TPP加速推进。中国政府及其智囊团在就加入TPP的得与失、加入的时机进行周密的分析研究，似乎尚未作出最终决定。日本国内广泛进行的讨论因此次的"东日本大地震"而中断。总之，日本的经济界赞成早日加入TPP，而农业界基本持反对态度。在政界、学界、传媒界的一般舆论中，赞成声高过反对声，日本政府预定于6月底拿出结论。现在日本加入的可能性很大，原因是日本政府受到了来自经济界的很大压力。日本一直是以美国为中心，并以此来与亚洲太平洋各国对峙、抗衡的，何况日本不想被排除在亚洲太平洋地区之外。

显然，在亚洲太平洋地区之内，中国、韩国、印度等国的决定，将在某种程度上影响到日本的决定，日本打算先于中国做出决定。以美国为主导的TPP肯定要在亚洲太平洋地区成立，ASEAN10+3及ASEAN10+6如何与TPP互为补充地发展下去，这对东亚各国来说是最重要的任务和课题。

（2011年3月吉日于新加坡南洋工科大学经济学部研究室）

43

注释：

① 茉莉花革命（Jasmine Revolution）：2011年1月在突尼斯发起的革命，用突尼斯的国花茉莉花来命名为"茉莉花革命"。2011年1月14日，本·阿里总统逃亡到沙特阿拉伯，结束了其长达23年的独裁统治。

② 和谐社会：表示社会很协调，是胡锦涛政府提出的口号。目标是建立尊崇公平、正义，充满友爱，人与自然共同发展的社会。

③ 购买力平价（PPP: Purchasing Power Parity）：两种货币（主要标准是基础货币美元）分别在其国内所能购买的物品及服务的比率。

④ 清迈协定（Chiang Mai Initiative）：东盟各国及日中韩在外汇不足、资金流出等紧急时期，为稳定货币而订立的相互融通外汇的互惠信贷协定。

⑤ 亚元债券市场协定（Asian Bond Market Initiative）：以亚洲金融危机为教训，在亚洲区域内进行区域性的货币储备，用于区域内的投资及资金调节。现就区域内债券市场的构建及各国债券市场的发展正在进行认真研讨。

⑥ 第12个5年计划（2011~2015年）：第11届全国人民代表大会第四次会议上通过的"国民经济和社会发展第12个五年规划纲要"。由年平均经济增长7%、消费者物价上涨率为4%、拉动内需、转变生产结构、气候变化、节省能源、环境对策、海洋经济发展等24个指标而构成的具体的发展目标。

⑦ 抑制通货膨胀：今年的全国人民代表大会上通过，将今年的消费者物价上涨率控制在4%，继续执行紧缩的金融政策。特别是通过抑制土地、房地产的快速上涨来稳定经济。

⑧　ASEAN10+3：印度尼西亚、柬埔寨、新加坡、泰国、菲律宾、文莱、越南、马来西亚、缅甸、老挝10个东南亚国家联盟，再加上日本、中国和韩国。

⑨　ASEAN10+6：东南亚10个国家联盟，日、中、韩，再加上印度、新西兰和澳大利亚。

⑩　APEC（Asia Pacific Economic Cooperation）：亚洲太平洋经济合作组织。目标是扩大亚太地区自由贸易，促进经济、技术协作等。

⑪　亚洲、太平洋贸易区（Free Trade Area of Asia Pacific—FTAAP）：亚洲、太平洋自由贸易圈。将整个亚洲、太平洋地区作为自由贸易区的构想。

⑫　环太平洋战略经济合作协定（Trans-Pacific Economic Partnership Agreement—TPP）：环太平洋战略经济合作协定，其不只是贸易自由化，还包括其他多领域、高级别的自由化的协定。关税也不例外，将在10年内全部废止。是贸易、投资、人才流动等的级别较高的自由构想。

第一部分

中国经济发展与世界金融危机

林华生

（早稻田大学亚洲太平洋研究院教授，早稻田大学

中华经济研究所所长）

一、中国经济发展的现状与课题

中华人民共和国自1949年成立以来至1978年这30年间，基本上实行的是中央计划经济政策。但是，自1978年末以后，中国实行了改革开放政策，在至今为止的33年里，经济得到了顺利发展。

1. 中国经济发展与华人资本

中国同世界上其他发展中国家一样，从国外引进资金、技术、经营以及与国内低价劳动力及低价原材料相结合，大量生产产品，并开拓以欧美日为中心的国际市场。可以说，在中国经济的发展中，大部分靠的是出口型经济（export-orientation economy/export-oriented industrialization）。

中国经济发展的成功，得益于欧美日等外国的资金、技术和经营方式。同时更应看到亚洲，特别是以 ASEAN 为中心的东南亚各国华人（ethnic Chinese）企业集团的贡献。亚洲各国的华人资

48

本[1]（ethnic Chinese capital）自中国1978年引入市场经济（market economy）以来，常常占据中国引进外资总额的7成左右。抛开华人资金的作用，中国经济的发展就无从谈起。这点在中国以外的其他发展中国家很难见到。

亚洲华人企业（Asian ethnic Chinese enterprises）的投资集中在经济特区[2]（special economic zone）及沿海地区（coastal area）。与制造业相比，大多集中在房地产开发、住宅建设和流通产业。但近年来，特别是自1999年中国政府提倡西部大开发以来，华人资金渐渐进入中国内陆地区。而且，近来由于中国政府设定了最低工资标准及要求增加工资的事件频发，使得生产成本急剧上升。由此，中国台湾、中国香港、欧美日等企业将生产据点移向中国内陆地区，有的甚至开始考虑从中国撤出。亚洲华人企业似乎也在渐渐向中国内陆地区转移。谈起亚洲华人企业进入中国，必须要谈新加坡。新加坡人口中的78%由华人构成，被称为"华人国家"。2011年以来，新加坡的华人资金积极进入中国，比其他东南亚国家都要显著。其特征是政府与华人资金结合，即"官民一体"的形式积极地开展对华投资。新加坡政府资金与华人资金结合，共同在苏州、无锡、沈阳、天津等地建设大规模的"工业园区"和"环保社区"。这是一种集工厂、银行、医院、学校、邮局、超市、住宅等完备的新型"都市建设"。这种做法得到了中国中央政府的赞同之外，还得到了地方政府的有力协助（资金参与及行政协助）。

中国经济发展与华人资本

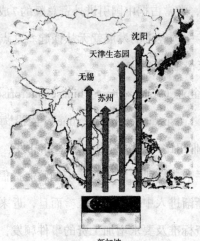

新加坡

新加坡·是由78%的华人构成的"华人国家"。

新加坡的对华贸易·在东南亚国家中,其对华贸易最为显著。

·政府与华人资金一体,"官民一体"。

·在苏州、无锡、沈阳、天津等地建有"工业园区"及"节能环保园区"。

·得到了中国中央政府和地方政府强有力的资金参与及行政帮助。

看起来,新加坡政府似乎有个宏大的构想——拟运用本国的经济建设经验,在中国建设无数个"小型新加坡(工业园区、环保社区)"。"新加坡苏州工业园区"当初没能按计划获得发展,但其失败的教训使在无锡及天津开发的新加坡政府工业园区项目获得成功。

2．中国经济发展的"必经曲折"及"弊端"

在过去的33年里，中国的经济建设的确是人类历史上的伟大实践。正如邓小平所说的"社会主义市场经济"、"摸着石头过河"、"让一部分人先富起来"等。

中国在经济上实施同欧美日一样的市场经济政策，而在政治上使用共产党的社会主义理念来治理国家，即所谓的"社会主义市场经济"。像中国这样独具特色的社会主义国家，在世界上尚属首例。中国在今后经济会如何发展，将会获得怎样的成功，非常值得我们注意。因为当今世界上日本经济发展模式及美国经济发展模式已行不通了，大家都在摸索一种新的经济发展模式。

"摸着石头过河"就是说，在试行过程中会犯错误。中国实行中央计划经济政策30年，1978年才开始引入改革开放政策。此后破除了自力更生及锁国的经济政策，与世界经济接轨，开始走市场经济的道路。从计划经济转到市场经济，必然面临很大的困难，要了解市场经济的特质及结构，并在中国运营，当然并非易事。可以说，中国在经历了多次错误尝试及失败后，才扎实而又顺利地推进了自身的经济发展。

"让一部分人先富起来"[③]，这种提法在当时的中国需要足够的勇气和决心。引进市场经济，当然不可能让13亿3972万4852人（据2011年4月28日中国国家统计局发布的第6次人口普查）一同富裕起来。不可否认，如果产生了贫富差距，社会主义社会就会有被颠覆的危险。中国国民虽然接受了"让一部分人先富起来",但由于贫富差距的产生,有很多人会对只有在资本主义社会才会形成的阶级感到不安。

评价中国过去33年的经济发展,不可否认,随着计划经济向市场经济的转变,经济发展中也必经历曲折和产生一些弊端。如贪污腐败的蔓延、政治的不透明、贫富差距的加大、沿海地区与内陆地区发展的不均衡、环境污染、拜金主义、房地产泡沫的形成以及通货膨胀等。

因此,对中国经济持悲观态度的人有所增加。这些悲观论者,只着眼于中国经济发展的负面结果,预言中国经济将崩溃。有人认为,中国经济的发展只能持续到2008年北京奥运会,或是2010年的上海世博会,其后,中国经济的发展将会衰退,甚至崩溃。特别是2010年10月末,上海世博会结束时,似乎看到了中国经济迎来了停滞期。然而,中国经济不仅没有衰退,反而,正在带领亚洲逐渐成长为引领世界经济发展的生力军。

3.怎样评价中国经济的实力

根据日本研究机构大和总研的估算,2011年1月中国的名义GDP换算成美元为5兆8895亿美元。超过了日本的名义GDP 5兆4778亿美元,跃居世界第2位。此外,外汇储备分别为:中国3兆447亿美元(2011年3月末);日本1兆961亿美元(2010年12月);美国1292亿美元(2010年7月)。中国正在成为世界上最大的外汇储备国。但是,人均GDP分别是:中国4282.95美元;日本4万2325.23美元;美国4万7131.95美元。中国还只是发展中国家,而且，按照联合国的标准，中国还有1亿5000万人属于最贫困阶层。当前，中国政府的目标是建立"小康社会"④，争取在21世纪中期发展成为现代化国家。

前文所提到的"让一部分人先富起来"政策在中国实行后，中国的贫富差距越来越大。如果不在政策上和制度上加以制止悬殊的贫富差异，就会给社会和政治带来不安。目前中国城市与农村的收入差距是3.3倍，国有企业干部的工资与一般平均工资的差距最大为128倍，富裕阶层与贫困阶层的收入差距高达23倍。因此，政府开始提出构建"和谐社会"⑤，救助贫困者（特别是农民）、缓和日趋明显的阶级分化、普及义务教育，以此来阻止形成像资本主义国家那样鲜明的阶级。要构筑和谐社会，重要在于财富的均衡分配及利用上。

2008年9月，美国爆发金融危机后，以G20为中心的各国均实施了动用财政资金来刺激经济的政策。中国采取了至2010年底总额为4兆元（约53兆日元）的大型刺激经济政策。德国是10.6兆日元、意大利是10.6兆日元、西班牙是9.4兆日元、法国是3.8兆日元、英国是2.9兆日元。中国的大规模刺激经济政策超过了上述5国经济对策的总和。中国大规模地动用财政资金，主要用于南部大雪灾害、四川大地震后的修复及救济、充实社会的基础建设（学校、医院、社会福利设施等）及工业基础建设（道路、桥梁、发电厂、港口、水库等）、完善社会福利制度、救济中小企业等。

美国爆发金融危机后，中国大规模动用财政资金，以期国内经济恢复景气。但是，财政资金却通过国内的金融机构流向了股票及房地产市场。股票买卖兴旺、房地产投资过剩、投机行为活跃，使得本来就有泡沫倾向的股票、房地产市场进一步加大了投资和投机的机会。幸亏政府实施了宏观经济调控政策，特别是开始抑制和限制对土地房产的投机活动。可以看到，现在股票及资产泡沫持续向平稳化发展。

另一方面，伴随着世界经济危机，保护主义开始抬头。中国的出口贸易受到限制。因此，今后的重要课题是用扩大内需来拓展国内市场。中国完全没有必要从"世界的工厂"变为"世界的市场"。但一定要强调的是，提高国民的购买力、提高国民的生活质量是很重要的。现在正是应该认真考虑如何利用过去33年所创造的财富及号称世界第一的外汇储备3兆447亿美元（2011年3月末至今）来提高国民的生活质量和改善福利待遇的时候了。

二、世界经济危机的后遗症

2008年9月，美国爆发了金融危机，并迅速扩展到全世界。幸运的是，由G8和G20主持召开会议，欧美日发达国家及BRICS[⑥]，加上若干发展中国家（印度尼西亚等）相继出台了经济对应政策和刺激政策，才使得世界经济趋于稳定，但是，以下四个理由可以说明世界规模的经济复苏尚未到来。

其一，就业情况恶化，失业率增高。日本的失业率为5.1%

（2010年8月至今），为战后最高。美国约为10%的高失业率一直没能得到改善。据美国国情调查局的调查，2009年生活贫困者为4360万人，比2008年增加了380万人，为历史最高。2008年的全美贫困率从13.2%上升到14.3%，每7个国民中就有1人为贫困阶层。种族间的差距也在扩大。欧元区（16个国家）的失业率约10%，2008年至2009年欧元区主要国家的失业率恶化如下：

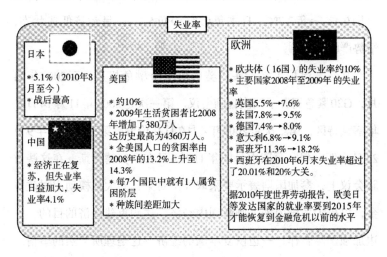

英国5.5%→7.6%，法国7.8%→9.5%，德国7.4%→8.0%，意大利6.8%→9.1%，西班牙11.3%→18.2%。西班牙在2010年6月末失业率超20%大关，即使出台了大型经济救济政策和经济刺激政策，欧美日的经济还是处于低迷状态，失业率居高不下。据国际劳动机构（ILO）10月1日发表的2010年度世界劳动报告指出，预计要到2015年欧美日等发达国家的就业率才能恢复到金融危机以前的水平。作为经济发展较好的中国，虽然经济正在复苏，但

失业问题也日益加重。

其二，GDP增长率不升反降。BRICs[⑦]的GDP增长率虽比欧美日要好些，充其量如下所示——即与2008年相比，2009年的GDP增长率为：巴西5.0%→负0.6%，俄罗斯5.6%→负7.5%，印度7.3%→5.3%，中国9.0%→8.5%。中国和印度正在向好的方向发展，俄罗斯和巴西情况还很严重。另外，欧盟1.0%→负4.1%，美国0.4%→负2.7%，日本负0.7%→负5.3%，呈经济低迷状态，情势严峻。

其三，保护主义抬头。美国爆发金融危机后，至2009年11月，G20紧急召开了四次首脑会议。第一次是2008年11月14日在华盛顿特区，第二次是2009年4月2日在伦敦，第三次是同年9月24日在匹兹堡，第四次是同年11月6日在圣安德鲁斯。在这些首脑会议上，参加国均表示要采取经济对策，并大规模动用财政资金，以扩大各国内需，刺激国内经济，达到重建经济的目的。一边加强国际合作，一边恢复本国的经济，这是理所当然的事情。但是，为了本国经济的恢复及保护国内市场，就要考虑优先保护本国的企业，因此，就会实施保护主义政策，就会限制进口，促进出口，就会像美国那样提出"Buy American"。而且，还会产生贸易摩擦，以至于引起了中日贸易摩擦、中欧贸易摩擦、中美贸易摩擦等。贸易摩擦与保护主义的抬头常常成因果关系。美国以自我为中心，为了创造就业机会，而实施对国内产业的保护政策，限制进口贸易。像后面将要提到的那样，美国向中国施加压力，要求人民币升值，削减中国对美国的出口。但是，美国多年以来的收支赤字与财政赤字"双重赤字"[⑧]并未得到改善。

其四，财政赤字加大。美国爆发金融危机并带动世界发生金融危机后，世界各国均出台大型动用财政资金政策。其结果，财政赤字急剧增加。例如：欧洲主要国家财政赤字（对比GDP）的基准值为3%以内。但据欧盟（EU）统计局于2011年4月26日发布的2010年财政收支显示：德国为3.3%、法国为7.0%、英国为10.4%、西班牙为9.2%、葡萄牙为9.1%、爱尔兰为32.4%、希腊为10.5%、欧元区17国平均为6.0%、欧盟27国平均为6.4%。与GDP的比例为3%以内的基准值持平的有瑞典、芬兰等5国，其他22国的财政赤字均超出基准值。日本的财政赤字也非常大。据2010年度的预算，财政赤字达GDP比例的9.3%。日本未爆发金融危机的最大原因是政府发行的国债中，有95%以上都是被日本国内购买的，可以说日本不依赖于"外国资金"。2010年5月希腊财政赤字膨胀，引发了金融危机并波及欧洲，连日美也受到了牵连。在欧元区的支援（特别是德国）及日美的协助下，总算制止住了希腊引发的金融危机的继续扩散。但葡萄牙、西班牙有可能再度发生金融危机。

如上所述，2008年9月发生的美国金融危机进而引发的世界金融危机，留下了高失业率、GDP增长恶化、保护主义抬头以及高财政赤字等后遗症。

三、中国的作用

中国已经在各个领域（政治、经济、军事、外交等）成为世界一级大国，抛开中国，世界上的事情无从谈起。怎样理解和评价中国这个经济大国，实在是件饶有兴致的事。因此，通过从以下几个侧面对中国实际情况的分析，可以切实地理解中国，对中国国际作用的评价，至少有七个作用或课题。

其一，邓小平提出了"韬光养晦"一说，这是20世纪80年代起中国重要的外交战略之一。中国在储存实力，对外不逞强，致

中国是G2、G8还是G20？	
G2	*2009年美国提出G2构想，即鉴于中国的国际作用，美中两国应加强合作，为国际问题的解决贡献力量。 *中国未采纳该构想。如采纳G2构想，中国会立即孤立于邻国及发展中国家。
G8	*在2010年6月25日的首脑会谈中，菅直人首相提出要中国参加G8。 *G8参加国一致认为"价值观相同国家间坦率地交换意见，有助于制定今后的方向"。 *对中国来讲，如果参加G8，在外交、资金保障政策上将产生制约。
G20	重视G20 *做为金砖四国成员之一，与G8等一起加入G20。 *作为发展中国家的代表，有利于在国际上发挥作用。 *通过G20对IMF、世行、ADB等国际机构发挥积极作用。 *通过G20增加国际发言权

今后中国将一贯以此姿态面对世界

力于通过外交途径和平解决经济利益的纠纷，尽可能地搁置领土纷争，共同开发资源。中国持续切实地实施改革开放政策，以谦虚的姿态吸收各国的资金技术、经营理念并加以学习。中国即使成功了，也不骄不躁。但是近年来，随着中国经济的发展，其国际地位不断提高。因此，中国必须发挥与其国力相适应的作用的时势和机会也在增多。

其二，中国能从"世界的工厂"变为"世界的市场"吗？1978年以后，世界各国资金进入中国，把中国作为生产基地。很久以来，中国变成了"世界的工厂"。中国是靠振兴出口来贸易立国的。中国与印度不同，走的不是靠扩大内需、振兴国内经济来发展经济的道路，而是靠国民收入的增加及美国爆发金融危机后，出口低迷来扩大内需的。但是，中国的人均GDP不过4282.95美元（2010年推算），要想成为"世界的市场"还是后话。

按人均GDP的国际水平，中国尚属发展中国家，还不能像欧美日那样吸引更多国家的企业以及更多地投资于海外市场。中国的GNP弱于欧美日，欧美日等国靠政府及民间在海外的投资而获得的利润年年增加。这些利润资金对国内经济起到了润滑作用。也就是说，欧美日等国在世界各地的投资利益在上涨。近年来，中国政府及民间的海外投资（保护资源、股票、债券等）在急增，中国对外纯资产由2004年的29兆日元发展到2007年的超过100兆日元，超过了此前处于第二位的德国。而且，到了2009年增至167兆日元，是2004年的5.75倍，其激增之势直追世界第一的日本266兆日元（连续19年为世界之最）。顺便说一下，一直以来美国的对外投资也很显著。但令人惊讶的是，因其接受了海外的巨额投资，使得其成为对外债务国。

但是，如果着眼于中国国内的产业结构，就会发现有所不同。中国是农业国，改善和改革三农（农业、农村、农民）[10]问题很重要。1995年以来，有2亿农民流入城市，2003年的城市人口占有率（城市化率）突破了40%。据2011年4月28日中国国家统计局每10年一次的第6次人口普查显示，2010年达到了49.68%。但是，农业人口依然占大部分。因此，靠增加农业人口的收入、提高农民的购买力，家电制品及汽车等耐久商品的销售量也会持续增加。中国作为世界第一的人口大国，如果能大幅增加农民的可支配收入，很有可能会成为消费大国。

其三，借此次世界经济危机之机，必须认真地进行产业结构的调整。因世界经济危机导致经济低迷，结果以美国为首的西方国家国内市场萎靡不振，从而减少了中国的出口贸易。中国的制造商大多为OEM[11]的委托生产者，由于国外订单的急减，导致很多制造业者倒闭关门，几个月间出现了数千万的失业者。中国的失业问题进一步恶化。

中国改革开放后，从国外大量引进了劳动密集型产业。此外，国内的乡镇企业[12]及中小企业也成长发展起来。今后，将重点引进资金密集型、技术密集型产业。同时，一定要调整国内产业结构和层次，这样，才能生产出高附加值产品，并开拓国内新市场。在开拓国内消费市场的同时，也扩大了内需。

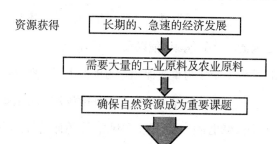

其四，修正购买美国国债的政策。作为发展中国家的中国，大量购买经济超级大国美国的国债令人担忧。中国由于长年对美国的大量出口，为了抑制人民币升值而卖出人民币买入美元，导致美元通货量增大。因期待人民币升值，有大量"热钱"——美元流入中国，再加上世界各国对中国的直接投资等，使得中国通货充足，外汇储备额位于世界第一，也是购买美国国债最多的国家（2011年4月至今为1兆1541亿美元，占美国发行国债总额的8.2%）。中国的外汇储备高达3兆447亿美元，其中70%为美元。美元的大幅贬值，一定会给中国带来不小的损失。美国国债的高利息对中国政府很有吸引力，但如果美国国债利息下降，中国会蒙受很大的损失。因此，中国政府决定暂时减少美元在外汇储备中所占的比例，向"一篮子货币"转向。除美国国债外，还购入了日本国债、韩国国债、中东等国国债以及希腊国债等。

其五，资源以能源安全成为重要课题。为确保中国长期且快速的经济发展，大量的工业原料及天然资源的保障越发成为重要的课题。粮食的安全保障也是个大问题。因此，必须促进与世界各国的国际贸易，促进以亚洲为中心的东南亚各国的紧密贸易合作。中国与东盟10国签订"中国·ASEAN FTA"协定，召开中非国际会议，加强与非洲大陆的合作，重启上海合作机构，促进和加强与俄罗斯、中亚的经济合作及确保天然资源和能源，暂时搁置在南中国海与邻国的领海争端，考虑共同发展。中国已从石油出口国转变为石油进口国。为了经济的持续发展，必须保障资源和能源的长期安全。

其六，人民币升值问题。人民币的变动受到全世界注目。人民币原本不跟随美元变动，而自行在一定幅度内变动。但受到来自欧美日的压力，2005年7月21日调整了对美元的兑换比例，从1美元兑换8.27元人民币调整为8.11元人民币，升值幅度仅为2%。此后，人民币逐步升值，到2011年4月29日在上海外币兑换市场突破了6.5元，升到了6.4910元的最高值。也就是说，从2005年至今，人民币对美元的比率升值了20%。欧美日从多年前就认为对人民币的价值评价过低，欧美日主张人民币的价值被低评了30%或40%。近年来，特别是美国的首脑及高官，一有机会就施加压力，要求人民币升值。但是，中国一直强调，中国货币变动是中国的内政问题，要视国内外的经济状况由中国政府来判断和决定，不会被国外的意图所左右。欧美日的企图是靠人民币的大幅升值来重新均衡国际贸易，特别是美国，想通过人民币升值来纠正其大幅度的对华贸易赤字。但是，只要人民币不过度升值，那么，对削减美国的对华贸易赤字就起不到作用。人民币的大幅升值会令大量的中国出口制造商倒闭，而且由于中国对美国出口的剧减，会对美国广大的一般消费者不利。无论如何，人民币升值受国际经济大势所趋。但根据中国的决定，人民币不会在短期内大幅升值。美国认为，中国为了支持对外贸易而未使人民币大幅升值。而且，如果中国不减少对美出口，美国就无法削减大幅的对华贸易赤字。美国频繁向中国施压，要求人民币升值，但未能如愿。因此，美国通过法案，进一步施压。

其七，G2、G8或是G20。2010年，美国提出了G2构想⑭，即美国鉴于中国的国际作用，提出美中两国应联合起来，为解决国际问题作出贡献。对此，中国本着积极、认真的态度进行了研讨和协调，但最终没能接纳G2构想。如果中国接纳了G2构想，将迅速孤立于周边邻国及发展中国家。

此外，中国也未加入G8。在2010年6月25日的峰会晚宴上，第一次参加峰会的菅直人首相提出欢迎中国加入G8。中国否定了这一提案，并明确表示中国一贯重视G20。G8成员国将菅直人首相的这一突然提案看做是"价值观相同国家间率直的交换意见，意在确定今后的方向",该提案遭到拒绝。中国执著于参加 G20,因为如果参加 G8,就会对外交、安全保障政策方面产生制约。因此,中国作为 BRICS 的一员,与 G8 等一起加入 G20 来发挥国际作用(作为发展中国家的代表)才是上策。由于中国加入了 G20,其在国际上的发言权有所增加。中国作为 G20 的主要成员之一,在 IMF、世行及 ADB 等国际机构发挥了积极作用。今后,中国将贯彻以此姿态来面对世界。

四、面向未来

中国经济是靠西方国家市场而发展起来的,因此,也难逃由美国引发的世界金融危机带来的不利影响。中国在金融危机发生后,拿出大量财政资金,以期扩大内需及刺激国内经济。由于中国经济得到较快恢复,国际社会日益将期望寄托于中国。

中国大量购入美国国债及股票,现在也开始购买日本、韩国等国的国债。随着中国人民币与马来西亚林吉特货币交换的解禁,已呈现出中国货币国际化的趋势。可见中国在国际金融市场的作用日益重要。

中国增加了对各种国际机构的出资。可以看出,中国在资金运用方面,想努力摆脱因美国货币变动而受到影响。最近,有国家主张,不要将美国货币作为唯一的国际基准货币。例如有提案提出,在 IMF 的资金运用中,可使用 "Special Drawing Rights(SDR 特别提出权)"。中国的号召得到了国际社会的关注,但最终没能实现。原因在于，美国想让美元永远作为国际基准货币使用下去。

此外，中国也在致力于构筑东亚经济共同体。通过缔结FTA⑮、EPA⑯、加强区域经济协作（国际贸易、海外直接投资、技术转让等）来发展经济。当然，为了促进东亚各国的汇兑改革，以及吸取1997~1998年亚洲金融危机及2008年美国金融危机的教训，想摆脱以美元为基准货币的倾向日益明显，提倡更多地使用东亚各国货币。而且，由ADB（Asian Development Bank 亚洲开发银行）提出的ACU（Asian Currency Unit 亚洲货币单位）提案也成为东亚各国会议的议题。在东亚要形成像EU使用的欧元那种单一的统一货币，还需要很长的时间。但很有可能今后这一区域内各国货币的利用率会增多。例如：中国的人民币不只在中国香港、中国澳门，在与中国接壤的其他国家（用于边境贸易）也在使用。而且，从2010年8月19日，在上海外汇交易市场解禁了人民币与马来西亚林吉特的货币交易。可以说，从东亚汇兑的剧变，不难看出其已或多或少地摆脱了美国货币及美国的金融体制。

注释：

①　华人资金（Ethnic Chinese Capital）：居住在中国大陆以外的中国系居民的资金。区别在于：已取得移居国国籍的中国系居民被称为华人，未取得国籍的被称为华侨。在实施改革开放政策时，邓小平提出了吸引华人资金的战略构想。

② 经济特区（special economic zone）：承认引进外国资金及技术的特别区域。1979年设立了四个特区——邻接香港的深圳特区、邻接澳门的珠海特区、拥有众多华侨的汕头特区和与台湾隔岸相望的厦门特区。在其后的1988年，又指定全海南省为经济特区。

③ 让一部分人先富起来：是邓小平开放政策的基本理论之一。其想法是，首先从能富起来的人开始富，然后再影响其他的人富起来。

④ 小康社会："小康"是指略高于温饱阶段、感觉多少有些富裕的社会水平。不单指经济水平，还包括了社会、教育、文化、医疗卫生、环境等诸多方面。

⑤ 和谐社会：表示社会充满和谐，是胡锦涛政府提出口号。指尊崇公平、正义，充满友爱，人与自然共同发展的社会。

⑥ BRICS：指巴西（Brazil）、俄罗斯（Russia）、印度（India）、中国（China），加上南非（South Africa）。希望在中长期经济得到高速发展的新兴五国。

⑦ BRICs：巴西（Brazil）、俄罗斯（Russia）、印度（India）、中国（China）的英文拼写字头排列，指这新兴四国。

⑧ 人民币升值：随着中国经济的发展，很多国家开始批评人民币与美元的兑换是否太便宜了，要求中国随着经济的实际情况人民币升值的压力日益高涨。特别是美国，以有些企业由于人民币价低，而失去在中国的竞争力等种种理由，强烈要求最大的贸易赤字国——中国人民币升值。全美制造业者协会主张人民币在与美元兑换中便宜了40%，实际兑换率为1美元兑换约5元人民币。

⑨ 双重赤字：指财政收支和经常收支的赤字状态。

⑩ 三农（农业、农村、农民）：中国对农业、农村、农民问题

（城市与农村的收入差距、生活待遇的差距、农业经济的停滞疲弱等）的总称。以农民收入的增加、农业增产、农村安定为目标。

⑪ OME（Original Equipment Manufacturing）：根据对方的品牌订货来生产，委托生产方式。

⑫ 乡镇企业：在乡镇（小街村）中设立的农业企业及小企业，目的在于促进雇用农村事业人员就业及工业化。企业种类涉及较广。

⑬ 外汇储备额（foreign currency reserves）：政府和中央银行保有的外币资产。由外币、黄金等组成。公共的准备资金。

⑭· G2构想（Group of Two）："美国与中国的关系构成了21世纪"，这是奥巴马总统在2009年7月召开的"美中战略经济对话会"的讲话中，对美中关系的表述。这一构想是：作为世界大国的美国和中国联合起来，不仅是两国间的问题，还可处理地区及世界上的问题。希望世界的政治、经济围绕着这两个大国而动。在中国叫做"中美统治世界"。

⑮ FTA（Free Trade Agreement 自由贸易协定）：所谓自由贸易协定，是指两国或两国间的贸易关税率为零。指两国间或多国间废除贸易关税或非关税壁垒，促进自由贸易。

⑯ EPA（Economic Partnership Agreement 经济合作协定）：指两国以上为了贸易的自由化而缔结的自由贸易协定（FTA）及包括人员移动、投资、知识产权保护、政府协调、两国间协作等协定。FTA以废除贸易壁垒为目标，相对而言，经济合作协定包含投资金融、信息通信技术、知识产权、人才培养、劳动力转移等诸多经济制度的调整，以更加广泛的经济合作为目标。

参考文献：

1. 林华生，《东亚经济圈》（改订版），世界知识出版社，北京，2005. 9。

2. Lim Hua Sing, *Japan & China in East Asian Integration*, Lnstitute of Southeast Asian Studies, Singapore, 2008.

3. 林华生，滨胜彦，涩谷祐编著《亚洲经济发展的致命弱点——资源枯竭与环境破坏》，文真堂，东京，2008。

4. 林华生，滨胜彦，涩谷祐编著《围绕经济危机探求日中印的真正价值》，白帝社，东京，2010。

5. imadas2007，集英社，东京，2007.1。

6. 现代用语的基础知识2011，自由国民社，东京，2011. 1。

7. 平井泰夫监修，《现在了解 时代变迁 世界地图2011年版》，成美堂出版，东京，2011。

8. 平井泰夫监修，《现在了解 时代变迁 日本地图2011年版》，成美堂出版，东京，2011。

9. 高桥进监修，《现在了解！世界经济摘要2010》，高桥书店，东京，2010。

中国经济持续发展的可能性

谷口诚

（早稻田大学中华经济研究所顾问、原岩手县立大学校长、

原日本驻联合国大使）

一、持续高速增长的中国经济的功与过

中国经济正以历史上任何国家都未曾有过的高速持续增长，从1979年末至今的30余年里，增长速度高达10%。中国2007年的名义GDP超过德国，并于2010年超过日本，一跃成为仅次于美

图1　美国、中国、日本、德国占世界GDP的比重变化

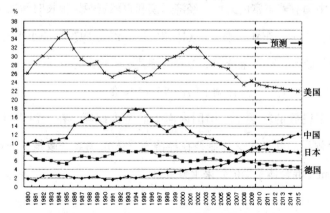

69

国的世界第二经济大国。

图2 中国的GDP与其成长率的变化（1978~2010年）

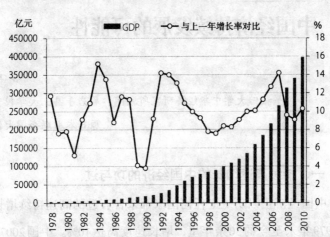

中国经济高速增长所依靠的最主要原因

（1）改革开放政策

中国有着丰富的人口、经济规模和自然资源，很长时间以来，都被称作为"东亚睡狮"。这样的中国，经过1979年邓小平的改革开放政策，乘着全球化经济浪潮蓬勃发展壮大起来了。

（2）在共产主义体制下的市场经济政策

多民族的问题是中国国内面临的重大课题，在政治中维持一党领导的共产主义体制，在经济上导入市场经济政策，mixed system（混合体系）的效果十分显著。

（3）大型经济刺激政策的实施

中国经济受到2007年美国雷曼事件的影响，2008年度的实际增长率仅为9%，打破了六年来持续10%左右的增长纪录，中国政府在2010年迅速实施约4万亿人民币（约59兆日元）的重大经济刺激政策，使2009年度的实际增长率恢复接近10%，世界银行2010年11月3日调整了以前对中国2010年GDP增长率的推测，更新发表预测为10%。

雷曼事件被称为百年一次的经济危机，但是却没有发生像1929年那样的世界经济恐慌，加上现在世界金融合作力度增强了，更加加重了中国经济增长承受的负担，从这个意义上说，中国经济的增长富有传奇色彩。

二、中国高速增长伴随的优缺点

经济快速的发展伴随着优点和缺点，为了预测中国经济持续发展的可能性，就必须验证快速增长的优点和缺点。

1．优点

（1）最贫困阶层的快速减少

占到13亿5000万人口的最贫穷阶层的比重逐步减少,通过OECD（经济合作与发展组织）的调查显示,曾经每日收入低于2美元的贫困阶层占到半数以上，改革开放以后迅速减少。几乎不用到2020年这一阶层就可以完全消失。OECD提出，我们注意到的是在亚洲的其他国家，经济成长仅次于中国的只有印度，而印度在2020年以前基本消灭贫困阶层的事情是不可能实现的。

（2）国民全体的富裕

市场经济使一部分富裕阶层与农民的收入差距扩大，若想全体国民都致富，就需要社会的安定，人权的尊重和民主化的逐渐渗透。

（3）信息化社会的到来

图3　中国网络用户数（2001~2010年）

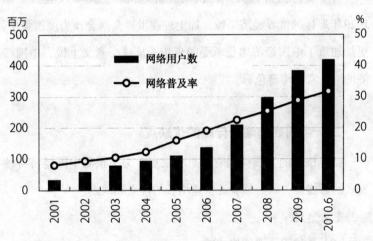

如果国民富裕的话，不仅手机，连计算机也能得到普及，国民能够接触大量信息，提高其知识和信息水平。

（4）中国的国际地位和发言力的提高

从国际方面来看，中国是21世纪BRICS（巴西、俄罗斯、印度、中国等新兴工业国）中最有可能性抓住时机发展的国家，可以提高其在国际上的发言力。中国完全有资格成为G20的领袖，应中国的要求，IMF、世界银行对华的投资额扩大到6%，仅次于日本。

（5）世界经济发展的刺激

当发达国家正处于经济增长低迷的烦恼时，中国经济的高速增长，给予了其他BRICS国家向世界经济发展的激励。对日本经济的增长来说，更是主要原因。

2．缺点

（1）人口问题

国民一旦富裕，独生子女政策^①的维持将会变得更加艰难。中国的问题是，现在13亿多的人口持续增加所带来的环境问题，特别是由于水污染造成的繁殖能力减退，推测15亿将是中国人口的界限。中国比印度以及非洲的人口问题更为尖锐。通过联合国《世界人口展望报告》（1998年）来看，可以预计中国人口将在2030年会达到14亿5000万人的峰值，而后逐年减少。但是，中国很有可能随着人口的减少，老龄化的比率将逐渐上升，2050年中国的老龄化率预计将会达到22.5%。该预想老龄化率将会仅次于亚洲的日本和韩国。人口大国人口的急剧的人口膨胀将给环境问题带来很大的负面影响，相反在日本，人口减少对可持续发展也会带来很大的负面影响。中国方面，人口增长率的减少是因国家独生子女政策带来的，还是向发达国家靠近，或者是源于环境问题，情况是非常复杂的。中国要想取得可持续发展，就必须选择好适合中国规模的人口水平，这一点是非常重要的。

图4　联合国对中国与印度人口增长预计

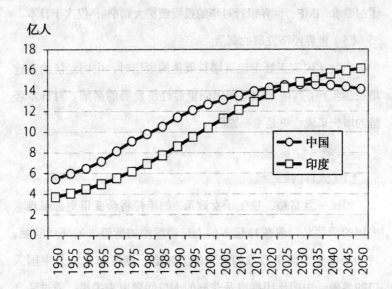

（2）大量能源、资源使用导致的环境恶化

中国经济的高速增长模式是依靠大量消耗能源、资源、重化学工业，这种模式必然导致自然环境的恶化。中国政府决定，要减少对导致中国大气污染的最大原因的煤炭的依赖性，大力发展石油、天然气、核能、再生资源等其他可代替能源。但是，通过IEA（国际能源机构）的统计，中国能源对煤炭的依靠比率仍高达70%，这种情况如何改善，对中国而言将会是一个很大的课题。另外，IEA调查显示，中国在2003年已经超过日本成为世界第二石油消费国，可以预想在2020年将超过美国成为世界最大石油消费国。

中国依靠煤炭、石油等大量的化石燃料，使得中国的CO_2、SO_2等排放量急剧增加。2009年10月6日，IEA发表排放量统计，2007年（如图5所示），中国的排放量超过美国成为世界第一，占世界总CO_2排放量的21%，（美国是20%、欧盟是11%、俄罗斯和印度5%、日本4%）。

图5　中国的二氧化碳排放量在世界所占比重

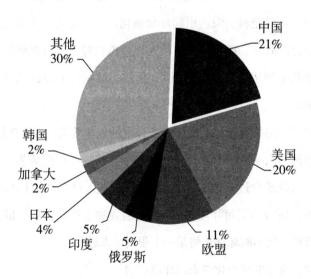

IEA估计无论中国在节省能源上如何努力，如果不控制煤炭火力发电排放的大量CO_2的增加，中国的CO_2排放量在2030年将超过美国排放量（58亿400万吨）的约两倍，达到117亿600万吨。中国不仅仅是CO_2的问题，对人体危害最大的SO_2排放量在世界上也是最多的，如何削减污染气体的排放量在目前的中国是

极为重要的课题。

（3）粮食问题

中国不仅是世界上最大的粮食生产国，又是世界上最大的粮食消费国。如果国民富裕必然要增加粮食的消费量，特别是在中国肉食消费量增加了，而且出现了从鸡肉到猪肉以及偏向牛肉的口味变化。家畜饲料的问题变得尤为必要，因此中国的粮食增产是不可避免的。即使扩大农用土地，为了粮食的增产也会不可避免地使用化学肥料、农药引起环境恶化，甚至因为扩大农地，加速对山林的开发，而引发洪水、土地沙漠化等导致自然破坏。中国各地都采取了退耕还林政策[②]，但这一政策所取得的成效是极其有限的。

对于中国一直坚持的粮食自给自足的农业政策，OECD预测，如果中国的农业市场自由化，2020年中国将极有可能成为跟日本同程度的纯粮食进口国（1700亿吨）。中国人口以每年1.1%的速度增长，所以必须每年增加500万吨的谷物生产量。如何既达到这一目标，又不破坏环境将是一个很大的课题。

（4）快速的城市化带来的环境影响

经济高速增长带来的另一个问题是，为了追求富裕生活人口从农村迁往城市，中国800万人口以上的大型城市正在急速增加。急剧的城市化带来的环境恶化，已经成为中国必须克服的一个课题。

三、保证中国经济可持续发展的最大课题

1. 环境问题将成为高速成长的制约

综上所述，人口问题，粮食问题，能源资源的大量使用、城市化以及自然环境破坏等问题可以被看做是制约中国经济高速增长的主要原因。

2. 关注环境的经济增长

OECD曾经提倡过所谓的"先行成熟"的政策，可以说是发达国家通用的政策。发达国家的经济成长后，富有阶层需要关注自然环境，为此要推进先进技术的开发。这样的政策曾经提高了发达国家的环保意识，可是现在在发达国家已经不通用了。像中国、印度等正处于大跨步发展的国家，是不能够沿袭这样的政策的。因为自然环境一旦破坏就不能还原。更何况环境技术欠佳的发展中国家改善被破坏的环境的难度更大。

约10年前，我访问了中国贵州省的山村，看到了石灰石山脉的山顶被彻底切割后留下的白色山体，附近的水泥工厂为生产出大量的水泥因烧煤而排放出大量的黑烟，这只是一个简单的例子。作为"世界工厂"的中国持续破坏环境来谋求发展，即使靠这样成为富裕国家也实在不是什么值得称赞的事情。

的确像中国这样的发展中国家，以一定程度的牺牲环境作为发展的代价，赶超发达国家的这种心态并不是不能理解。但是一旦环境被破坏就无法恢复原貌，应该充分认识到保持发展与环境平衡的重要性。

四、为了克服中国环境问题的战略

1．中国自身努力是基本

中国目前已充分认识到了所面临环境问题的深刻性，从中国政府到环境专家，举国上下的环保意识逐渐增强。我在OECD工作期间，OECD已经就中国改善环境的问题提出了积极的意见。1995年，我拜访了李鹏总理（当时），就OECD的基本环境政策Polluter Pays Principle（污染者支付原则[③]=PPP）进行了介绍和说明，并且不断地向李鹏介绍OECD的政策，李鹏总理对于世界银行关于具体项目资金援助不提供资金的事情有些许不满。但是，次年我再次访问北京，与中国环境问题专家进行会谈时，李鹏总理将已签字的环境报告文件作为了中国政府的基本环境政策，看到PPP被中国政府所采纳我觉得非常高兴。而且，中国政府将多达数千家的污染环境的造纸工厂和冶炼工厂关闭。2004年4月修正通过了《大气污染防治法》，同年9月开始强化实施，甚至引进污染防治技术，努力开发清洁能源，特别是强化了SO_2排放规则，并致力于汽油无铅化。

2．为了支持中国自身努力的国际合作

为了促进中国经济的高速增长，中国开始了"西部大开发计划[④]"、"南水北调计划[⑤]"，为了保证如此大规模计划的成功，不仅有必要保证中国经济的可持续发展，改善中国的环境也十分重要。但是，如此大规模开发计划而非中国自身一朝一夕所能实现的，同时有必要与拥有丰富技术、资金以及经验的发达国家进行

合作。

3. 为了支援中国环境问题的区域合作与日本的作用

（1）为了改善中国严峻的环境问题，受到中国环境恶化影响的东北亚地区如蒙古、日本、韩国、中国香港、中国台湾等，如果以中国为中心设立"东北亚环境合作机构[6]"，不仅可以为改善中国环境作贡献，而且能够健全中国经济的可持续发展。

（2）通过"东北亚环境合作机构"，中国与日本对在"西部大开发计划"、"南水北调计划"等项目的合作（与环境有关系的基础设施开发、设备、解除水资源不足、大规模灌溉、退耕还林等）中能取得进一步的推进。

（3）另外日本通过这些机构，可以执行以下具体项目的合作

① 环境问题的人才培养

· 扩大学术交流、交换留学生制度

② 就环境问题进行科学技术促进与技术转让

· 支持煤炭的脱硫技术

· 制定CO_2、SO_2排放规则，摆脱对煤炭的依赖

· 开发清洁能源

· 促进CDM[7]

· 促进排放权交易

③ 为中国甚至是印度加入联合国气候变化框架组织条约[8]的议定书1（削减CO_2排放量的义务化）制造环境。

五、保证中国经济可持续发展的宏观经济政策

以上提到了环境问题是中国经济可持续发展所应该克服的最大课题，最后，关于在全球化时代里，中国要想成为真正的大国，并且成为能够对世界有所贡献的国家应该采取的宏观经济政策等问题，我想简单阐述一下。

1．能否避免急剧的高速增长所带来的泡沫经济？

通过宏观经济数据不难看出，中国经济因快速成长政策所产生的泡沫经济化危机十分严重。最近每次访问中国，都可以看到以居民住房为中心的房地产价格暴涨的情况。曾经的日本在1980年下半年开始对土地、不动产进行不正常投资，泡沫经济破灭后，日本经济陷入了迷失的10年甚至20年、30年的低增长，这些经验是中国必须要学习的。通过努力研究日本的经验，迅速采取措施克服泡沫经济的出现已经成为中国政府需要面对的重要课题。

2．为扩大内需采取的政策转换

中国经济到目前是参考日本的发展模式，依靠出口而迅速发展成功的。2008年度出口占GDP的比重高达38%，特别是对美国市场的依存度非常高，而且通过出口赚取了世界最大的外汇储备（约2兆数千亿美元），2009年度又将其中的21.5%投资美国国债。美国国债的价格因为雷曼事件大幅下滑，中国受到很大损失。中国在经济问题方面，也与日本同样对美国有依存关系，美国经济还没有从雷曼事件中完全恢复过来，目前仍处在长期不景气的状态中，因此，中国必须要改变对美国的依赖体制，不能只依靠出

口，必须扩大内需进行政策转换。中国贫困层仍然比较多，很明显"西部大开发计划"是扩大内需的重要刺激因素，为了中国经济的可持续发展，扩大内需政策是非常重要的。另外，虽然距离实现还比较遥远，但是推动像"东亚共同体"⑨这样的亚洲区域合作，亚洲货币合作，甚至是推动已经在2005年设立的"Asian Bond Market"（亚洲债权市场）的活动，都能使中国实现在亚洲市场内需的扩大。

3．中国经济的国际化

中国经济正值迎接大国化的G2时代，包括人民币国际化在内，如果不推动符合自身的国际化就会被世界所孤立。其中更重要的事情是不仅要确保中国的资源、能源，而且要与非洲等发展中国家的发展进行经济合作，中国必须承担起大国的责任。这也是与中国经济长期可持续发展息息相关的因素。

结语

中国经济可持续发展的新范例

1．可持续发展经济政策的新范例

环境问题作为今后中国经济可持续发展的中心，可以进一步通过宏观经济的视角来验证。我们可以了解到，中国以后想要追求高速增长的政治与经济方面的理由。提供更多的就业的机会，要为国营企业民营化所产生的失业者给予必要的救济，10%高水平的增长率并不是能一直保持的。中国经济越向发达国家迈进，增长率越会像逻辑曲线[10]所描述的那样降低，这是经济的规律，中国也不会例外。采取不与本国经济潜力相吻合的政策，盲目地追求高增长，带来环境破坏，引发经济泡沫，其结果很有可能使增长率急速下滑。如果将长期可持续发展作为目标，不单单追求GDP的快速增长，同时考虑到环境、缩小收入差距以及应对老龄化，把重点放到充实社会福利（比增加军费重要）上，就有必要将追求平衡发展作为目标的新典范作为经济政策的基础。

2．可持续经济发展的计划方案

结合现状，就今后中国经济将会实现怎样的可持续发展给出明确的见解，这是一件非常困难的事情，但作为参考，我想结合OECD 1997年计划和联合国大学（UNU）1999年计划进行介绍。

中国还属于发展中国家

2010年GDP排名
中国　5兆8895亿美元
日本　5兆4778亿美元
美国　14兆6241亿美元
（2010年，日本被中国超越，位于世界第3）

2010年12月外汇储备额
中国　3兆447亿美元（截至2011年3月末，4月14日人民银行发布）
日本　1.961兆美元
美国　1292亿美元（截至2010年7月）
（中国是世界上最大的外汇储备国）

人均GDP（2010年推算）
中国　4282.95美元
日本　4万2325.23美元
美国　4万7131.95美元

·中国还属于发展中国家
·报告中国的贫困人口为4300万人，按照每人每日1美元的联合国贫困标准，还有1亿5000万的中国人属于最贫困范畴。

（1）OECD的计划

OECD通过以下的HG（高增长）和LG（低增长）分别描述了年平均增长率的计划。

（2）联合国大学的计划

联 合 国 大 学（China's Sustainable Development Framework, 1999）

（3）增长率减速的预想

通过观察迄今为止的中国增长率，1996~2000年、2001~2010年的HG计划都实现了呈上升趋势的增长率，可以说这是令人吃惊的高速增长。OECD计划预测2011~2020年的HG增长率减速至7.2%，同时符合UNU的预测，增长率会依次不断减速。但是，对于具备庞大经济规模的中国经济来说，持续4%~5%的增长，已经是非常不容易的了。为了实现这样的增长，中国要充分关注环境，并且考虑环境与增长的平衡，必须实施高明的宏观政策。如果这一点能够做到的话，我认为中国经济可持续发展的实现是极有可能的。

注释：

①　独生子女政策：中国政府为了防止人口的过度增长，采取一个家庭只能有一个孩子的限制措施。但是少数民族不包括在政策范围内。

②　退耕还林政策：中国禁止在坡度为15度以上的坡地耕作，要

义务植树造林。

③ 污染者支付原则：破坏、污染环境的企业或个人有义务承担恢复环境的责任，并为此支付一定金额的原则。

④ 西部大开发计划：中国东部的北京、天津、上海开发进行得很快，成都等西部城市开发较慢，因此中国政府为了开发西部地区实行了大规模的开发计划。

⑤ 南水北调计划：南方长江水源丰富，而北方黄河水却正在枯竭。因此，中国政府进行将南方的长江水通过运河引入黄河的计划。

⑥ 东北亚环境合作机构：日本、韩国等邻国关于中国的环境问题进行合作的构想。

⑦ CDM：清洁能源开发机构，1997年12月为了防止温室化效应，由联合国主办的京都会议表决通过了CO_2削减机构。

⑧ 联合国气候变化框架组织公约：1992年5月在里约热内卢召开的联合国《环境首脑会议》所通过的公约，根据此公约包括日本在内的发达国家加入此公约的议定书Ⅰ，承担削减CO_2的义务。中国、印度等发展中国家没有加入，没有削减义务。

⑨ 东亚共同体：2002年1月小泉首相提出建立ASEAN10+3国的设想，包括日本、中国、韩国参加在内的地区合作机构。该设想还未完成交涉工作，处于未实现状态。

⑩ 逻辑曲线：经济增长与植物生长的共同称呼，呈现急速的弯曲曲线后，接下来的曲线会趋于平缓，逐渐减速的理论。

参考文献：

1. OECD, *The World in 2020:Towards a New Global Age,1997.*

2. 谷口诚《21世纪的南北问题——全球化时代的挑战》2001年早稻田大学出版。

3. 谷口诚《东亚共同体——经济统合的去向与日本》2004年 岩波新书。

4. 大野木升司《大转换期的中国环境战略》樱美林大学东亚综合研究所，2010年。

中国的经济政策运营：
增长、稳定与结构调整

杜进

（拓殖大学教授）

前言

实施改革开放政策30多年以来，中国经济以每年10%左右的速度持续增长。这一惊人的增长绩效，与饱受"百年一遇"国际金融危机创伤的先进国家的经济衰退，形成了鲜明的对照。当然，中国经济也遭受了危机带来的巨大冲击，也没能避免全球经济不景气所带来的负面影响，然而中国政府及时出台了一系列刺激经济的措施，成功维持了经济增长的势头。中国经济的持续增长，打破了"世界经济同时不景气"的魔咒，对促进世界经济的复苏作出了巨大贡献。

正是由于中国成功地化解了此次金融危机带来的负面影响，使世间对中国政府的经济政策运营能力刮目相看。我们经常可以听到这样的说法，即"本届中国政府能够认真汲取各国的经验教训，拥有切实准确地判断经济形势的能力，并且能够果断地推出必要的对策，加上中国特有的决策快，动员资源能力强的体制优势，使政府的宏观调控的目标有效地得以实现，中国政府拥有极强的政策运营能力"。持这种观点的人对中国经济的走势也极为乐观，认为尽管中国今后仍将面临诸多问题，但是凭借决策者的形势判断能力和政策实行能力，中国一定能化解矛盾，避免经济衰退和危机的到来。[①]

作者虽然高度评价中国政府在应对国际金融危机影响时的作为，但是无法认同中国政府拥有政策运营"超级能力"的观点。经济学的常识告诉我们，经济问题的本质是"选择"，即在各种有利有弊的方案之间斟酌取舍。因此，任何政策选择都有相应的代价；而且，政策选择还受制于各种社会和政治因素。就中国而言，随着经济高度增长，经济结构日趋高度化，调整各经济主体之间的利益的难度也随之增加，影响政策形成和执行过程的变数也越来越多。要了解政策运营的实际状况及其效果，实证性的分析必不可少。

作为一个初步的尝试，本文试图分析国际金融危机前后，中国政府在实现经济增长，物价稳定，调整经济结构（或者说纠正经济结构失衡）这三个宏观经济目标方面的所作的政策选择。作者认为：这一分析对理解国际金融危机后的中国经济政策运营的课题至关重要。

一、中国经济的增长与稳定

1. 物价稳定中的经济增长

2002年到2007年上半年为止的数年间，中国经济实现了"在保持物价稳定的同时高速增长"的十分理想的增长局面。这里所说的"保持物价稳定"，指的是GDP缩减指数和消费者物价指数（CPI）等产出品的价格，而没有包括投入品的价格。从投入品价格来看，这一时期的工资水平以每年10%左右的速度增长，能源以及原材料的价格也在不断攀升。尽管如此，产品价格整体保持稳定，企业的利润也在大幅增加。这是因为投入品价格上升给生产者带来的成本增加的压力，被技术进步而产生的劳动生产力的提高所抵消。[②]加入世界贸易组织（WTO）[1]后，中国实行了一系列的制度改革，这些改革有助于保护物权、知识产权以及合同的合法性，并且有效地降低了交易成本和保持了物价的稳定。中国经济的这些积极的变化，得到了海内外经济界的高度评价。随着海外企业对华投资的进一步扩大，中国有效利用了外资企业所掌握的制造技术以及海外生产销售网络，极大地改善了中国产品的国际竞争力，巩固了中国作为"世界工厂"的地位。

但是，种种迹象表明，劳动生产力的提高逐渐落后于生产成本的上升，2007年后半年，产出价格开始上升。全年度的消费者物价指数上升了4.8%，超出了政府预定的"3%以下"的目标，2008年上半年的消费者物价指数更是升至了7%。

2．应对通货膨胀

一般而言，若不能保持物价的稳定，市场发出的信号不确定，就不能充分发挥市场的资源配置的功能。而且，从以往的经验来看，中国经济的应对通货膨胀的"抗体"比较弱。这主要是因为中国的低收入阶层规模庞大，通货膨胀有可能引发普遍的社会不满。[③]因此，为了保障社会的稳定性和避免贫富差距的扩大，中国必须尽全力阻止通货膨胀的蔓延。此外，对本来就比较脆弱的金融系统来说，通货膨胀可谓雪上添霜。事实上，在80年代后半期以及90年代初肆虐的金融领域的混乱（也被称作"金融紊乱"），很大程度上是由通货膨胀触发的。可以想象，如果物价上涨率高于名义上的存款利息，也就是说存款户实际所得的利息变为负值，就会有大量的存款户取出银行存款，转而投入房地产和证券，从而导致资产价格的上升。而资产价格的上升可能引诱更多的资金进入资产市场，从而加大了催生资产泡沫的危险。

值得注意的是，国际金融危机发生前的一段时期内，中国的资产价格明显高于消费者物价的上升率，股市和楼市的大幅上涨比物价上涨更为全社会所关注，社会影响也更大。如图1所显示的那样，进入2007年后，上海证券指数急剧上升，同年11月与2006年底相比上升了2~3倍。

图1 上海证券指数（2006年12月=100）

资料来源：中国人民银行《金融市场统计表》。

　　资产价格的上升并不仅仅局限于证券价格的上涨，住宅价格也出现了飙升。如图2所示，截至2007年上半年的房地产价格，与前年度同期相比，上升幅度大致为6%左右，之后出现了非常明显的加速趋势。

　　3．关于通货膨胀原因的讨论

　　如前所述，在物价上同时出现了资产价格的明显上涨，使中国经济一下子陷入了"价格不稳定"的局面。应当留意的是，当时不少政策研究者都认为物价高涨与资产泡沫互不相干，完全是两回事，他们的注意力主要集中在物价的走势上。但是，这些

图2　70个主要城市房地产价格的增长率

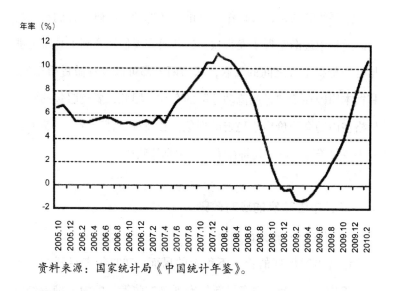

资料来源：国家统计局《中国统计年鉴》。

政策研究者当中对通货膨胀的原因并有没有达成共识，而是分别提出了不同的见解与对策。例如"通货膨胀结构论者"认为：中国消费者物价指数的上升，主要原因在于食品等一部分商品生产出现了一时性的供给障碍，中国经济还没有陷入全面物价上涨的局面。而重视生产成本提高的"供给冲击论者"则认为：通货膨胀的原因主要在于"四高"，即工资、原材料价格、能源价格、进口生产资料价格的上升所引起的。其中，特别强调进口产品的价格上涨因素的研究者，被称为"进口型通货膨胀论者"。与此相反，所谓"需求拉动型通货膨胀论者"则认为：通货膨胀的原因在于经济过热，尤其是投资增长率过高，因此提出有必要抑制投资的过快增长。④

需要注意的是，被称作"货币主义论者"的研究者们在这场争论过程中逐渐掌握了发言权。这些研究者们注意到了物价上涨与资产价格上升之间的关联，认为两者都可以被看做货币现象，其根本原因在于"过剩流动性"的存在。因此，要克服包括资产价格在内的全面价格不稳定的现象，必须从金融和货币政策方面着手。关于这一点，我将在第三节中具体阐述。

二、中国政府的应对政策

1."双控"政策的出台

针对当时出现的价格不稳定的局面，2007年末召开的中央经济工作会议[2]上，确定了新的宏观调控政策，即为了抑制经济过热而实行"双控"的方针。这里所说的双控，即防止经济过热与抑制物价上升。为此政策当局采取了果断的措施：提高金融机构的储蓄准备金比率，并连续5次提高存贷款的利率。这些政策反映了中国政府稳定物价的决心，即将经济增长率的放缓，看做是保持物价稳定所必须付出的代价。换句话说，在经济增长与物价稳定不可兼顾的情况下，中国政府作出了优先保证物价稳定的选择。

然而，这个"双控"政策只持续了几个月。正在中国政府倾注全力实行金融紧缩政策的时候，由美国次贷危机引发的金融动荡迅速波及全世界，导致了各国实体经济的下行。尤其是先进国家经济的萎缩，对中国的出口造成了巨大的冲击。如图3所示，2008年以后中国的出口额急剧下降，出口行业中经营恶化以及破产的企业大量出现，对海外市场依存度较高中国经济显然已经进入了景气倒退的局面。

图3　中国进出口与贸易的平衡（2008年1月至2009年12月）

10 亿美元：

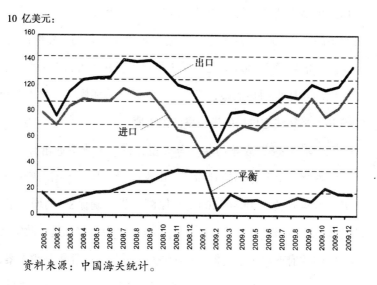

资料来源：中国海关统计。

2．向"一控一保"政策的转变

面对明显的经济衰退的迹象，中国政府迅速采取了应对措施。2008年夏季，"双控"政策正式由"一控一保"政策所替代，即在确保物价上升得到有效控制的同时，保证实现较高的经济增长率，中国的宏观经济政策的重点开始向保证增长率的方向转移。在"雷曼事件"发生后，世界经济明显出现了衰退景象，中国经济也随之陷入了伴随出口萎缩而产生的增长减速的局面。在这种情况下，应该说这一政策转变是十分及时的。

随着经济增长放缓，物价上升率也有所下降。2008年的第四季度和2009年的第一季度消费者物价指数的变动率已经在零周围徘徊，很多人甚至认为通货紧缩的时代即将到来。这段时期资产市场的价格变化使人眼花缭乱。我们可以从图1读出，证券指数大幅下跌，从2008年后半年开始至2009年上半年的一年时间里，上海证券指数跌至2006年12月的水平以下。住宅价格上涨率与前年度同期相比也明显放缓，正如图2所显示的那样，2008年末至2009年上半年住宅价格的增长率已为负值。

3. 向"保8"政策的转变与大型经济刺激方案的出台

随着物价上升得到控制和经济出现下滑趋势，中国政府迅速转变了政策基调。2008年10月，"保8"，即"确保8%的增长率"的增长优先政策取代了"一控一保"政策。为了实现这一政策目标，中国政府推出了总规模达4万亿人民币的大型经济刺激方案，通过向农村地区和内陆城市的基础设施建设的大量投资等措施，扩大国内需求，维持经济增长的势头。

图4　中国GDP成长率的变化

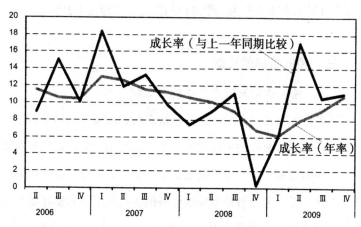

资料来源：数据自于国家统计局，对前期比（季节调整完了）来自
Pieter Bottelier 教授的推测（2010）。

图4显示了由2006年第二季度到2009年末的各个季度GDP增
长率的变化。这张图将国家统计局公布的数据（与前年度同期相
比数值），同美国Johns Hopkins大学的SAIS讲授中国经济的Pieter
Bottelier教授独自推算的环比增长率数据（与前期相比的变化率，
季节调整完了）进行了比较，后者显示的是所谓经济动向的"瞬
间风速"，更适合于把握短期的经济变化趋势。正如环比增长率数
值所显示的那样，中国经济的增长率从2007年第一季度的18.1%
急落至2008年第四季度的0.2%，可以看出国际金融危机对中国经
济增长的负面影响之大。此外，从这一环比增长率的推算值的变
化中，还可以看出中国的经济刺激政策的效果，4万亿人民币的一

揽子计划的实施结果，使得中国的经济增长率很快得到了恢复。正如图4所示，2009年第二季度以后的增长率超过了10%。

三、经济结构的失衡

1．以经济结构失衡为前提的中国经济增长模式

很多经济问题专家对中国的经济走向和政策动态的分析，都建立在一个不言而喻的前提之上，即可以利用"实际增长率对潜在增长率的关系"这一分析框架，来说明中国宏观经济的政策选择。也就是说，潜在增长率反映经济的供给状况，而实际增长率则主要取决于经济的需求状况。当实际增长率高于潜在增长率，即需求大于供给（需求过剩）时，会引发物价的上涨。反之，当实际增长率低于潜在增长率，即需求不足时，物价也会随之下降。因此宏观经济政策的目标就是管理需求，在保证经济增长的同时稳定物价。

在我看来，这种观点只停留在表面现象上，并不是分析中国宏观经济政策上的有效的框架。这是因为，不论是分析中国经济的增长因素，还是分析价格变动的原因，我们都需要一种有关经济结构特征的视角。具体地说，中国经济增长模式的前提是宏观经济的结构性失衡，而这种结构性失衡正是价格不稳定的重要原因。因此，如果不从结构失衡这一侧面来分析的话，是不能够全面理解中国宏观经济政策"选择"问题的本质的。

先看一下经济增长与结构失衡这二者之间的关系。如前所述，

从2002年到2007年上半年的这5年多时间里，中国经济保持了物价稳定，并实现了两位数的高增长率。但是，正是在这一时期，中国经济增长的结构性特征，亦即本文所说的经济结构的失衡现象，也逐渐凸显了出来。第一，第二产业的增长带动了经济增长率的提升。2002年的工业化比率（以名义价格计算的第二产业占国内总生产的比重）达到了49%，从国际上来看，已经是极高的水平了。然而在这5年期间，第二产业的增长率持续高于第一产业和第三产业的发展，工业化比率继续上升。我们可以说中国经济已进入了"工业化加速时期"，但是换一种角度而言，如果因为内外因素的制约第二产业的增长放缓的话，经济增长则将不可避免地出现下滑。

第二，投资的增长率已经到了极高的水平。2002年的总投资率（总投资额与GDP比）已经超过了40%。在这5年期间中，总投资的增长率高于经济增长率，从需求结构上看，投资是推动中国经济增长的主要因素之一。[5]

第三，从需求方面来看，对海外需求的高度依赖已经成为现今中国经济的一个明显的特征。在这5年里，出口与进口的增长率都远远领先于经济增长率，其中出口的增长率高于进口，净出口的增加为这一时期经济的增长作出了很大的贡献。

消费、投资和外需被称为经济增长的"三驾马车"。如果说"投资主导"与"外需依存"是中国经济需求体制的特征的话，那么反过来我们也可以说，"国内消费的相对不足"是中国经济结构的一个主要特征。从经济增长的最终目标是国民福利（消费水平）的提高这一角度来看的话，中国经济增长的模式是很有问题的。[⑥]此外，与国内消费相比，外需与投资受经济周期循环的影响更大，因此，从经济增长的稳定性这一角度来看，人们更寄期望于提升国内消费的比重。

从以上的分析中我们可以看出，这一时期中国的经济增长，是以"制造业牵引"，"投资主导"，"外需拉动"为主要特征的。必须指出的是，在这三个特征之间存在着相互关联或者相互补充的关系。首先，从国际角度来讲，一国的工业化比重越高，投资率也越高，工业化比率同投资率之间存在着相当明显的相关关系。[⑦]特别是现在的中国处在工业化加速的阶段，企业为了谋求自身的国际竞争力的提高不得不追求规模的经济性，因此需要大规模地进行投资。此外，从劳动密集型的非耐久消费品向资本集约型的耐久消费品的转换，也伴随着大规模的投资。另一方面，急速扩大的工业生产能力，仅靠国内市场是不能完全消化掉的，这就不得不谋求海外市场的扩展。因此说，中国的工业化进展同出口的扩大之间存在着很强的相关关系。

2．导致家庭户消费率下降的四个渠道

上述经济增长模式造成的相应代价就是国内消费，尤其是家庭户消费率的低下。如图5所示，2000年的家庭户消费支出占GDP的比率为46.4%，从国际角度来看已经是比较低的水平，在此之后，更是持续走低，至2008年已经跌至35%的极低水平。另一方面，同一时期的劳动所得占 GDP 的比率也从 56% 降至 48%。这两个数据的变化趋势表明，家庭户消费率的下降与国民收入中劳动所得比重的下降密切相关。我们可以想象到，这一时期的国民所得分配，出现了对家庭户来说相对不利，而对企业部门、政府部门、海外部门来说相对有利的格局。

图 5　家庭户消费与劳动所得相对 GDP 比率的变化

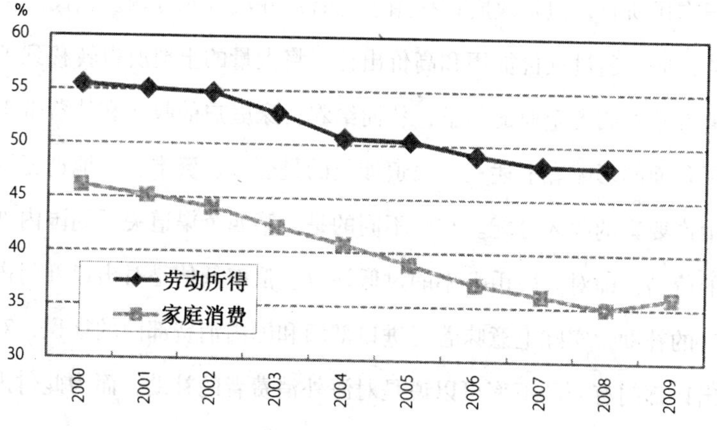

资料来源：国家统计局《中国统计年鉴》。

以家庭户消费率低下为主要特征的这一时期的经济结构的失衡，主要通过以下四个渠道，将本应归属于家庭户收入的一部分，转移到了包括出口部门在内的生产部门，以及作为基础设施投资主体的政府部门。第一种渠道是抑制工资。由于工资的上升率低于劳动生产力的上升率，所以国民收入分配必然向有利于投资者的方向倾斜。这一现象在大量雇佣农村劳动者的出口加工行业中尤为明显，经济学家阿瑟·刘易斯（Arthur Lewis）曾经描述过的"二元经济"[3]下现代部门增长机制的理论模型，在相当程度上可以解释这一现象。第二个渠道是所谓的"抑制金融"，即通过压低利率，将一部分本应属于作为资金提供者的家庭户的利息收入，转移到了资金使用者的生产部门。第三个渠道与土地收益的分配有关。特别在中国的农村地区，农地的所有权和收益权本来应该归农民所有，但是政府在征用土地时，并没有充分顾及农民的利益，而是通过低价征用和高价出让，将大量的土地所得转移到了地方政府或者企业的名下，从而给农村家庭户的收入和消费带来了负面的影响。上述三个渠道涉及的是劳动、资本、土地这三种生产要素的收入分配。与此不同的是，第四个渠道关系到国内外的价格，即对人民币汇率的过低评价。汇率低估是对出口部门进行的补助，实际上意味着对进口部门和国内消费部门的征税，对出口部门有利的汇率可以说是对海外消费者的补助，而为此付出代价的则是购买进口品和国内消费品的家庭户。

重要的是：国内经济结构的失衡与国际收支的不均衡是一种表里一致的关系。这是因为国内的总生产中不能为国内需求所吸收的部分，自然等同于海外需求。如图6所示，2000年以后中国国内的储蓄率与投资率都呈上升趋势，但是同投资率相比储蓄率的上升幅度更大（如前面所述，储蓄率的上升与消费率的低下是表里一致的关系），其结果是中国的国际收支的盈余大幅上升，

2007年达到了占GDP 11%的高水准。

图6　中国经济的国内不均衡与对外不均衡（对GDP比较，%）

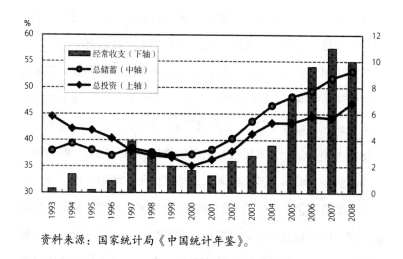

资料来源：国家统计局《中国统计年鉴》。

中国的国际收支经常项目下盈余的激增，被看作世界经济失衡的重要原因之一，引起了全世界的关注。特别是中国同有着巨额国际收支逆差的美国之间，在贸易收支不平衡问题上，以及在中国拥有的巨额外汇储备的运用，及其涉及到的金融和货币的问题上，双边摩擦日趋激化。如何应对要求人民币大幅升值和实行贸易制裁的压力，已经成为了中国经济政策运营的紧要课题。

在这里需要特别强调的是，解决中国经济结构失衡的问题，同时也是稳定价格的重要举措。如前所述，被称为"货币主义者"的中国经济学家们认为：为了稳定物价，抑制资产泡沫，有必要实行金融和货币政策的大转变。目前中国外汇储备金额的急剧增加，是货币部门为了保持人民币汇率的稳定所采取的大规模买进外币这一政策介入的结果。在最近的几年里，中国每年购入了4000亿美元以上的外币，为此，中央银行发放的大量的人民币在市场上流通，这种流动性过剩现象正是物价上涨和资产泡沫产生的深层原因。更值得关注的是，除了海外直接投资与贸易盈余等正常的交易所得到的外币以外，所谓的"热钱"，即希望从人民币升值中获利，或者期待从资产价格的变动中获利的海外资金，也大量涌入中国。中国人民银行试图估算这种以投机为目的的资金流动的规模和动向。其方法是：从外汇储备的增加额中，减去对内直接投资净值（对内投资额与对外投资额的差值）和贸易盈余额，得出的数值被看作为热钱的代理参数。图7显示了这一估算的结果：在中国的外汇储备的变动中，有一半以上是无法用投资与贸易这样的正常的交易活动来说明的。从图中还可以看出：世界金融危机发生后，从2008年后半年开始，伴随着中国经济增长速度的放缓，贸易与投资以外的资金流动出现了巨大的负值。如果将图6同前面出现的图1和图2一起来看的话，可以看出海外投机资本的动向与国内资产价格的动向之间存在着显而易见的关联性。

图7 中国的外币储备金额的增减明细

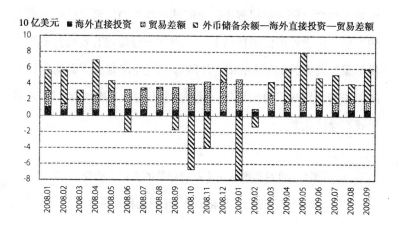

资料来源：中国人民银行《货币政策报告》。

四、今后的政策运行

上述的分析表明，中国经济的增长与物价稳定，同经济结构的均衡或失衡密切相关。今后的政策运营也必然要同时顾及增长、稳定、结构调整这三大因素，实际上也就是要在三者之间找到最合适的政策组合。作为本文的总结，在这里我想试着阐述一下今后中国经济政策选择的困难之处。

首先，毋庸置疑的是，维持物价的稳定在中国政府的政策选择中占据优先地位。如果出现了物价上升的明显征兆，政府将立即采取调高利息等紧缩的政策。在对应资产价格上升，特别是抑制住房价格上涨方面，正如2010年4月的"国务院第10号文件"所显示的一样，中央政府将会持续地采取抑制房价过快上涨的果断措施。但是正如前面所述，物价和资产价格上升的一个重要原因是流动性过剩，如何解决这个问题对政策当局来说已成为最大的考验。由于外汇储备持续上升，中央银行很难有效地控制货币供给量。此外，如图8所示，伴随着大型经济刺激方案的实行金融机关的融资规模急剧增加，此举对物价稳定的影响如何，还需要我们继续观察。

图8　每月新增融资（融资存款的变化）的变化

（对去年同期比，变化率为3个月的移动平均值）

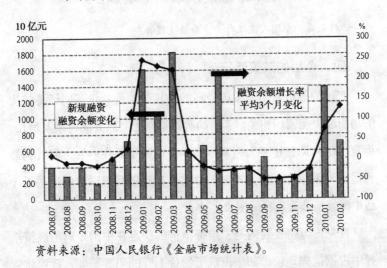

资料来源：中国人民银行《金融市场统计表》。

其次，保持高水平的经济增长率无疑是中国政府政策运营的主要目标。很多人认为创造足够的就业机会是政府追求高增长率的主要动机，但是这并不是唯一的理由。邓小平曾经说过"发展才是硬道理"，对这句名言的一种得到普遍认可的解释是：实现高增长率不仅是政策运营的主要目标，而且也是解决中国的各种各样经济和社会问题的必要手段。著名经济学家樊纲[4]曾经将中国的增长哲学表述为"带着问题增长，通过增长解决问题"。

但是这种增长哲学，在今后选择中国的经济政策时需要附加很多的制约条件。前面提到过，为了解决家庭户消费率低下这一结构失衡的问题，有必要提高工资，提高利息，理顺土地收益权，并容忍人民币的升值。这些必要的措施都可能导致经济增长率下降，而且还必须解决十分棘手的利益调整问题。自2003年以来，中国政府一直把提升家庭户消费率作为一项主要的政策目标，为此也采取了许多措施，但是实际上并没有解决经济结构失衡的问题。没有充分的理由能使我们相信，在今后的数年中，中国能够在保持现有的经济增长势头的前提下，从根本上解决经济结构失衡的问题。

经济结构失衡有国内和国外两个方面。因此，解决结构失衡问题的时间表，不能完全根据国内经济结构调整的进度而由中国单方面决定。因此基于这个理由，如何进行国际间的政策协调，对今后中国经济政策运营可能会产生重大的影响。

注释：

1　中国加入世界贸易组织（WTO）：从正式申请恢复中国在关税和贸易总协定（GATT，WTO的前身）以来，经过了15年的艰苦谈判和准备工作，中国于2001年末正式成为WTO的成员。之后，中国参照国际标准对本国的经济制度进行了重大的改革。拥有13亿人口的中国的加入使世界自由贸易体制得以扩充，在巨大市场出现的同时，中国作为"世界工厂"的地位也更加突出。

2　中央经济工作会议：每年12月，中国共产党中央委员会与国务院召开"中央经济工作会议"，在对经济情势进行判断的基础上，对第二年的经济政策做出决定。中央各部委、各地方政府主要负责人、军队主要干部、大型国有企业负责人等出席会议，是有关中国经济政策的最重要的活动之一。

3　二元经济模型：由阿瑟·刘易斯（Arthur Lewis）最先提出。模型将发展中国家经济分为以农业为中心的传统部门和与制造业为中心的现代部门，解释了开发的过程中劳动力、工资、储蓄、投资的变化趋势及其机制。根据这一模型的分析，在农村存在大量剩余劳动力的情况下，现代部门受益于廉价劳动力的充分供应，有利于促进资本的积累。

4　樊纲：中国新时代经济学者的代表人物，从制度经济学的理论研究出发，他的研究领域扩展到发展经济学和国际经济学，近年在政策的研究和提议方面也十分活跃。樊纲不仅以专家和智囊的身份向中国的政策负责人进言献策，同时在媒体以及网络上也有很大的影响力。现任中国经济改革研究基金会国民经济研究所所长。

参考文献：

①　不仅是中国国内的研究者与笔者常有交流，住在美国的中国经济研究者中，持有这种观点的人也很多。

②　关于这一点的系统的分析，可以参照 Kim, Song-Yi and Louis

Kuijs (2007), *Raw Material Prices, Wages, and Profitability in China's Industry-How Was Profitability Maintained when Input Prices and Wages Increased so Fast*? The World Bank China Research Paper 8。

③ 关于这一问题的实证分析，可以参考 Keidel, Albert（2007）。*China's Economic Fluctuations. Implications for Its Rural Economy,* Washington DC, Carnegie Endowment for International Peace。

④ 关于2007年中国通货膨胀的现象、原因、对策等不同见解的争论，可以参考中国社会科学院（陈佳贵、刘树成、汪同三编写）《经济蓝皮书，2008年中国经济形势分析与预测》（北京：社会科学文献出版社）。

⑤ 与中国形成对照的是印度。近年印度的经济增长率接近10%，可是投资率甚至不及中国的三分之二。这一对比反映了中国投资效率的相对低下。借用担任英国《金融时报》（Financial Times）主编的Martin Wolf的话说，关于中国经济增长必须探究的问题，与其说是"为何中国的经济增长率这样高"，不如说是"为何中国的经济增长率如此低"。参考 Wolf, Martin: *Why Is China Growing So Slowly*? Foreign Policy, 2005 January-February。

⑥ 同印度相比较而言，2004年中国的人均GDP相当于印度的2.5倍，可是中国的消费率远远低于印度，因此中国的人均消费额不到印度的1.7倍。参考 Lardy, Nicholas R., *China: Toward a Consumption-Driven Growth Path, Institute for International Economics,* October 2006。

⑦ He, Jianwu and Louis Kuijis (2007). *Rebalancing China's Economy-Modeling a Policy Package*, World Bank China Research Paper 8。

第二部分

世界经济危机与"东亚共同体"

——新世界秩序的构筑

谷口诚

[樱美林大学东北亚综合研究所特别顾问,

东北亚研究交流网(NEASE-Net)代表干事]

一、世界经济危机的背景

由美国的次贷危机引发的此次金融危机,在全球化的时代背景下,不仅仅局限于美国,已经迅速蔓延成为了全世界规模的经济危机。被称作百年不遇的此次危机,给予了包括欧洲、亚洲在内的世界经济沉重的打击。以美国为首的各主要国家采取了紧急应对措施,虽然目前世界经济暂时脱离了恐慌状态,可以看到一丝好转迹象,但是此次危机带来了巨大后遗症,而且世界经济何时才能回归正轨,还是很难预见的。不久前召开的意大利拉奎拉G8峰会上各国首脑讨论了关于促进具有良好机能的国际货币体系的建立,并商讨了有效防止此次经济危机重演的基本对策。

我认为此次的危机是由现代资本主义经济尤其是美国型市场

经济至上主义，即金融资本以极端的形态任由世界经济支配所带来的后果，这样的结果是必然的，是事出有因的。而且，如果进行体制转变，这样的危险性将会一直存在下去。如果我们留意的话，此次危机的征兆全部在2006年左右就已经开始显现了。不过不能将这次的危机的责任全部推给美国，借着美国住宅潮获得巨额投资利润的欧洲各国，以及其他亚洲诸国金融资本的责任同样是不能忽略。

　　此次的金融危机，与1929年开始的美国30年代经济恐慌相比较，姑且不论这种比较是否适当，仅就此次危机与30年代的经济恐慌同样是由美国土地、住宅等对房地产的投资引发的股票暴跌从而引爆金融危机这一点来看是相同的。此次的危机不仅将支撑美国经济的住宅潮终结了，甚至引发了房贷等原资产证券化商品泡沫的破灭，可以说是极为复杂的金融危机。30年代的经济恐慌，依照富兰克林·罗斯福总统的"新政"，即使采取了高额的公共投资政策，经济恢复仍需要十年的光景，带给世界经济巨大的打击，结果直接导致了1930年的世界经济陷入保护主义，并成为了引发第二次世界大战的导火索。另外，此次的危机由于处在全球化的时代背景下，其传播速度之快更是30年代危机所不能相比的。如果没有及时采取对策，将会带来不可估量的巨大损失。相反，现在与1930年相比较而言，宏观经济政策与国际金融方面的国际合作有了很大进步，因此不必担心会引发与1930年经济恐慌相类似的悲剧。

二、奥巴马政权能否克服经济危机

奥巴马总统提出了可以称作是摆脱经济危机的"二次新政"：7870亿美元的大规模公共投资（环境、医疗、教育等），并以扩大就业为目标，追加1680亿美元的其他财政支出，总支出占美国GDP的6.6%。虽然人们期待这"二次新政"发挥效力，让美国的经济得以恢复，甚至让蒙受此次金融危机沉重打击的世界经济回归正常的轨道，但是就现在的情况来看，绝非易事。此次的危机虽然需要传统的凯恩斯经济学中的提高公共投资的手段来拯救，但是仅仅靠此方法是不足以解决问题的。

在此次的金融危机之际，奥巴马政权所谋求的Big Change，是想在不改变美国自身的美国型市场经济至上主义意识的基础上，谋求构建健全的市场经济为基础的金融市场。但是，无论是支持奥巴马政权经济政策的美国财长盖特纳（Geithner），还是NEC（国家经济协会）的劳伦斯·萨默斯（Lawrence Summers）议长都是与华尔街密不可分的人物。最终，奥巴马政权能否改变作为美国型资本主义原点的华尔街投资家们的看法呢，还需要我们拭目以待。

布林顿森林体系（特别是IMF国际货币基金组织）的改革必要

全球化时代下的欧洲、亚洲、拉丁美洲等都不能逃过被此次金融危机打击的命运，仅靠美国一国的努力是完全不够的，必须要靠国际合作来解决。因此，有必要强化掌握世界货币、金融安定责任的IMF的机能，特别是强化其监管能力。迄今为止的世界各地在发生通货危机之际，一直都在呼吁需要强化IMF多角度监管能力，但是我们不能只停留在论述阶段，要落在切实的改革上。

如果奥巴马政权的经济刺激政策奏效，以美国为首的世界各国将此次经济危机所带来的伤痛忘记的话，以IMF为首的OECD（经济合作与发展组织）等推进的金融自由化思想意识或者体制也将不会有任何改变了吧。IMF迄今为止经历了数次深刻的通货危机，却并没有很好实行原先被赋予的"稳定货币"和"监管（surveillance）"的机能。1997年发生的亚洲金融危机，由于开错处方，反而使危机进一步恶化。并且在此次的金融危机之际，IMF到底会采取怎样的对策不仅不透明，甚至没有出面参与。对于运用金融工学以可怕的速度进化的现代金融资本来说，难道说连IMF的专家们也束手无策了么？可以看出IMF本身的体制与华尔街、美国财务部有逐渐趋于三位一体化的趋势。

在此次危机之际，虽然法国的萨科齐总统，以及英国的布朗首相呼吁IMF的改革，但实际上并没有响应国际化改革的潮流。日本的麻生前首相（当时）在2008年10月的第一次金融峰会上声称将会向IMF提供最高为1000亿美元的资金用来强化IMF的策略，这对于正在被孤立的本次危机责任者美国以及饱受资金不足所困扰的IMF来说，无疑是件大喜事，但是这笔资金却不能成为IMF改革的条件。这笔资金被用于救济陷入金融危机的冰岛以及东欧诸国了。我认为正是应该借此机会，给予欧美，特别是美国最大的投票权，赋予以日本为首的，中国、印度等新兴国家与其经济力相吻合的投票权，只有这样才能强有力的呼吁作为布林顿森林体系遗留下来的IMF体系[①]进行改革。中国国家主席胡锦涛在2009年4月伦敦召开的G20峰会上提出有关中国出资额的增额以及对SDR（Special Drawing Right，特别提款权）的积极活用改革的具体方案，另外在先前的3月23日，中国人民银行行长周小川也发表了《关于改革国际货币体系的思考》为题的论文。可以注意到，中国在近年来积极地呼吁IMF的改革，因为有中国这样的要求，对IMF出资额改革一直消极对待的美国也变得灵活了，IMF也决定将发达国家的出资额范围提高5%。虽然说5%绝对不是什么大数字，但是这对于布林顿森林体系打开改革之路来说还是非常值得期待的。

现在很难说IMF的体系有着很好的机能。也许原本IMF在1971年的尼克松冲击时就已经失去了黄金美元本位制的机能，在美元本位制被取代的同时，布林顿森林体系也同时瓦解了。但是正因为这样，创设可以取代现有的IMF的组织，更不是美国可以简单应对的。结果就是美国努力维持作为基本通货的美元体制，无论进行多少改革，美国主导型的IMF体制也不会分崩离析。如果这样的话对于世界经济来说存在着招致其他不同形式金融危机的危险性。如果继续奉行美国型金融资本主义的话，像此次发生的住宅等房地产的投机，甚至对商品的投机也极有可能随时再度出现。例如，与被称作未来商业的环境保护经济相关的，为了防止温暖化进行的排放权交易，将其相关的商业作为金融资本的投资对象，借环境之名引起经济危机的可能性也非常大。

在此情况下，各国以及各地区，为了免受类似危机的再次打击，不得不采取各种各样的防御手段。20世纪30年代保护主义蔓延，这也是第二次世界大战的直接导火索，21世纪虽然是全球化的世界，我们同样也需要提防再犯相同的错误。我认为与其责怪美国，不如说我们的国力还相对低下，不得不对美国的政治经济产生依赖，应该意识到我们对助长美国一极支配的事情抱有很大的责任。

我们期待奥巴马政权可以有区别于前政权的战略，但同时，有此次经济危机经验的世界，亦应该为了摆脱美国的一极支配，有必要从原先的G8先进国家体制向对世界政治经济运营有责任的BRICs等多样化的世界转变。因此BRICs等加入G8体制后组成的G20体制的重要性进一步增强了。

另外，此次金融危机之际，备受注目的由世界主要国中央银行参加讨论，要通过促进中央银行间的合作，检讨世界金融系统的安定化，强化BIS（Bank for International Settlements——国际结算银行）[②]的机能。同时在全球化时代背景下，为了抑制频繁移动的高额外汇产生的投机行为，更应导入作为小额课税的托宾税（Tobin Tax）。我1990年在OECD任职的时候，Tobin Tax还被视为禁忌。

在这种状况下的EU，可以说是问题重重，通过此次的金融危机，可以预见应该更加注重地域统合质量的提高。

那么，我想就日本所在的亚洲应如何应对此次金融危机进行讨论。

三、世界经济危机对亚洲经济的影响

遭受1997年亚洲通货危机惨痛经验的亚洲，当初如隔岸观火一般看待此次的美国次贷危机问题。美国的次贷危机如上所述，2006年左右就已经显现出问题了，包括日本、中国在内，不仅仅是美国经济、世界经济，特别是对美国市场和投资方面存在很大依赖性的亚洲主要国家，都需要对此问题持有警惕性。

此次美国爆发的金融危机的第一波，直接冲击了欧洲等金融市场自由化进程较高的先进国家，以日本为首的亚洲经济当初并没有受到威胁。但是，伴随着美国实体经济的急速恶化，金融危机的第二波袭击了日本、中国、韩国等亚洲国家的实体经济，重大的影响接连出现。

同美国的三大汽车公司一样，让日本引以为傲的丰田等三大汽车公司不得不进行生产调整，像日立、东芝、索尼等其他主要企业也要进行人员调整。因此一时多人被解雇，居无定所，在严寒的街头流浪。日本从十多年前房地产泡沫破灭时，大型银行就背负了巨额的不良债款，为了处理这件事，政府投入了大量的资金，正因有前车之鉴，此次的美国次贷危机爆发时日本金融机构遭受的打击比较小。但是，日本经济是实体经济还是遭受了先进

国中最大的打击，理由何在。这也是为了实现日本经济的健全发展需要注意验证的问题。如上所述，日本对出口的依存度占到了GDP的16%（2008年度），在亚洲各国中绝对算不上是高的。但是，通过分析我认为原因主要有以下两点，第一日本出口的主要产品为汽车、钢铁、家电等耐久性的消费品，第二对美国市场的依存度相当高（占日本出口的20.4%）。所以，日本想要在将来实现经济的健全发展，必须要加强出口产品的多样化（包括服务贸易）与出口市场的多样化，以及扩大内需等方面。

2008年末亚洲诸国经历了股票市场的急速下跌（日本41%，中国63%，韩国32%，印度19%，印度尼西亚55%，新加坡52%，泰国46%）。另外，实质的增长率也开始下滑。

关于日本的经济增长率，日本银行通过分析2008年12月的经济情况，预计2008年度的实质国内生产总值（GDP）的增长率为负0.8%，2009年预计增长率为零，但是在2009年1月22日，又将2008年的增长率修正下调为负1.8%，2009年为负2.0%（IMF为负6.2%）。今后的预见极为不透明，可以说是战后最差的状况。2009年1~3月的实质增长率与前期相比减少了4.0%，换算为年率则减少了15.2%，是战后最大幅度的减少。日本可以称得上是受此次金融危机影响，在主要先进国中衰落最明显的。而且，失业率攀升至5.2%，对于日本来说，这是最严重的雇用问题。日本决定使用15兆日元的财政融资政策，实行相当于GDP3.3%的大规模公共投资建设，以此来期待恢复2009年后半年到2010年度的经济景气。

中国的经济增长率在过去的20多年间平均达到了每年10%以上的高增长，中国政府也十分有信心，2008年度的国内生产总值的实际增长率为9%，这是6年以来首次不及10%。中国政府预计2009年的增长目标为8.0%，IMF的预想为6.5%。但是中国迅速的做出决定，到2010年底实施总额约为4兆元（约59兆日元）人民币的经济刺激政策。如此大规模的经济刺激政策（占GDP6%）发挥效果的话，同时扩大发展落后的中西部地区的内需，增长率上调至8%也不是不可想象的。

韩国在2007年遭遇了高股价，高通货的泡沫经济，2008年末世界经济下挫大量资金从股票市场流出，使得通货、股票的价格大幅下落。作为救济政策，2008年10月30日日本同美国续签了互惠信贷协定，并于12月12日扩大了日本与中国的通货互惠协定。2009年4月的IMF预计韩国经济的增长率为负4.0%，根据最近韩国政府发表的数据显示，韩国经济出现了恢复的迹象，2009年度的GDP实际增长率修正上调为负1.6%。

四、过度依赖美国经济，不具危机意识的亚洲

纵观迄今为止的亚洲经济发展模式，以人口大国中国，以及韩国，我们不可否认的是与扩大内需相比，对国外市场特别是美国市场的出口是呈现高速发展的方式，这也是主导亚洲经济成功的主要原因。例如，亚洲主要国家2008年度对出口的依赖程度高

达（出口额/GDP）中国38%，韩国45%，印度尼西亚27%，马来西亚113%，菲律宾39%，新加坡187%，泰国66%，越南66%。日本16%，印度16%相对较低。一般来说，对出口依赖程度越高的国家，遭受此次金融危机影响就越大，因此亚洲的实体经济遭受了很大打击。而且此次的问题是，亚洲的很多国家出口国集中为美国、EU、日本等。特别是对美国的出口，2007年度日本20.4%，中国19.1%，马来西亚15.6%，菲律宾13.0%，泰国12.6%，越南22.4%，柬埔寨60.1%，印度15.0%，巴基斯坦20.0%，对美国市场依赖度高的国家遭受的打击更大。

另外，亚洲的外汇储备金额很高，2009年度中国达到2兆1326亿美元，日本为1兆423亿美元，印度2719亿美元，韩国2542亿美元，新加坡1763美元，独占世界排行榜前列。问题是，中国将这些外汇储备的21.5%，日本为19.2%都用于投资美国国债。2008年10月，海外对美国国债的投资其中一半都是来自亚洲。由此可以看出亚洲的贸易与投资模式，就是将出口（特别是美国市场）所得的外汇再用于投资到美国市场。以日本、中国为首的亚洲各国对美国国债持有近似于神话般的信仰，认为美国国债是最安全的，此次的美国金融危机造成美国经济信用等级下滑，美国国债的价值大幅缩水。

但是，日本也好中国也好（特别是中国），在此次金融危机以后仍然增持美国国债。想借此使美国的经济早日恢复，减少自己的损失，另外也想对被经济危机困扰的美国施加恩惠，搞好外交关系。即便如此赢家依旧是美国，因为我们至今还不能找到适合高额外汇储备投资的其他市场。

此次美国发起的金融危机，应该会向亚洲这样对美国市场过分依赖的国家敲响警钟，日本、中国等亚洲各国究竟是否达成共识了呢？

五、经济危机能否成为"亚洲共同体"成立的突破口

"东亚共同体"的构想是基于1997年开始的亚洲通货危机之际产生的，迫于回避危机的需要，在ASEAN的倡导下ASEAN+3（日、中、韩）建立了协议体制。从历史上来讲，EU一样，先是存在统合欧洲的理念和构想，这一构想是在罗伯特·舒曼[③]的战略下经过60年的历史积淀产生出来的，从这一点上看，ASEAN和EU可以说是完全不在同一水平的。但是，此次的紧急危机规模扩大到全世界，美国与EU恢复自身的经济就已经力不从心了，更无心顾及其他。在这种时候，就更有必要建立"东亚共同体"这样的合作体制了。

我们先不说"东亚共同体"的构想涵盖了达到20亿人口的规模，单从经济规模上来看，日本、韩国这样发达国家的经济与NIEs（新型工业化经济群）做主导的ASEAN（东南亚诸国联合），以及处在跃进状态下的经济大国中国的参加，与EU、NAFTA（北美贸易自由协定）相比是毫不逊色的。从中国、ASEAN等的经济增长率来看，"东亚共同体"一旦成立，极有可能凌驾于EU、

NAFTA 之上。

但是"东亚共同体"的政治、历史基础很脆弱。ASEAN 自 1967 年成立以来，达成了政治经济上的统合，但是东亚的大国日本、中国、韩国之间还未对有意见不一的政治、社会的历史认识达成共识。这也是"东亚共同体"成立的困难之处。2000 年左右开始的有关"东亚共同体"设立的交涉，最近毫无进展，其最大的理由是迄今为止的"东亚共同体"问题的交涉是以 ASEAN 为母体进行的，称不上亚洲的三个经济大国日、中、韩之间真正意义上的交涉。日、中、韩各自与 ASEAN 之间签署 FTA（自由贸易协定）与 EPA（经济合作协定），虽然已经缔结了这些协定，但是这三国之间并没有缔结任何协定。日本与韩国、中国与韩国之间，FTA 与 EPA 的交涉虽然也在进行，但是贸易量最大的日本与中国之间却看不到任何交涉的征兆。这一点也可以说是"东亚共同体"最为共同体扭曲的地方。

"东亚共同体"交涉的初期，ASEAN 起到了重要的作用，随着交涉的进行，日、中、韩，特别是日本与中国之间开始争夺主导权，导致这一点成为阻碍共同体交涉的障碍，使 ASEAN 开始分裂，交涉也屡屡受挫。这责任在与日中双方，特别是日本方面责任更为重大。

那么屡屡受挫的"东亚共同体"交涉如何起死回生，如何构建具有实效性的"东亚共同体"呢。为此，日、中、韩三国不仅本国遭受了此次经济危机的打击，亚洲经济体也认识到此次打击的深刻性，要尽力避免今后发生危机带来的影响，除了真正尽全力构筑"东亚共同体"以外别无他法。因此2008年12月13日，在北九州召开了协议商讨应对本次世界经济危机的日、中、韩三国首脑会议受到了较高的评价，像这样频繁的召开三国首脑会议，走向"东亚共同体"的道路早日打开也是指日可待的了。

六、共同度过经济危机，走向"东亚共同体"

1. 重返"东亚共同体"的原点——"亚洲通货基金"的再构建

亚洲在考虑如何应对此次金融危机的时候，有必要回忆一下1997年7月发生亚洲通货危机之际日本所采取的迅速有效的对策。日本当即根据新宫泽构想实施救济措施，提出亚洲通货基金构想（Asian Monetary Fund-AMF）。亚洲通货基金构想因为美国的劳伦斯·萨默斯财政部长（当时）的反对而夭折，2000年5月由ASEAN提倡的在泰国清迈召开了第二回ASEAN+3财长会议，发出"清迈倡议"，决定强化现有的通货互惠关系，并扩大到全部的ASEAN加盟国。这是有经历过通货危机经验的ASEAN为了防止通货危机的再次发生采取的对策。据说日本提出的AMF构想就是此次倡议的基础，并以此为契机从通货合作中产生了"东亚共同体"的构想。如果用演绎法来说，日本提案的AMF构想是"东亚共同体"构想的母体。日本难得提出了如此之优秀的构想，却没有可以说服美国的外交力和领导力，这也是日本在奥巴马政权下对美外交以及对亚外交应该克服的一个课题。顺便一提的是，当初反对AMF构想的劳伦斯·萨默斯财政部长（当时），在奥巴马政权中就任相当于美国经济政策统帅地位的白宫国家经济理事会（NEC）议长期间，提到过由于反对AMF构想导致亚洲通货危机扩大，使事态变得越发严重，是一个严重错误的决定。

由此可见，日本在面对此次极为深刻的经济危机之时，吸取了以前由于过于在意美国，而没能阻止亚洲通货危机蔓延的惨痛教训，不仅是本国，为了亚洲经济恢复，不单单强调经济合作，更是贡献出了日本所掌握的所有知识。因此，想要回到"东亚共同体"的原点，首先要扩大对"清迈倡议"的认识，积极贡献力量。我建议将现有的互惠界限扩大到1200亿美元，2008年12月13日日、中、韩召开三国首脑会议，对遭受此次金融危机深刻影响，陷入韩元贬值的韩国，日本与中国决定各自将互惠界限扩大300亿美元。另外2009年1月30日，麻生首相（当时）在达沃斯会议召开之际发表声明，向经济危机严重的亚洲诸国提供170亿美元以上的资金援助。我们期待这笔资金可以有效地得到利用，并且培养日本为了亚洲共同体作出贡献的意识。

2. 对亚洲债券市场的扶植

经历1997年通货危机经验的亚洲，通过反省过度依赖海外的短期资金这一点，决定引进长期资金，通过日本、中国、韩国、ASEAN各国、澳大利亚、新西兰等财务部、中央银行共同协商的结果，决定2005年设立、开始亚洲债券市场（Asia Bond Market）

业务。这一构想也是2002年12月17日在清迈召开的ASEAN+3非正式会议中由日本提出的。通过发展亚洲债券市场，将亚洲的储蓄在亚洲区域内有效活用，将域内的投资结合起来。迄今为止亚洲并没有将出口赚取的高额外汇用于亚洲域内，而是通过投资域外，介入风险很高的域外短期投资，这也是造成通货危机的一个原因。因此，对于强化并不发达的亚洲金融市场的基础设施建设，亚洲债券市场的设立，被给予厚望。

但是观察之后的发展，并没有像预期那样进展顺利。本来日本应该对"亚洲债券市场"的活动更加积极的参与，但是日本泡沫经济破灭以后，也失去了对这项活动的积极性。AMF构想也好，亚洲债券市场构想也好，难得的好构想都毫无进展，原因在于还不能摆脱对美国的顾虑，以及对依旧强势的美元的依赖体制，对日元国际化带来的不安，等等。日本与亚洲通过此次的经济危机，应该都认识到了过度对美国依赖的体制，以及对美元的依赖伴随着巨大的危险。应因此为契机，彻底转变思想。

3."亚洲投资银行"的设立

2005年5月在曼谷召开的联合国亚洲太平洋经济社会委员会（ESCAP）的年度总会上，提出了有关"亚洲投资银行"的设立问题。对此美国与日本强烈反对，表决也被搁置。日本反对的理由是1966年设立的"亚洲开发银行（ADB）"每年可以融资60亿美元用于基础设施开发，新的"亚洲投资银行"如果设立的话与ADB的业务会有重复。

但是ADB的原则是，只允许加盟国政府间的融资，不参与民间企业的项目融资，亚洲投资银行的融资不一定会与ADB的融资重复。而且急速成长的亚洲，急需基础设施建设的资金，1997年的通货危机以来，民间资金的流入急速减少。"亚洲投资银行"的构想，正是鉴于欧洲的经验，在"欧洲开发银行"以外另外设置"欧洲投资银行"。

属于世界银行体系的ADB与世界银行同样，采取"加权表决制"，出资额大的美国与日本享有更大的发言权，特别是ADB历任的总裁都是由日本人担任，"亚洲投资银行"由联合国提案，按照一国一票的体制产生出来，并不是按照出资额的多少决定发言权的。确实，在亚洲设立过多的国际机构或者基金也会造成问题，但是在"东亚共同体"的ASEAN+3的情况下对"亚洲投资银行"设立进行投票，结果是12国赞成，投反对票的只有日本一个国家，由此可以看出亚洲投资银行的设立是亚洲各国众望所归的事情。日本对美国的顾虑是自始至终存在的，此次经济危机之际日本要一如既往地与亚洲合作，其他的亚洲各国的合作也十分必要。

4．亚洲共通通货制度的设立

亚洲共通通货问题是亚洲一直悬而未决的问题。特别是之前亚洲通货危机发生以后，人们纷纷议论不应仅限于对美元的依赖，日元、人民币、韩元等亚洲各国的通货都应像欧元、澳元等那样以市场菜篮子的方式设立共通通货制度。

但是日本的财务现状根本还未从依赖美元的体制中脱离出来，

消极的应对作为国际通货的日元。日元的地位在国际上提高的时候，日元反而显出不太愿意卷入国际金融市场乱流的特征，这一体制至今也仍未改变。

我曾于20世纪60年代的后几年在联合国ESCAP的前身ECAFE（亚洲远东经济委员会）中任职，当时的ECAFE事务局，在耶鲁大学的罗伯特·特里芬（Robert Triffin）教授的合作下，提出了亚洲结算同盟的构想，这一构想是随着当时日本的经济发展，将日元作为ECAFE域内的决算通货来扩大贸易而产生的。得到了大多数ECAFE成员国的支持，却因为当时的经济产业省的反对而不了了之。

如麻生原首相的表态，为了亚洲金融市场的安定与发展，"危机的时候，各国可以用日元来融通"，这是向那些陷入外币不足的国家紧急借出日元的措施，这是迄今为止日本消极的"日元国际化"中得到积极反应的一点。

另一方面，中国也在对亚洲共通通货制度进行研究，人民币在日益增强，现在虽说是市场篮子方式，但是人民币的灵活运用在亚洲还是消极的。但是与ASEAN等邻国的贸易上，已经开始使用人民币结算了，这表明很有可能发展出"人民币通货圈"。

我在2009年5月25~26日，我有机会参加了中国吉林大学主办的以"全球金融危机下的东亚通货金融合作"为题目的日中学术研讨会。此次研讨给我留下的深刻的印象有。中国方面的一般参加者纷纷反映最近的中国经济有迹象要超过邻近的日本经济，成为仅次于美国的第二经济大国，多数学者发言对人民币的将来抱有很大的自信,另外还有很多学者高兴地直接表示美国与中国G2的时代已经来临了。此外,在这20年间,中国的领导人仅仅更换了3代,而日本的首相已经换过了14人,政治的不安定同样造成了日本经济的不安定,日元作为人民币的合作伙伴应该感到非常满意,关于这一点,也有人发言说奥巴马政权从政治上来说更为稳定,即使美元的价值下跌,人民币的合作伙伴仍应该是美元。

另外一方面,中国方面的通货金融专家则认为,虽说中国经济的规模扩大了,仍是在通货金融的基础设施面与国际性方面缺乏经验,所以有意见指出,在人民币的国际化方面应保持谨慎,有必要将本国的通货安定放在最主要的位置来考虑。但是,随着会议的进展,我们逐渐认识到为了符合中国不断发展的经济实力,人民币的国际化进程是不可避免的。像这样由日中专家们互换意见产生的提议反映了两国政府的政策,"日元的国际化"与"人民币的国际化"相互竞争前进,这不单单为亚洲经济的扩大内需作出了贡献,我更期待能为以"日元"与"人民币"为中心的亚洲共通通货制度的设立拓宽道路。

此次的经济危机迫使亚洲的三大国日、中、韩的金融当局改变对美元依存的体制。对于日本来说,更不能错过此次机会改变以往的保守体制,为实现以ADB为中心的亚洲共通通货制度取得主动权。

5. 亚洲经济的内需扩大与"东亚共同体"

随着此次的经济危机在亚洲各实体经济内部的影响逐渐显现,

亚洲主要国家也从对美国经济的依赖体制中脱离出来，不得不自发的准备与扩大亚洲域内的金融市场，以及扩大发展以此为基础的域内贸易和投资。对亚洲各国来说此次的经济危机同样也可以是因祸得福，如果充分利用亚洲的经济规模和人口规模优势，是将亚洲团结起来扩大内需的绝佳机遇。内需的扩大是今后亚洲发展的关键所在。

2009年5月21日在东京召开了日本经济新闻社主办的第15回国际交流会议"亚洲的未来"上，麻生首相（当时）发表了题为"亚洲经济倍增构想"的文章，意在2020年末使亚洲各国的GDP倍增，日本ODA以及贸易保险等提出了支援亚洲各国670亿美元的计划。这一构想如果能够有效实现，将有望对扩大亚洲域内的内需作出贡献，对日本发展来说是非常重要的计划。

另外亚洲各国的合作不能单纯停留在形成经济圈上，在社会、文化方面也必须有所扩展，培养共同体意识，推进"东亚"甚至"亚洲共同体"的构筑。

七、对鸠山首相"东亚共同体"构想的期待

2009年的总选举中民主党以压倒性的优势取得了胜利，鸠山由纪夫担任新的首相，将日本的国家目标提高到"东亚共同体"的创立上，甚至要脱离美元的通货基础，实现亚洲的共通通货，而且还提及了安全保障的问题。对于从1990年就开始描述"东亚共同体"构想，热切盼望能够将其实现的我来说，如果在日本新

政权的领导下积极地为创立"东亚共同体"取得主动权的话，将会是十分令人鼓舞的事情。鸠山首相也承认，实现绝非轻而易举，我却认为只有成立"东亚共同体"才是日本今后的生存之道。

毫无疑虑对日本来说，日美关系是最重要的。但是如何同国力日益增加的中国交往，却更是关系到日本今后生死存亡的问题。超越日美关系，与中国的关系是否更加重要呢。不管怎样，日本迄今为止的美国一边倒的时代终结了，日本在越发复杂化、为了在变化中的日、美、中关系夹缝中求发展，为了提高日本的自我意识，确保日本的安全保障，就必须要推进更加自主的国家战略。对于美国来讲也同样，如果想要同日本维持发展真正的同盟关系，就必须对日本有话直说。

像前面讲到的鸠山"东亚共同体"的构想，被刊登在了2009年8月27日的纽约时报上，直接被美国的日本研究者以及政府关系者所引用，称其为损害日美关系的看法，并对日本提出了强硬的制裁和警告。另外日本国内也有消息指出，鸠山首相的"东亚共同体"构想威胁了日美同盟的存续。同年11月14日来日的奥巴马总统在东京也对美国的新亚洲战略进行了演讲，美国对亚洲太平洋国家的"东亚共同体"构想十分关心，提出想参与构想实现的各个阶段。日本在听到这一想法后，舆论纷纷指出要如何构筑包括美国在内的"东亚共同体"。我个人虽然尊重美国对"东亚共同体"的关心，但是按照"东亚共同体"的原创者、小泉前首相在2004年9月的联合国大会上演说所讲的那样，必须要以ASEAN10+3（日、中、韩）作为基础，对于不属于东亚范围的国家成为最初的成员国，应该持十分谨慎的态度来考虑。对于ASEAN+3来说也是难以解决的事情，从最初就开始本着开放地域（open regionalism）的原则扩大成员国，按照实用主义（functionalism）来根据问题的改变不同的成员国，构筑日本的"东亚共同体"的话，就不能被冠以"共同体"这一名号，而且会将"东亚共同体"越发的APEC化。

日本为了构筑新的外交关系，日本必须劝说美国，让美国认识到"东亚共同体"的构筑能为亚洲带来发展与安定，长期而言对美国来说也是有益无害的。如果日本对美国继续扮演Yes man的角色，只会招来美国对日本的轻视。

另一方面，对日益强大的中国来说，没有必要一直持敌对态度，作为"东亚共同体"的非主要领导者，应该进一步推进紧密的对话，传达明确的思想。因此，首先需要扩大日中间的人脉关系。另外，随着中国经济的发展，需要克服的问题量越来越大，在这其中第一是环境问题，第二是老龄化问题。这两点问题日本通过高度增长的过程中，累积了很多克服这些考验的经验，是日本至今仍需要努力改善的问题。关于这些问题日本应该认真地为中国提供建议，中国也应该就这些问题虚心地向日本学习，发展成名副其实的大国，只有日本对亚洲的发展与安定贡献自己的力量，"东亚共同体"的创立才会更有意义。

八、新世界经济秩序的构筑

亚洲以此次经济危机为契机，为了共同防御今后可能发生的危机，若抱有共同体意识向共同体的构筑前进的话，就有机会扩大亚洲规模的大范围内需，同时也可能活化经济，让经济恢复到正常的轨道上。如果亚洲的经济规模结成大共同体，在全球化时代下的亚洲，其存在感和发言力也会倍增。

现在的世界经济秩序是由欧美、特别是美国支配的以IMF、世界银行形式存在的布林顿森林体系，因此包括日本在内的亚洲的投票权，与其经济实力相比是极不对等的，这一点我在前面也已经叙述过了。以此次的经济危机为契机，IMF、世界银行的现行系统必须有所改变，从现状来看，基本性的改革是不能指望了，以敷衍了事的小改革结束的可能性极大。但是亚洲如果能在共同体的结成上，日本、中国、甚至印度、ASEAN达成一致，提高亚洲的自我意识，增强亚洲的发言力，是可以使亚洲同欧洲、北美一道成为支撑世界经济三极构造中的一支力量的。如果这样的话，我确信亚洲是可以对经济危机后的世界谋求新平衡，构筑新经济秩序方面作出巨大贡献的。

注释：

① IMF的投票权是由出资份额决定的，现在主要国家的出资额比重为，美国17.09%，日本6.13%，德国5.99%，英国与法国一共为4.94%，中国3.72%，印度1.91%，韩国1.35%。根据这样的比重，美

国的投票权则高达16.77%，也就是说美国对重要事务的决定上实际掌控否决权。日本和中国的投票权不过为6.02%和3.66%。与日本在联合国的分担金额16%相比，值得注意的是IMF的比重定得过低了。

② BIS是1930年设立的，由中央银行以及通货当局为成员的组织，本部设在瑞士巴塞尔。加盟国不仅仅为发达国家，中国、印度、巴西、沙特阿拉伯在内的主要发展中国家也包括在内，加盟国总数达50多个。

③ 1950年5月9日，时任法国外长罗贝尔·舒曼代表法国提出建立欧洲煤钢联营。这个倡议得到德、意、荷、比、卢等国的响应。按照此构想诞生的欧洲煤钢共同体（ECSC）发展为现在的EU。

中国改革开放30年的政策展开过程
——成果与课题

滨胜彦

（创价大学名誉教授、社团法人中国研究所理事长）

一、前言

中国于2008年12月迎来了实行改革开放政策的第30年。

在这30年中，作为中国实行改革开放政策的成果，中国实现了经济高增长、向市场经济转变、同时实现了经济全球化、提高了中国国民的生活水平和中国的国际地位，向上世纪起中国人的宏伟目标——振兴中华迈进了一大步。

但是，要想巩固这一成果，确保中国的持续发展，就要克服已取得成果中的负面东西及政策上的制约，才能确保持续发展。今后的课题是要实现作为持续发展基础的社会和政治的稳定。在2009年的世界金融危机中尝试着克服这些问题。

本文首先对最近中国政府在世界金融危机中应如何应对，同时保持高增长，结合改革开放30年的成果来做一分析。

文章中把改革开放30年政策的实施过程分为三个时期，提取出当时政策实施中的主要特征，在此基础上，找出中国改革开放及发展所要面临的几个问题。

作为这30年的区分，第一阶段是1980~1992年的改革开放政策的摸索阶段；第二阶段是1992~2002年中国市场经济的形成阶段；第三阶段重点是2002年以来胡锦涛体制形成后，是如何快速、广泛、深入构筑宏观经济调控体制的。

二、应对始于2008年的国际金融危机

1．对国际金融危机的应对

首先我们通过中国转变为市场经济后，1992年开始的各经济增长指标（表1），来回顾一下近年中国经济的发展情况。

1992年以来，针对伴随着转变为市场经济而产生的经济过热现象，中国政府强化了宏观调控。从1998年开始，受亚洲金融危机的影响，经济增长出现回落。为了努力扩大内需而实施西部大开发战略。2002年胡锦涛体制成立，提出人均GDP增长4倍的计划，经济转为急速增长。近年来，高增长、低通胀、进行外汇储备，可以说经济获得了非常好的发展。但其背后当然也隐藏了加剧的能源、环境及各种结构问题。

在这期间，2008年消费者物价指数上升到5.9%，成了一个大问题。从前一年的后半期开始，出现了快速的通胀情况。为此，中国实行了抑制通胀的财政、金融政策，通胀情况逐步抑制。但

表1 中国经济指标

（增长率%）

年份	GDP	固定资产投资	社会商品销售总额	消费价格指数	城镇居民可支配收入	农民纯收入	财政收入	实际外商直接投资	出口	进口	外汇储备
1992	14.2	44.4	16.8	6.4	9.7	5.9	10.6	152.1	18.2	26.3	-10.5
1993	14.0	61.8	13.4	14.7	9.5	3.2	24.8	150.0	8.0	29.0	9.0
1994	13.1	30.4	30.5	24.1	8.5	5.0	20.0	22.7	31.9	11.2	143.5
1995	10.9	17.5	26.8	17.1	4.9	5.3	19.6	11.1	22.9	14.2	42.6
1996	10.0	14.8	20.1	8.3	3.9	9.0	18.7	11.2	1.5	5.1	42.7
1997	9.3	8.8	10.2	2.8	3.4	4.6	16.8	8.5	21.0	2.5	33.2
1998	7.8	13.9	6.8	-0.8	5.8	4.3	14.2	0.5	0.5	-1.5	3.6
1999	7.6	5.1	6.8	-1.4	9.3	3.8	15.9	-11.3	6.1	18.2	6.7
2000	8.4	10.3	9.7	0.4	6.4	2.1	17.0	1.0	27.8	35.8	7.0
2001	8.3	13.0	10.1	0.7	8.5	4.2	22.3	15.1	6.8	8.2	28.1
2002	9.1	16.9	11.8	-0.8	13.4	4.8	15.4	12.5	22.4	21.2	35.0
2003	10.0	27.7	9.1	1.2	9.0	4.3	14.9	1.4	34.6	39.8	40.8
2004	10.1	26.6	13.3	3.9	7.7	6.8	21.6	13.3	35.4	36.0	51.3
2005	10.4	26.0	12.9	1.8	9.6	6.2	19.9	-0.5	28.4	17.6	34.3
2006	11.1	23.9	13.7	1.5	10.4	7.4	22.5	4.5	27.2	19.9	30.2
2007	13.0	24.8	16.8	4.8	14.2	9.5	32.4	18.6	25.7	20.8	43.3
2008	9.0	25.7	21.6	5.9	8.4	8.0	19.5	23.6	17.5	18.5	27.3
2009 1-9月	7.7	33.4	15.1	-1.1	9.3	8.5	--	--	-21.3	-20.4	--

资料来源:《中国统计年鉴》各年版、《新中国五十五年统计资料汇编》中国统计出版社2005年、国际统计局2009年10月22日。

是，很多人认为，这种抑制实行得晚了些，遭遇2008年9月的世界金融危机后，这种抑制才走上正轨（袁钢明论文《中国年鉴2009年》中国研究所）。政府紧急投入4兆元的巨额资金，来促进经济增长。努力在2009年实现超过8%的高增长，结果增长了9.6%。

靠巨额的政府融资投入来刺激经济的政策，刺激了建设投资和内需，实现了中国特有的突出的高增长。作为其政策的后遗症，在此指出几个弊端。

一是由于实施了解决能源、环境问题的结构调整政策，而在此前受到抑制的地方政府的投资，在如今的经济刺激政策下，有些投资即使达不到政府所要求的环境、能源等标准也能够顺利进行，给结构调整政策带来了不利影响。

二是此次的政府投融资，主要是面向国有企业，民间企业的投资空间被缩小。这被强烈批评为与改革的方向背道而驰。

三是政府的投融资从目标项目流入到了股票市场和房地产市场，助长了通胀倾向。

在与经济政策相关的中央政府和地方政府的力量关系上，可以看到有利于地方政府的事例。在2009年9月发表统计公报时，统计局方面公布的是9月GDP的全国总计与地方GDP的总计相比较，地方的GDP总计约为2.5兆元（11.5%），超过了全国GDP（人民时评：哪里来的2.5兆？ GDP必须解决"水分"问题。《人民网》2009年11月6日）。也就是说，地方上追求经济增长的权力运作已被反映到统计数值上来。对此，中央政府难以汇总、消化。这也表明了中国现在经济运营的问题所在。

三、改革开放政策的探索——1980~1992

1．改革开放的出发点——与前苏联的比较

首先就第一阶段——改革开放的初期阶段进行探讨。首要特色是与旧苏联形成了鲜明的对照。中国开始实行改革开放政策的1980年前后，建国只有30年。实行农业生产责任制，放宽限制，经济自由化，允许单干时，农民及企业家还留有去哪里？卖什么？能赚多少钱？这样的旧市场体制的认识。因此，改革开放、实行自由化以来，草根经济得到了快速发展。还有一个特征是华侨的存在。这两点在革命70年的前苏联是看不到的，可以说是中国的比较优势。

2．安定团结，摸着石头过河

我想强调的是第二个特色。在中国的改革开放政策中，首要的大前提是安定、团结。目标是，以政治的安定促进经济发展，以经济发展促进安定这种良性循环。所谓摸着石头过河，就是试探性地进行改革开放。如果扰乱了安定、团结，就暂时停止，再探寻其他的道路，这样慎重地进行改革开放。

3．四年一波的波形发展

就其具体内容的重要特征，我整理出了表2，标明了改革开放初期的四个阶段。

表2 改革开放初期的四个阶段

	第一阶段	第二阶段	第三阶段	第四阶段
改革开放的高潮年代	1980	1984	1988	1992
改革开放的理论	·党的工作重点是现代化建设 ·实践是检验真理的唯一标准	·新技术革命论 ·1984年10月社会主义商品经济理论	·1987年11月 社会主义初级阶段理论 ·1987年11月 国家调节市场，市场调节企业	·科学技术是第一生产力 ·1992年10月 确立社会主义市场经济理论
改革的政策	·农村开始家庭承包责任制 ·企业开始利润分成试验	·城市及工业部门改革开始 ·厂长责任制开始实施 ·企业从利润上交改为纳税制 ·开始实施双重价格体制	·承认私营企业 ·实施企业经营责任制 ·副食品价格自由化 ·价格体制改革方案确定	·企业的经营机制开始变换 ·实施[税利分流]和统一法人税 ·实施[分税制]
对外开放战略	1978年12月开始对外开放政策	·承认只有单一世界市场 ·东部地区开始市场开放 ·一国两制理论提出 ·[贸一工一农]体制	·1988年1月 沿海地区经济发展战略 "两头在外" "大进大出"理论	·全方位对外开放 ·上海成为开放的重点
对外开放地区的扩大 政策和优惠待遇 其他	·1980年8月设立深圳、珠海、厦门、汕头四个经济特区 ·1979年7月广东省、福建省实施特殊政策 ·1979年12月开始接受日元贷款 ·1979年6月通过了《合资企业法》	·1984年4月 14个沿海城市对外开放 ·1985年1月长江三角洲、珠江三角洲和闽南三角洲对外开放 ·1984年5月 全国许可设立100%外资独资企业	·1988年3月 沿海地带对外开放 ·1988年4月 海南省成立，全省特区 ·1988年7月[台湾同胞投资奖励规定] ·1987年9月深圳向外商出售土地使用权 ·1988年1月 贸易企业全面实施经营责任制	·1990年4月 决定开发上海浦东新区 ·1991年末 深圳和上海发行面向外国人的股票 ·1991年 制定外资房地产开发管理办法 ·1992年3月 决定外资开发海南岛洋浦经济开发区 ·1991年1月 贸易企业实施独立核算制，停止给与贸易补贴

　　资料来源：滨胜彦著《中国·邓小平的近代化战略》经济研究所，1995年，第14页。

　　从主要情况来看，在第一阶段的1980年，农村生产呈爆炸式扩大。此外，还成立了经济特区。在第二阶段的1984年，拟在城市、工业中实行改革，尝试社会主义商品经济。第三阶段的1988年，社会主义初级阶段理论得到公认，开始实行沿海地区经济发展战略。第四阶段的1992年，在邓小平的南巡讲话中，确立了社会主义市场经济的目标。为什么在改革开放中，每四年掀起一个高潮？其理由是历史研究的课题。但从整体看，其经济发展的特征是呈波形发展，形成了自由化（放）导致通胀，而产生混乱（乱），对此进行调整（收）又导致停滞不振（死），再谋求自由化（放）。一个政策呈波形在全国展开，需要约一年时间。因此，呈现出"放乱收死"这样每四年一次的经济循环的结果（参照图1）。

图1　1978~2009年中国GDP增长率

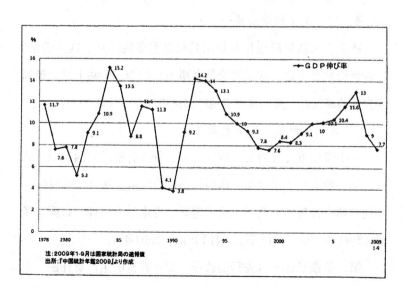

注：2009年1-9月是国家统计局的速报值
出所：『中国统计年鉴2009』より作成

波动的第二个特征是政策的持续性。在调整过程中，对政策作了些修改，但维持其基本不变，能够在下一阶段推进新内容中获得阶段性的扩大与深化。波动的另一个特征是，无论是哪个新阶段的开始，都是邓小平本身的倡导起到了决定性的影响作用（参照滨胜彦《中国·邓小平的现代化战略》亚洲经济研究所1995年序章）。

中国改革开放30年经济增长率的变化，如图1所示，在进入第二阶段的1992年实行市场经济以后，呈现出很大变化。以前的波形是在指令性计划经济下，重复着大起大落。从1992年开始，政府运用利息、贷款等间接的手段进行宏观调控。虽不能及时见效，但对其波形起到了平缓的作用。

4．社会主义初级阶段论

社会主义初级阶段论的提出是极其重要的。基于这一理论，民营企业被合法化。这一理论是由邓小平首创，中共十三大被确立为党的路线后，更加强有力地向前推进改革开放政策。

5．体制外改革　增量改革理论

在中国改革开放的第一阶段与第二阶段有所不同的说明中认为，第一阶段是增量改革，体制外先行的改革。从第二阶段的90年代开始，推进全面改革（吴敬琏著，青木昌彦监译，日野正子译《现代中国的经济改革》，NTT出版，2007年）。

第一阶段是体制外先行的改革。即：农村的生产责任制、乡镇企业、经济特区等在原有体制以外增加部分的增量改革，也有人称为增分改革。用这种形式回避掉了在国有企业改革等中产生的不满，不满少了，改革才能进行。在最近的政治体制改革讨论中，有人主张是否也采取增量改革的方法。

不如说这是到了90年代后半期，经济已大部分民营化以后才有的说法，但在80年代从未听到过这种说法。在80年代初期，如前所述采取的是安定、团结、摸着石头过河的方式，试探性地慎重前行，结果是完成了体制外改革和增量改革。

四、中国市场经济的形成——1992~2002

1．中国的市场经济

第二阶段是中国的市场经济形成的阶段。尽管中国大陆以外的很多学者都认为中国实行的实际上是资本主义，但在这里我没有使用中国的资本主义的形成这个词。使用"资本主义"这一词语时，对起主导作用的国家及政党很难找到确切的形容词（关于中国的具体用词，例如："官僚金融产业资本主义"＜小岛丽逸《现代中国的经济》岩波书店1997年＞、"官制资本主义"＜吴军华《中国寂静的革命》日本经济新闻出版社2008年＞）。有必要对定义中国式资本主义的规定性质用词的问题进行研究，本文暂且使用"中国的市场经济"一词。

2．国有企业改革的进展与民营经济化

1992年邓小平南巡讲话之后，1993年中国的市场经济框架在党中央委员会形成决议。其计划是分税制、中央税、地方税、社会福利制度、面向市场的金融制度，几乎与日本的市场经济模式一样。其中虽已包含着遗产继承税和赠与税，但在中国，这方面的改革至今尚未实施。90年代由于"抓大放小"，国有企业和中小企业实行自由化、民营化，大企业推行股份制，进行了全盘改组。1997年在第15届党代会上决定调整国有经济战略，对大型国有经济也实行股份制、民营化。同时，将民营企业作为经济的重要组成要素而纳入体制内部。1997年以后，每年减少2万家国有企业，被认为是转化成了民营企业。同时，到目前为止，大多采用乡镇企业、民营企业、温州的企业等联合企业的形式。这些企业在1997年以后取得完全民营化（大桥英夫、丸川知雄《中国企业的复兴》岩波书店2009年）。

3．围绕经济国际化的争论

（1）经济国际化的进展

中国的美元贸易总额如柱状图表2所示，可以看出与现阶段相比，80年代的贸易尚属初级阶段。进入90年代后获得了相当的发展，而且，进入2000年后，3年翻了一倍。可以说速度惊人。在这中间，受金融危机的影响，2009年的贸易总额比前一年减少了18.9%，出现了大幅下降。此前的贸易总额除亚洲金融危机的1998年略减以外，一直是呈持续增长的态势。因此，这还是第一次出现大幅下降的情况。

图2 1978~2009年中国的贸易总额

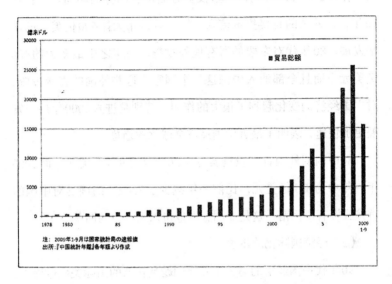

注：2009年1-9月は国家統計局の速報値
出所：『中国統計年鑑』各年版より作成

图3 1979~2009年中国的实际外国直接投资额

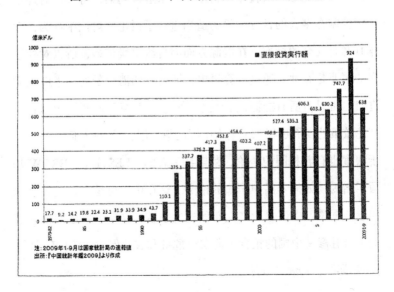

注：2009年1-9月は国家統計局の速報値
出所：『中国統計年鑑2009』より作成

在图3中可以看到，对华投资方面也有同样的倾向。即：在90年代，外国的直接投资流入中国，以每年大体400亿美元的水平发展。80年代对东盟的所有境外投资，一年之中最多为约400亿美元，而且全部涌入中国这一个国家。这些外国的直接投资，对中国经济的变化起到了很大的作用。特别是进入2000年后，发展更加快速，表明了最近中国经济全球化的趋势。

对中国的外国直接投资实行额2008年是924亿美元，而2009年一年中为851亿美元，比前一年减少了7.9%。的确是对中国的直接投资有所回落，这是亚洲金融危机以来发生的回落。

（2）经济国际化的论争

90年代中国经济的另一个重要问题是在新的国际关系进展中，是否要保证能源和粮食基本自给，如果进口的话，有关将对外依存度控制在多大的百分比最为适当进行了讨论。讨论中认为，大体10%是安全的标准。在能源方面因自给煤炭较多，所以对外依存的主要是石油。通过计算得出，即使石油消费量的一半以上靠进口，也只占所有能源的10%（滨胜彦《改革开放时期中国石油产业政策的发展过程》，《创大中国论集》创刊号1998年3月）。对于粮食也有着相同的争论，莱斯特·布朗（LESTER R.BROWN）写了名为《如何养活中国》的论文。这在中国也是个备受关注的问题。据说，中国农业部向布朗先生表示，这本书对他们很有帮助（滨胜彦《中国的粮食·向农业危机和农业保护政策的转移》，《国际问题》1996年6月号）。

结果使积极利用两个市场——即：国外市场与国内市场、两种资金、两个资源的政策逐渐得到巩固。进入2000年后得以全面实施。例如：1997年达成了修建从哈萨克斯坦输入石油的输油管协议。虽然当时失败了，改为5年至10年后实行。但是，只是1997年达成协议这一点，就抑制了哈萨克斯坦境内分裂组织的活动。可以看出，在政治上、外交上都起到了抑制分裂活动的效果。

4. 政府对调控的苦战

如何调控快速发展的经济及过热现象，政府面临着苦战。利用行政改革对石油产业进行重组，分三个步骤，使其具有对外能力。2003年成立了国有资产监督管理委员会，据此，集中了对国有企业投资的政府机能。此外，对价格、利息、产业结构政策、法制等也实行了宏观调控政策。90年代由于民营化的迅猛发展及国外投资的巨额存在，各地出现了以赖昌星走私案为代表的走私案件。1999年1月中央设置了缉私警察，为了缉私，给缉私警察配备了装有大炮的军舰。朱镕基总理为了治理走私等地方上的混乱，曾充满信心地说"给我准备100口棺材，最后一口留给我"，为调控而苦战。

5. 西部大开发与生态建设

在河流问题深化的1998年，恰好发生了亚洲金融危机。为了扩大内需，振兴内陆地区，中国实行了西部大开发战略。为了在河源植树造林，并实施了"退耕还林"政策。由于提高了粮食的收购价格，粮食需库存约一年时间。当时，朱镕基总理为如何保存好粮食，使粮食系统内不再滋生腐败而绞尽脑汁。后来发现可以以此作为鼓励"退耕还林"的手段，于是决定围绕着补助粮食来想一些办法。"退耕还林"政策规定，经济林提供5年粮食，自然生态林提供8年粮食。但是，由于后来粮食情况变得严峻，这种政策只进行了一回就没再扩大执行，现在的政策改为只保留以前的重点部分。

五、经济的急速发展与调控框架的构建

1．经济调控框架的构建

改革开放的第三阶段是在胡锦涛体制形成以后。成立于2002年的胡锦涛政府，成功地应对了SARS。积极构建初期经济发展战略，其组成内容为构建经济的宏观调控政策的框架，建立科学发展论，建设和谐社会等。

构建经济宏观调控政策框架的主要内容是，设置专家团的大兵团作战与官僚级的指导小组。2005年5月国家能源指导小组开始工作。此前，中国实际上没有集中调控能源政策的部门，特别是对石油产业的定位不明确，存在着石油方面受到冷遇的问题。在江泽民时代，将石油产业被改组成三个国际级的石油大企业，石油方面重获实力。成立了若干个国务院级的指导小组，形成集中调控经济的框架。为了制定政策，大力动员各种专家团，探明经济的实际情况，尤其针对能源和农业两大行业，从2002年到2005年，各种专家团进行了大规模的调查活动，并进行归总。据

说这是温家宝总理基于自己的构想而指挥实施的。可以说，此时温家宝的政治领导力已初露端倪。

2．科学发展观与产业结构调整

胡锦涛政府强调的科学发展观是谋求以人为中心的协调的、可持续的发展，其同时与建设和谐社会和反腐败政策相配套。据此，2005年以后实施了产业调整。实行这一产业结构的调整政策是因为中国如此发展下去的话，能源和环境问题将逐渐恶化。为追赶上国际标准，在第11个5年计划中，设定了将GDP中能源的消费量削减20%，主要污染物的排放量削减10%的目标，每年削减4%和2%。而且，定出了每年的节能标准，并加以实施。但是如此一来，与地方政府的发展方针发生了矛盾。调整与地方政府的利害关系并非易事，但必须果断地执行到底。而正当很艰难地实施过程中，发生了世界金融危机。因此，调控工作暂时放缓，地方政府得以自由地谋求发展。进入2009年后，结构调整政策必然遭遇非常大的困难。

3．和谐社会理论与危机管理体制

胡锦涛政府在2000年代前半期强调亲民政策，强化党的政治领导力。在建设和谐社会的背面，存在着危机管理体制。即：制定突发事件的管理预案、突发事件的应对方法，从而在和谐社会建设的深层构筑危机管理体制。人均GDP达到1000~3000美元或约5000美元的起飞过程中，需要权威主义的领导。在此理论背景下，这种危机管理体制只能维持5年、10年。在这期间社会就会发生转变,预计经济社会会实现现代化,即:会与韩国等的情况一样。危机管理体制加上和谐社会理论就是支撑党的理论背景。

2007年开始进入胡锦涛政府的后期时代。对地方上发生的各种事件,不得已动用警力和治安力量应对。让人感觉起积极作用的亲民政策、和谐社会理论似乎有所淡化。这样,在党的一部分领导人和学者中认为,要突破地方政府和特权阶层的对抗,必须进行政治改革,以推进民主化。这种危机意识日益高涨。

六、改革开放30年的成果与课题

1.30年的成果与课题

就改革开放30年的成果来看,预计2010年中国的GDP将超过日本位居世界第二。由于过多的外汇储备及财政收入的扩大,政府的领导力得到了显著加强。毋庸置疑,这也是改革开放的重大成果。但是,改革开放政策留下的问题很多,特别是根据1993年的市场经济框架图,预定实施的遗产继承税、赠与税等至今未能实现。经济再分配的社会保障体制在城市中没能取得平衡,而在农村中还尚未得到普及。关于政治制度改革的问题是1980年邓小平讲话,1987年的政治制度改革决议的课题几乎没有实现。鉴于上述改革开放政策的开展现状,联系到今后的展望,提出4个改革开放遗留下来的课题。

2.考虑政治改革

在2007年中国共产党第17次代表大会上,在"发展社会主义民主政治"的目标下，决定"深化政治制度改革"。问题是如何进行政治改革。在迎来改革开放30周年的2008年末到2009年《人民日报》登出的论调是有3个具体方案。2008年12月3日中共中央编译局副局长俞可平提出了中国民主"增量发展理论"。其主要是讲党内民主要与基层民主，即社会底层的民主相结合，以此向前推进。如有可能，在其他部分实行突破。俞可平的主张因2006年10月出版的《民主主义太好了》一书而扬名。另一个是2009年4月1日《人民日报》发表了国务院研究室副主任江小涓提倡的经济社会制度"存量改革推进"的论文。就在笔者尚不明白政治中"存量改革推进论"的所在之时，本人于2009年10月在日本现代中国学会上听到了上海交通大学季卫东教授名为《政治改革"软着陆"的制度设计与中国宪政的前景》的讲演，其内容相同。即：人民代表大会和政治协商会议迄今是没有实权的机关，今后要逐渐变成握有实权的有实质力量的机关。即：试图从本质上强化议会的权力。还有一个人，国务院发展研究中心的研究员吴敬琏，他是积极推进市场经济的经济学者。他在2008年12月3日的《人民日报》上发表了《法制化的市场论》，深切期望依法领导市场及强化宪法。吴氏在出版的《现代中国的经济改革》一书中，就政治改革也作了详细论述（吴敬琏著，青木昌彦监译，日野正子译《现代中国的经济改革》，NTT出版，2007年）。

3. 中国市场经济与腐败

吴敬琏在上述《人民日报》中说，由于既得利益层的主导，中国有可能陷入恶劣的市场经济的泥潭。为了防患于此，在经济中必须贯彻法律和宪法。因此，他说"以前人称我是市场经济的吴敬琏，今后叫我法制的吴敬琏吧"。问题是现在的中国是向着良好的市场经济发展，还是向着权贵资本主义的恶劣的市场经济发展。向着良好的市场经济发展是一大课题。当然，由于容易出现腐败，在一般企业中充实、实施会计准则是一个大课题。利息税、继承税、赠与税等尚未实施，何时能得以实施是个大问题。

4．贫富差别与经济地域、中央权力与地方权力

中国有包括沿海大城市在内的沿海地区、中部地区和西部地区，其纵向的权力机构为省级政府，然后是县级体制、乡镇体制。从2000年代初期开始，停止向农民征收税金和承包金，转而由国家向地方政府拨付财政资金。作为迄今为止2000年间从未有过的新体制，人们会问，地方的县和乡镇这种体制，除了代表中央以外，究竟应该怎样来代表人民呢？尚不明确其将在什么地方实行软着陆，计划是到2012年或2020年左右调整好体制。显示出这是稳固2010年中国国家体制根本的重大问题。

另外在中国，沿海、中部、西部三个不同发展水平同处一国。本来中国就是一个超大的国家，因此，在地方体制中的机构调整问题上，会有带有地方独自性、合理性的地方版本。这种情况下，可以说向某种联邦制的方向发展是合理的。

但是，要实现联邦制是非常困难的。中国本来是具有历史传统的大而统一的国家。如果对广东省的领导人说，今后在你的地

方实行联邦制，可以自主地搞，他也会反问道：联邦制是什么东西。结果，中央不得已重新再投入巨大的力量进行调控，平衡地方权力和中央权力是今后非常大的课题。

5. 民族问题与国家统一

与国家统一相关的另一重要问题是民族问题。在民族问题上，西藏问题、新疆问题都是大问题。我所关注的是居住在藏族和维吾尔族周边的回族。他们的长相与汉族人相似，信仰伊斯兰教。在2008年的西藏骚乱中，回族的商店也遭到了袭击。在2009年的新疆骚乱事件中，曾有回族人夹杂在汉族人的游行队伍中，并接受记者的采访，回族人现在处于什么状态还不得而知。

从清朝的历史来看，由于回族发生叛乱，在新疆成立了维吾尔族的阿古柏国，成为此后东突厥斯坦民族运动的起源。天才的军事战略家左宗棠首先平定了回族叛乱，然后平定了新疆的阿古柏国。如果没能平定这一回族叛乱，新疆就有可能像阿富汗和巴基斯坦那样成为独立的国家。现在国际上承认包括不干涉内政在内的五项原则，我认为美国在此次的经济危机中避免参与中国的内政，今后仍将采取持续对西藏问题、新疆问题不正面强力施压的做法。

中国的能源"危机"与
节能发展战略的展开

滨胜彦

（创价大学名誉教授、社团法人、中国研究所理事长）

中国能源危机意识的第一个高潮，出现在1990年上半年，当时石油自给遇到了困难导致进口剧增。中国于1993年已转变成为原油和石油制品的纯进口国，另外由于煤炭的大量消费，中国已经开始重视环境问题和运输问题，因此更加期待增加石油的进口。

在1993年末，通过广泛的争论，作为石油产业政策，国内国际提出了所谓的"利用两种资源，两种资金，两个市场的原则，以此为基础积极地推进国外石油、天然气的探矿·开发，分享世界石油，天然气资源"的政策[①]。另外，在能源政策中，因为石油产业部门的位置设置不稳定，对于1998年的政府机构改革，实施了以石油产业的根本性再调整为中心的课题，形成了中国三大石油公司[②]。1990年时期的能源危机意识，主要是带来了石油产业结构的再次调整以及提高了石油安全保障的议论。

表1 有关中国能源战略转换重要事项

2002年夏	华北，华东，西北等地，发生停电，限电
11月	在中共16次大会上选举胡锦涛为总书记
11月	国务院发展研究中心发表《中国能源综合发展战略和政策研究》
2003年3月	选举胡锦涛为国家主席，温家宝为总理
4月	中共中央常务委员会召开"非典"对策会议
5月	中国工程院发表计划《中国可持续石油天然气资源战略研究》
	IEA中国合作部主任陈新华在《中国能源》杂志发表能源政策提案论文
6月	科技部发表计划《中长期科学技术发展规划研究》
11月	中共16届3中全会提出《科学发展观》、《五个统一规划》
2004年6月	国务院原则上采纳《能源中长期发展纲要（2004~2020）》（草案）
	《中国能源》杂志，开始刊登3篇煤炭供给展望问题论文
9月	胡锦涛就任中央军事委员会主席
12月	国家发展改革委员会初次公布《节能中长期专门规划》
2005年2月	国务院采纳《电力监督管理条例》
	全国人大常务委员会采纳《可再生能源法》
5月	设立《国家能源指导领导小组》
	马凯国家发展改革委员会主任发表有关《环境经济》论文
6月	中央政治局集体学习，听取二位专家报告，胡锦涛发表重要讲话
7月	公布《关于促进煤炭健康发展的若干意见》
8月	国务院发表《关于近期倡导执行建设节约型社会重点工作的通知》
	国务院《关于加速发展循环经济的通知》
	国务院《关于预防炭矿事故的特别规定》
10月	中共16届5中全会采纳十一五规划《提案》
12月	胡锦涛总书记和政治局常委参观《节约社会建设展》
2006年1月	公布《国家突发公共事件综合紧急预备案》
3月	全国人民代表大会采纳《国民经济·社会发展第11个5年规划》

笔者制表

对此，2002年以来的能源"危机"，对占据了能源中心的石油煤炭产业能源发展战略的地位，甚至是有关中国经济、社会的安定发展等产生了质疑。2020年中国煤炭的必要生产值将达到27亿吨，届时如果在政治、社会、经济等方面进行精确的计算以及细致探查后，出现储备数量不足，生产能力不足，运输能力不足，环境容量不足等问题，判明出不能保证扩大生产，再投入资金也不是不可能的，但是作为国有企业的煤炭企业是否真的有这样的实行能力，这也是一个问题。

关于煤炭市场化改革，将炭矿资产作为非公共资产放在参与竞争的位置上，民间资本和外资为了参与进来，也将环境调整纳入课题。其中，为了保证煤炭产业的保护产业位置，中国已经认识到了需要实行一连串的补偿措施。中国从1994年发生粮食危机以来，深刻检讨了关于安全保障的问题，比如对其他国家有多少依赖程度，并达成共识认为有必要向农业保护政策转移[3]。农业、农村、农民的"三农问题"经过约10年的积累，2006年终于实现了全面废除农业税。因此，我们可以预见到矿业、矿山、矿工、矿都的"四矿"问题，也会在今后的5~10年间成为重点课题。

关于十一五规划，已将节能和环境问题放在了中心课题的位置上。在节能政策的实施中，为了能为能源产业市场化改革和再编的合理化争取时间，我们期待能源生产方面能够减少压力。总之，胡锦涛领导班子，已经明确开始实施以节能为中心的新的能源发展战略，煤炭产业政策的实行可以说只不过是一个开端。

在这个方面，可以说与我国（日本）的合作余地非常大。

1. 20世纪90年代中国能源战略的转换

1.1　90年代中国的能源向海外依存的转换

如果观察有关中国能源的供给问题，不难发现1992年的消费超出了生产，石油的进口迅速扩大，在1993年包括石油制品在内的石油纯净进口上升至981万吨，仅就原油方面在1996年已经成为纯进口国。

中国的能源生产，1995年的标准煤换算是12亿9000万吨。其中煤炭占75.3%，石油占16.6%，天然气占1.9%，水力发电占6.2%，这是以煤炭为中心的能源生产构成，能源自给度高，进口依存度只不过是1.6%。像这样尽可能开发本国资源，以煤炭为主力的自给自足的能源生产、消费结构，是在严峻的冷战期间不得已的选择。

在1980年间的改革开放时代，中国实现了在严峻的资源和能源制约中的高增长。其结果，80年代的经济增长比率平均为9%，能源生产的增长率是4%~5%，能源生产弹性值为0.5。

进入1990年，煤炭大量消费问题逐渐突出。主要问题是，资源大量存在于东北、西北地区，而作为资源需求地的沿海地区资源供给却较为困难，环境污染问题重大，大众的环境保护意识逐渐提高。因此，作为绿色能源的石油和天然气消费迅速扩大。主要沿海工业城市的需求增加，进口剧增。

第9个5年计划（1996~2000年，以下简称为"九五"计划）的策划制定是从1993年开始正式化的，在此期间，以15年后的

2010年作为经济目标概念制定了2000年计划。2010年的经济资产负债表计算的结果为在持续7%~8%的高增长下，我们可以认识到能源与粮食问题将会越发严重。

此预测中受到注目的是，中国科学院国情分析研究小组发表的《开发与节约》调查报告，分析了能源与粮食供给形势的严峻性，提倡形成资源节约型国民经济体系④。供给关系最严峻的是石油产业。东部油田的生产衰退倾向不可逆转，海洋油田的探矿全部结束，不能过于期待与中东诸国巨大油田资源相提并论的塔里木盆地的状况，以及明确了其他问题⑤。

1.2 能源国际化战略的登场

1993年12月，国务院研究室与中国石油天然气总公司召开了高级讨论会等，研究问题点是，逐渐确定能源供给国际化的方向⑥。

在"九五"计划中，继承前期计划，附加了"稳定东部，发展西部"，"石油天然气同时平行"的方针，决定了以"利用两种资源，两种资金，两个市场原则为基础，积极地推进向国外的石油·天然气的探矿·开发，分享世界石油，天然气资源"的新方针⑦。

之后中国设想面向中东、俄罗斯的西伯利亚·远东等地的能源开发，在中国的东南沿海地带，建造从中东进口的原油炼油厂，研究从印度尼西亚输入天然气（LNG）。1994年开始，中国购买了秘鲁、苏丹、委内瑞拉的油田，着手购得矿区，搞活与石油相关的技术、劳务输出。1996年委内瑞拉2号油田获得中标，1997

年与哈萨克斯坦进行油田开发，建设输油管道，与俄罗斯开始建设天然气输气管道的项目。如此，掀起了第一次向海外能源开发的热潮，经过各种经验的累积，于2004年开始继续进行第二次能源开发潮。

2．2002~2005年能源"危机"的发生

2.1　能源"危机"的实态

从2002年夏季开始中国能源不足的问题逐渐显现出来，已经全面涉及电力、煤炭、石油的供给，虽然能源供给性质的危机状态正式暴露出来，但不能说是量性危机，因此本文题目为"危机"。

2.1.1　电力危机

2002年夏，电力系统负荷剧增，超过了供给能力，发生了停电和限电。涉及地区有北京、河北、河南、江苏、山西、四川、广东等12个省市，这是1996年以来首次发生电力不足的现象。秋天在湖北、河南、河北、浙江、四川、云南等地也出现了电力紧张状态。

2003年，中央对包括广东、上海、江苏等省市包括在内的23个电力网实行停电和供电限制，电力供给已经成为影响人民生活的大问题。

2004年全国电力网，除东北和新疆以外，所有的省级电力网都实行电力限制供给。涉及累计断电次数为123.85万线次，损失电力达到388.33亿kWh。广东电力网已陷入全年缺电状况[⑧]。

近年出现这样电力危机的原因有①需求急剧增加，②由于干旱水力发电输出功率低下，③发电设备容量的不足，④政策的失误（电力价格的设定，1993年以来的3年间抑制发电厂的投资等），⑤送电系统的不合作等有关情况。而且出现了电力部门在2002年末进行改革，过渡期间发生了电力危机，以致改革停止的事情[⑨]。

2.1.2 煤炭供给问题

因需求激增与煤炭价格上升，原煤生产加速扩大，2003年里煤炭不足已经成为最大问题，国家发展改革委员会于2003年11月专门召开了研究确保煤炭与电力供给的会议。从2004年7月下旬的20天内铁道部进行了6285.5万吨紧急运输作战。其中电力用煤占3473万吨，能够补充368所发电站发电煤炭库存的不足。

运输问题，电力用煤供应体制，电力与煤炭行业不相互妥协的问题等，在如此多的问题中，最大的问题是原有煤矿生产能力不足这一点[⑩]。

2.1.3 "煤炭、电力的争斗"

中国1993年以来煤炭的价格都是由市场决定进行交易的，由铁道部运输体系确保，根据发电厂方面的需求，只有全国交易量约三分之一程度的电力用煤炭，是在每年召开一次的煤炭合同会上，经由政府指导价格才签署合同的。在政府指导价格里即使是国有重点煤矿也存在许多赤字的情况。2002年起政府将重点煤矿的电力用煤也委托市场价格来决定，从此以后在煤炭合同会上，煤炭供应方与电力业界在价格方面很难互相让步，会议被称为讨价还价的"煤电之争"[⑪]。

2.1.4　石油制品的供给紧迫

2003年第一季度受到国际石油价格上升的影响，原油进口数量和金额比前年同期增长了52.4%和138.4%，石油制品的进口数量和金额增高了76.7%147.9%。在国内价格方面原油比前年同期价格上涨66.8%，汽油价格上涨了52.5%。国内油价的价格上涨除了提高以原油为生产原料的企业成本之外，化纤原料的价格也上涨了将近20%，纺织企业大量收购棉花，棉花价格也提升了50%以上。另外航空机票和汽油价格的上涨也给大众消费带来影响。因国内油价的上升，在南方沿海地区的石油制品走私"复活"了，1月25日福建省南安县市井镇经检举，300吨走私石油制品被收押，1000吨左右的"地下"储油罐被摧毁[⑫]。

2.2　能源"危机"的背景

中国受亚洲金融危机的影响，在经济成长出现下滑的阶段，因需求停滞能源出现剩余（参照图1）。因此，从1998年到2000年期间，利用能源剩余局面，进行所谓的能源产业结构彻底调整，强化了政府能源投资抑制政策。

比如图3，可以看到发电设备的新增容量，从1998年到2002年持续减少，这是政府宏观调控强化规定了发电设备建设的结果。从2002年开始能源不足的情况倍增，如果放宽这一制度，不难发现地方政府与发电部门具备快速扩大设备的能力。

图1　1989~2004年的中国能源生产与消费状况（单位：标准煤亿吨）

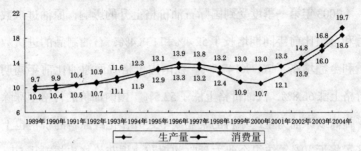

出处：笔者根据中国产业地图编委会，中国经济情况监测中心编《中国产业地图——能源2004~2005》社会科学文献出版社，14页制成。

图2　1999~2004年的中国发电量状况（单位：亿kWh）

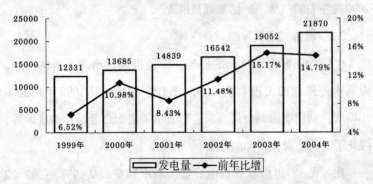

出处：笔者根据中国产业地图编委会，中国经济情况监测中心编《中国产业地图——能源2004~2005》社会科学文献出版社，26页制成。

图3 中国的发电设备的新增容量（单位：1000kw）

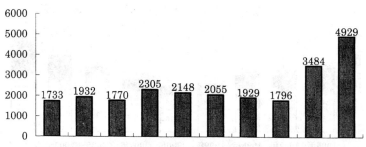

出处：同图2

图4 1990~2004年的中国原煤生产状况（单位：亿吨）

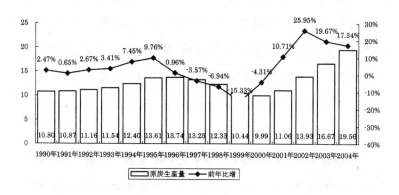

出处：笔者根据中国产业地图编委会，中国经济情况监测中心编《中国产业地图——能源2004~2005》社会科学文献出版社，64页制成。

图5 1996~2004年中国的三种煤炭生产量构成（单位：亿吨）

出处：中国产业地图编委会，中国经济情况监测中心编《中国产业地图——能源2004~2005》社会科学文献出版社，65页。

同样的情况也反映到了煤炭生产中。煤炭生产从1997年到2000年持续减少，其减少的具体情况，通过图5我们可以看到中小型乡镇企业由于政府主要机关的结构调整，步步逼近的紧缩生产，因能源不足终于一口气在2003年、2004年急增达到历史最高水平。有钱可赚，乡镇煤炭的生产急剧扩大，2004年达到全国生产的4成左右。

乡镇煤矿的生产1996年只是6亿1500万吨，但是，2004年增加了7亿1900万吨，为了应对能源不足，急剧扩大生产。也就是说对煤炭生产的控制有所放松，才直接导致生产扩大的能源与达成力的实现，2006年以后增加过多的生产能力，能否有效控制也是一个问题。

在2002年的能源"危机"背景下，仍可以说处于能源需求低迷时的政府在强力紧缩建设投资。

3．在第11个5年规划中向节能发展战略转移

3.1 能源发展战略的再研究

3.1.1 能源战略的研究热

2002年以来，超出扩大能源消费的常识，在短期里造成对以电力为中心的能源深刻不足，中国在长期能源发展战略、短中期发展规划·计划中存在的各种问题被暴露出来。关于能源发展虽有一定的研究，但是其许多方面还停留在学术研究的立场上，在中国，缺乏综合的、高层次的、政府主导的长期能源发展战略。

2003年以来，中国出现了能源战略研究热。作为主要项目，列举以下内容。国务院组织的研究制定《能源中长期发展规划纲要（2004~2020年）》（草案）。中国工程院的《中国可持续石油天然气发展战略研究》。科学技术部组织开展的科学技术规划，在其中，能源、资源以及海洋作为重要课题被提出来。国务院发展研究中心开展的中国能源战略研究，这些项目的显著特点是，参加人员地位很高，是中央政府直接参与指导的，这是在历史上过去没有的现象[13]。

3.1.2 由国务院发展研究中心预测

国务院发展研究中心，从2002年11月到2004年8月执行《中国能源综合发展战略与政策研究》的项目。共同研究单位是，国家发展改革委员会能源研究所、科学技术部技术发展研究中心、

中国环境科学规划研究院、清华大学、煤炭情报研究院、中国石化石油勘探开发研究院，煤炭工业技术开发中心等[14]。

国务院发展研究中心，继续从2004年8月到2005年1月提出推进第二个项目《关于十一五规划的基本构想与2020年的长期目标研究》（其全部内容参照王梦奎主编《中国中长期发展的重要课题2006~2020年》，中国发展出版社2005年4月）。

到2020年为了策划制定中国的能源战略与政策，在第一个项目中，通过现在参与进行中的政策措施，对能源需求和其社会效果带来重大影响，对没有取得特别政策措施的标准方案（方案A），由相关政策进行适当调整方案（方案B），在现实具体可操作的情况下，进行大规模的政策调整，突出经济、能源、环境等政策影响力，设定强化政策方案（方案C）。

其预测操作结果是，如表2"一次能源需求量与其构成"，如表3"煤炭、石油、天然气的需求量"。

预测结果的结论是，①2020年的一次性能源的需求是，用标准煤炭换算，在25亿吨到33亿吨之间，平均值是29亿吨，这是2000年的2.2倍，这样才能得到正确能源战略和相关政策措施，可以看出未来20年期间能源需求保持比较低的增加速度。②即使在相同的经济成长目标下，由于能源发展战略和政策措施的不同，会带来不同的能源结构和能源效率。在2020年会有8亿吨比较大的增幅。③特别是交通部门和建筑物的能源需求的延伸高于平均标准，两个部门占能源增加部分的比重，从现在的35%到2020年将达到57%~75%，应该重视这些部门的能源需求和效率。

问题有以下几点。①过度依存化石燃料，带来可持续利用资源供给压力和困难。②能源效率的潜力仍然存在，能源量的基数扩大，与前期20年相比实现的困难度增高。③在大量的能源消费预想中，如何满足全面建设小康社会对环境的要求存在巨大挑战，面对可持续发展的压力。二氧化硫、氮酸化物于2000年就已经完

表2 一次能源需求量和构成（单位：100万吨标准煤，%）

方案	种类	能源需求（Mtce）			年增加率（%）	构成（%）		
		2000	2010	2020	2000~2020	2000	2010	2020
方案A	煤 炭	907	1425	2074	4.22	69.9	66.7	63.2
	石 油	324	538	877	5.10	25.0	25.2	26.7
	天然气	36	112	220	9.44	2.8	5.2	6.7
	一次电力	29	63	109	6.77	2.3	2.9	3.3
	合 计	1297	2137	3280	4.75	100.0	100.0	100.0
方案B	煤 炭	907	1365	1788	3.45	69.9	66.0	61.7
	石 油	324	524	795	4.58	25.0	25.3	27.7
	天然气	36	108	193	8.74	2.8	5.2	6.7
	一次电力	29	70	120	7.28	2.3	3.4	4.1
	合 计	1297	2068	2896	4.10	100.0	100.0	100.0
方案C	煤 炭	907	1205	1466	2.43	69.9	64.8	59.4
	石 油	324	460	638	3.44	25.0	24.7	25.9
	天然气	36	115	219	9.14	2.8	6.2	8.9
	一次电力	29	79	144	8.26	2.3	4.3	5.8
	合 计	1297	1859	2466	3.26	100.0	100.0	100.0

出处：中国能源发展战略与政策研究课题组:《中国能源发展战略与政策研究》，经济科学出版社2004年，第4页。

全超过了最大容量。④能源安全保障，特别是石油安全保障越来越重要，如果措施有误将成为大问题。关于巨大石油消费量的增大与扩大石油的进口应着手进行安全保障。

特别是新世纪最初的20年，应该着力于从实现长期目标的方式和旧有的发展方式"转型"，应取得"保障供给、接纳优先、结构合理、环境友好、驱动市场"的可持续能源发展战略。

3.1.3 能源政策的正式性再研究

巴黎国际能源机构（IEA）中国合作部主任陈新华，在2003年5月号《中国能源》杂志上发表了《重视能源安全保障的内部因素，应强调保障政治体制》。此论文作者参加了中国"西气东输"项目的调查，以此体验为基础进行问题分析，进行政策提案，很巧此时的中国各个咨询机构的能源战略研究项目正在开始，将此论文作为这些项目研究的指导方针，体现了此文的发表价值。而且政策提案几乎之后全部付诸实施。

陈新华的论文对有关能源问题的应对方法，指出如下问题。能源安全保障方面，因为要实现2020年GDP的4倍增长，需要物质和动力才能保障7%增长率。中国的能源安全保障研究几近于白热化状况，几乎所有的研究重点都放置在外部环境上，没有涉及内部因素。作为一个国家，首先要树立自身的合理的能源体系，才能以此对抗外部环境的威胁。而且，关键是应该系统地涉及政府各部门，超越具体的项目，实现吻合，有必要制定有远见的国家能源政策。

政策建议,中国面临非常严峻的能源安全保障的挑战,为了应对这个挑战,有必要树立长期的、全面的、能够有效实行的能源安全体系,用短期的观点不能发现问题。也不能就能源问题只进行能源讨论,充分考虑社会、外交、环境、体制等方面的问题,用系统的观点进行整理,必须提出切实有效的措施。

表3 在三个方案下煤炭、石油、天然气需求量

方 案		2000年	2005年	2010年	2020年
煤炭（亿吨）	方案A	12.7	16.2	20.2	29.0
	方案B	12.7	16.2	19.1	25.0
	方案C	12.7	16.2	16.9	20.5
石油（亿吨）	方案A	2.3	2.9	3.8	6.1
	方案B	2.3	2.9	3.7	5.6
	方案C	2.3	2.7	3.2	4.5
天然气（亿立方米）	方案A	272	399	840	1654
	方案B	272	406	811	1453
	方案C	272	445	863	1645

出处:同表2

①设立国家能源主管部门,应考虑国务院副总理挂帅,设立能源政策指导小组。②应实行起草讨论全面的、系统的国家能源政策。③应强化国家能源政策研究能力与能源不安全因素。④树立高效率能源市场,明确体制改革与能源关系。⑤组织能源安全应急反应系统。⑥强化实施能源效率与能源节约。必须着手应对中国能源安全问题的需求。认真重视节能问题,集中在第一建筑

物节能、第二运输手段的节能。⑦坚固所谓的煤炭基础，提高在煤炭最终使用面的效率，减少污染。⑧积极参加购买与销售能源对话、合作。

3.2 节能发展战略实施的调整与启动

3.2.1 能源新战略的确定

胡锦涛总书记在2005年6月27日下午，主持了中共中央政治局第23次集体学习，就国际能源资源形势和中国能源资源战略，听取了国土资源部地质调查局的张洪涛研究员和国家发展改革委员会宏观经济研究院能源研究所所长周大地研究员的说明，并交换了意见。胡锦涛总书记进行了讲演。对全面步入十一五时期的主要内容，在此几乎全部进行了整理[15]。

胡锦涛总书记强调了如下内容：能源资源发展问题涉及经济社会发展的全局。促进可持续性生产方式与消费模式，建立资源节约型国民经济体系和资源节约型社会，为了实现全面建设小康社会的宏伟目标以及为了中国长期发展，必须提供可靠的能源资源保障。各级党和政府充分认识做好能源资源工作的重要性和紧迫性，在节能方面率先垂范，必须引导全社会带头开展广泛的能源资源节约活动。另外，在这个讲话中胡锦涛总书记就加速原子能发电、积极开展国际能源合作、推进循环经济的发展、将能源资源作为全体公民的自觉性活动等重要内容进行了展开。

3.2.2 "国家能源指导组"的设立

2005年5月，中国政府由温家宝牵头设立"国家能源指导小组"，6月，作为事务局在国家发展改革委员会内设置"国家能源指导小组办公室"。

"国家能源指导小组"主要作用是发布国务院通告，①为国家能源发展起草战略和计划。②应对能源的开发、节能、能源安全保障和紧急事态，研究实施有关能源对外合作等重大政策，向国务院提出意见。

6月2日，召开"国家能源指导小组"第1次会议，温家宝作为组长发表了"能源问题是中国经济发展和社会安定，是涉及国家安全保障的重大性战略问题"，确认了该指导组将致力于今后以下有关问题。

①强化能源战略，促进能源中长期的综合发展计划和有关特定项目的计划·变更、能源结构的调整和适度化。②提高煤炭开发、运输能力，调整电力系统，开发石油·天然气田等促进各能源产业健全有秩序发展。③促进原子能、太阳能、沼气等新能源及可再生能源的开发。④全面开展节能活动。⑤对电力、石油、煤炭价格的重新改订的能源行政。

"国家能源指导小组"的成员见表4。

"国家能源指导小组办公室"处于国家发展改革委员会中，"国家能源指导组"是日常业务的处理机关。等级是副部级，人事编制24人。主任由小组成员马凯（国家发展改革委员会主任）担任，常务副主任马富才［原中国石油天然气总公司（CNPC）总经理］，副主任徐锭明（国家发展改革委员会能源局长）[16]。

"国家能源指导组"有外交部长和军队副总参谋长参加。应是为了照顾内外政策的统一、与军方的平衡吧。

表4　国家能源指导组成员

职　业	名　称	政府职称
组　长	温家宝	总　理
副组长	黄　菊	副总理
副组长	曾培炎	副总理
成　员	马　凯	国家发展改革委员会　主任
	李肇星	外交部 部长
	徐冠华	科学技术部 部长
	张云川	国防科学工作委员会
	金人庆	财政部 部长
	孙文盛	国土资源部 部长
	杜青林	农业部 部长
	薄熙来	商务部 部长
	李荣融	国有资产监督管理委员会　主任
	解振华	国家环境保护总局 局长
	李毅中	国家安全监督管理总局　局长
	柴松岳	国家电力监督管理委员会　主席
	葛振峰	人民解放军总参谋部 副总参谋长

出处：张悦论文《IEEJ》2005年8月。

3.2.3　能源有关新政策的启动

2004年以来，与能源有关的法制与政策措施方面看到了不错的进展。

2004年6月，国务院常务会将《能源长期发展规划纲要（2004~2020年）》（草案）原则性进行采纳。同年12月，中国初次公布了《节能中长期专门规划》。2005年1月，实施了《煤炭经营监督管理方法》。2月采纳了国务院《电力监督规律条例》，5月1日实行。同月，全国人民代表大会常务委员会采纳了《可再生能源法》，决定2006年1月1日实行。

通过对有关政策、措施的了解，在2005年3月实行《电力生产事故调查暂行规定》，在4月，五部门联合发布《中国节水技术大纲》。7月22日国务院公布了《促进煤炭生产健康发展有关若干意见》。在8月国务院相继发出了《倡导执行建设节约型社会的近期有关重点工作的通知》、《有关加速发展循环经济的通知》、《关于预防煤炭事故的特别规定》。2006年1月国务院公布了《国家突发公共事件综合紧急预备案》。

2006年3月被采纳的《十一五规划纲要》提到，到2010年的5年里，相当于单位GDP的能源消耗要下降20%左右，主要污染物质排放量减少10%。2005年在价格不变的前提下，万元GDP能源消耗从1980年3.39吨标准煤到2006年的1.21吨标准煤，每年平均下降3.9%[⑰]。从此以后年年实现节能4%是一个难度相当大的课题。

4．煤炭产业的结构调整走上轨道

4.1 煤炭产业存在问题

在能源发展战略研究的推进过程中，关于煤炭产业政策方面，出现了进行详细、全面的分析论文。

国家煤炭安全监督局调度指挥中心的高级工程师潘伟尔在

《中国能源》杂志上以《关于未来17年里我国高质煤炭供给保障的思考》为题目，分三次对①《是谁筹措了煤炭基本建设投资需求的1兆元》，②《有必要提前进行煤炭资源分配市场化的改革》，③《谁开采了年产30万吨的煤炭》的有关内容进行了详细论述[18]。

以下，将内容要点进行介绍。

4.1.1 《是谁筹措了煤炭基本建设投资需求的1兆元》

中国2020年煤炭的需求预测有24亿吨、27亿吨、30亿吨，因为2003年的煤炭生产量有16.67亿吨，从2004年到2020年，必须增加10.33亿吨，假定需求是中间量27亿吨，此间因老化封山的有2.55亿吨，有必要关闭4亿吨不适宜的乡镇煤矿，所以必须在17年里增加16.88亿吨生产能力。这意味着每年要增加1亿吨的生产能力。

计算需要投资1兆元。因大中型煤炭的投资时间需要3年，到2020年达到生产27亿吨，如果到2017年不进行投资，时间将会变为14年。在14年中需要投资1兆元，每年投资714亿元，即使用17年也必须投资588亿元。

1998年的亚洲金融危机以来，中国的煤炭需求急剧下降，因为从1999年到2002年里国家停止了新建煤矿，在2000年煤矿的基本建设投资下降了94亿元，降至1997年的一半以下。

谁将向煤炭产业进行巨大的投资？投资的责任者只能是以民营资本和外资为中心。国有重点企业几乎接触到赤字，存在1000亿元以上的安全投入不足和向职工劳动者拖欠工资，资本积蓄问

题。暂且不说中央政府将向国有资本煤炭企业的国家投资比例为
35%，连经营方也只考虑自己任期内的情况，不考虑中长期情况，
国家投资积极性不高。同时，1998年由于将国有重点煤矿向省、
市、自治区移交，一段时期减少了国家投资的可能性，地方政府
有关大量进行投资的可能性也不会完全实现。在煤炭产业这个竞
争性产业里，必须引进包括私有资本和外资在内的非国有资本。

铁矿、水泥、电解铝、汽车、房地产等，正在吸引大量非国
有资本，存在利润率高获得暴利的机会。煤炭产业的投资环境，
从硬件方面不能体现开采条件和运输条件存在的优势，最近向西
部的重点转移更突显了劣势条件。在软件方面，因法规不完善，
有关政策法规的连续性、安定性、信用性成本高。煤炭资源配置、
税金费用、运输和煤炭价格政策等平等合理还很难说。对投资巨
大，投资回收周期较长的煤炭产业投资来讲，这些制约因素成为
最大的障碍。从全体上来讲，非国有资本投资者本身来看，中国
煤炭产业投资因为存在资源风险、运输风险、政策风险等因素，
也是投资积极性不高的原因。

4.1.2 《有必要提前进行煤炭资源分配市场化的改革》

作为迎接煤炭生产高涨的中国，可以说平均到每人的煤炭资
源量非常少，还有大量煤炭浪费的现象，全国煤炭开采率约为
40%，比世界其他产煤国低25个百分点。这些是中国的煤炭资源
配置不科学、不合理，对煤炭资源市场化配置制度改革弛缓的原
因。如此状况如果继续下去，因不合理原因加速了资源枯竭的速

度，将成为能源安全保障和经济可持续发展的巨大障碍。

矿业权的有偿使用费的设计中存在缺陷。现在，有偿使用费里有4个项目，矿产资源补偿费、资源税、探矿权使用费，及采矿权使用费。作为地租绝对要缴纳资源补偿费，还要拿探矿权和探矿权的使用费。而且将这些一律按面积缴纳的费用也不是科学合理的。另外，探矿权和探矿权使用费过高。资源税本是由本来资源的赋存状态，与收益差额做调节而征收的税种，但是现在资源税是以煤炭销量作为税金基数的，客观上煤炭企业"吃肥丢瘦"，开采厚煤层，丢掉薄煤层，将提高生产量为目标，资源采收率很低。

煤炭资源配置的市场化改革的路线和步骤。改革的核心有两个：第一，国有资本和非国有资本等投资主体的煤炭资源市场竞争处在公平的地位。第二，从现行的煤炭资源的自然状态中推出资源税、费用制度以及按照矿区面积征收的资源矿业押金进行制度改革，将煤炭矿业权和自然状态的资源价值完全结合起来。有关市场化管理的重要性，将矿业权交易公平进行，关键能够将资源矿业权的定价，从实物量向价值量进行转换。煤炭资源矿业权加入投标竞卖，改革的方向是"国退民进"，也就是国有资本退出，民间资本延伸。

4.1.3 《谁开采了年产30万吨的煤炭》

在世界煤炭产出国中，虽然中国是最大的煤炭国，但是在世界的产出国中，中国的煤炭供给能力是低质量的，劳动效率最低，每百万吨死亡率最高、煤炭资源采收率底。其根本原因是，因为煤炭业人力资源的全体素质低下，在煤炭产业里正出现人才危机。其内容为低素质的劳动力有很多，中等素质的劳动力较少，高素质的人才更稀少，而且现实与潜在性的人才需求和供给之间的矛盾继续扩大，实现全面建设小康社会的目标，达到高品质煤炭供给能力是30亿吨左右，中国的煤炭占世界比重从现在的35%到2020年达到50%左右。满足现在煤炭产业的人才素质需求无法推测。认真研究人力资源的现状、问题、对策，提出研究改革方案，必须将世界煤炭大国转变成煤炭强国。

在解决人力资源危机改革推进中，有必要从以下的基础认识出发。在中国发生了与类似农业、农村、农民的"三农"问题的"四矿"问题。即是"矿业、矿山、矿工（矿业劳动者）、矿城（矿业都市）"问题。面对如此现实，①参考农业基础性地位和农业政策，煤炭产业也应该适当采用基础性地位与政策。②将煤炭作为中国能源的主体，拿出与其相适用的政策。③在各产业业种中，煤炭劳动者因为承担着最大的生命和健康成本，就必须给予与其相应的工资水平和社会保障。④为了解决问题，应该推进宏观和微观方面的改革。

4.2 开展煤炭结构的调整政策

4.2.1 在大型煤矿事故中启动产业政策

以"以人为本"执政理念为基础，实现科学发展观，以构建社会主义和谐社会为目标的胡锦涛体制，对于2004年以来持续发生的大型煤炭事故，专心致力于政策推进。2005年2月14日，在辽宁省阜新海洲露天煤矿海洲立坑发生瓦斯爆炸213人死亡，是巨大的打击，煤炭安全生产已成为2005年最大课题。因此，能源政策、煤炭生产政策包括安全政策的综合性配合刻不容缓。

为了强化国家能源政策的管理，5月正式成立国家能源领导小组，温家宝作为组长，以主要领导为成员，成为强力性机构。

在7月21日，国务院召开全国煤炭工作座谈会，同日国家发展改革委员会召开了全国煤炭工作会议，国务院发表了《有关促进煤炭工业健康发展的若干意见》。国务院在9月提出《将矿产资源开发秩序进行全面整顿规划的有关通知》[19]。

作为安全对策，将国家安全生产监督管理局，提格为部级国家安全生产监督管理总局，其下新设国家煤炭安全监督管理局。在这样的体制下，从7月开始展开具体的煤炭事故处理对策，9月3日公布实施《有关国务院预防煤炭生产事故特别规定》。

即使这样，煤炭事故仍然不断，2005年上半年里，全国发生10人以上死亡的特大事故59件，死亡1319人，其中煤矿特大事故24件，死亡704人，每个数字与前年同期比增加了33.3%、114.6%。其中小型煤矿占21件，死亡456人，事故的发生集中在小型煤矿。这21起事故中，没有许可证的2件，规定范围外开采的6件，超能力开采的9件，官商勾结违法生产的2件，违反《煤炭安全规定》的2件[20]。

此后，在对策开展进行中8月7日，广东省兴宁市大兴煤矿发生特大透水事故，有123人死亡，冲击不言而喻。

4.2.2 煤炭产业政策的调整

在7月22日发表的《国务院关于促进煤炭产业健康发展的若干意见》里，决定了如下中长期政策。①指导思想、发展目标、基本原则。在3~5年里形成若干亿吨大型煤炭企业和企业集团，特别是在5年左右，以形成合理性开发监督体系、安全生产保障体系、资源综合利用为中心的循环经济体系。通过法律关闭因资源浪费配置不合理的小型煤矿。严格资源探测和开发的条件。形成"安全第一，预防为主"安全体系。②完善整顿煤炭开发监督体系。③调整结构、强化供给体系。以国有大型煤炭企业为核心，建设13个大型煤炭基地。④强化安全保障体系，提高监察的权威性和有效性，增加安全投资，实施职工、工人的强制安全研修。⑤煤炭循环经济体系的构造。⑥完善法律、纪律规章制度的制定。将劳动时间缩短在8小时以内，尽快实现4接班6小时制。

总体的特点，《意见》是将煤炭产业作为国家经济的战略产业位置，是能源发展重要指导性文件。值得注意的主要内容如下，一级资源探查权集中到国家，二级探查权和采矿权市场化。完善职业技术学校的再建设和技术审查资格制度。将煤炭资源税改为以生产量和销售额为标准，以资源储藏量为基量进行征收。强化研修和缩短劳动时间[21]。

4.2.3 煤炭事故预防特别规定

9月3日，国务院公布实施《关于预防煤炭生产安全事故的特别规定》[22]。这28条详细规定，作为主要内容如下几点值得注目。煤炭企业是预防事故的责任主体，明确县级以上监督机构的责任，企业取得采矿许可证、安全生产许可证、煤炭生产许可证、营业许可证，矿长没有取得矿长资格证、矿长安全资格证，不能从事生产。列举了15种关于安全生产的状况和行为，应该排除并停止这样的生产。对这些继续违反进行生产的企业里的责任人课以3万到15万罚金、对企业课以50万到200万罚金。即使命令停止生产，但对企业生产的不法所得，课以1倍到5倍的罚金。没有接受安全生产教育的人员禁止进入坑道。对没有生产停止整顿，而是要求闭山的企业名，要进行再生产需要3日内在当地的媒体进行公告。国家机关工作者、国有企业负责人不得持有煤矿股份。对煤矿负责人和经营者定期进行坑道视察做记录。向职工工人发放免费安全指导手册。任何团体和个人有权将安全项目向县以上的监督机关进行揭发，事实一旦确认，向第一揭发人发放从1000元到1万元的奖金。

《人民日报》指出从8月30日起，经数次申请仍然没有通过安全许可证的煤矿、无论是否受理、即使受理也拿不出许可证的煤矿、停止生产进行整顿，并公布了相应的煤矿名。第一次是1324个煤矿（见8月18日），第二次4809个煤矿，第三次1526个煤矿，第四次989个煤矿，合计8648个煤矿。

在8月23日，中央纪律检查委员会、国务院国有资产管理委员会、国家安全生产监督管理总局联合发出通知，命令国家工作人员和国有企业领导者如对煤矿投资持有股份，到9月22日为止应进行脱离整理纠正。另外设有举报电话促进大众参与。向10个省、自治区派遣五个联合督察小组。结果10月20日至现在，揭发了国家机关工作人员3002人、国有企业领导人1576人合计进行投资6.53亿元、解除了4.73亿元投资。问题是利用职务投资发的股票，对此的掌握更难[23]。

在广东省，全部煤矿将逐步进行关闭。广东的煤矿规模小、质量差。全省年产800万吨，占全省经济比重小，封闭是保障人民的生命财产，也是调整产业结构[24]。

参考文献：

① 滨胜彦《改革开放时期的中国石油产业政策的开展》《创大中国论集》创刊号1998年3月。

② 滨胜彦《关于中国1998年的行政改革的开展》《创大中国论集》第2号1999年3月。

③ 滨胜彦《向中国的粮食、农业危机和农业保护政策的转换》《国际问题》1996年6月号。

④ 中国科学院国情分析研究小组《开发与节约》科学出版社1992年。

⑤ 滨胜彦《改革、开放时期的中国石油产业政策的开展》《创大中国论集》创刊号1998年3月。

⑥ 国务院研究室工交司，中国石油天然气总公司政策研究室编《我国石油工业形势和发展战略》石油工业出版社1994年，参考注9。

⑦　周永康报告《中国能源》1996年3号。

⑧　胡兆光论文《中国能源》2003年7月号。《中国能源展望2004》清华大学出版社2004年，22页。薛新民论文《中国能源》2005年3月号。

⑨　堀井伸浩《第5章：电力产业》、九川知雄《中国产业指导手册2005~2006》苍苍出版社。

⑩　《中国能源》2004年8月号，14页。潘伟尔《中国能源》2004年3月号。

⑪　严国荣《中国能源》2005年1月号。潘伟尔《中国能源》2005年1月号。

⑫　韩秀芝《中国能源》2003年5月号。

⑬　清华大学核能与新能源技术研究院《中国能源展望》编写组《中国能源展望2004》清华大学出版社2004年9月，28页。

⑭　其全部内容参考中国能源发展战略与政策研究课题组《中国能源发展战略与政策研究》经济科学出版社2004年11月。

⑮　新华社2005年6月30日。

⑯　张悦论文《IEEJ》2005年8月号。

⑰　国务院新闻办公室《中国的能源现状与政策》2007年12月。

⑱　《中国能源》2004年6月号、8月号、10月号。

⑲　新华社2005年9月18日。

⑳　《瞭望新闻周刊》2005年28号。

㉑　《人民日报》2005年7月25日。

㉒　《人民日报》2005年9月6日。

㉓　《人民日报》2005年11月2日。

㉔　《人民日报》2005年9月15日。

第三部分

◄◄

从宪法规范的变迁看中国经济体制的转变

小口彦太

（早稻田大学法学学术院教授）

一、宪法变迁的过程反映了党的政策

宪法位于政治和法的连接处，在法的世界里最能看出政治的影子。而且，中国政治的实权掌握在中国共产党手中，因此可以说，宪法的变迁过程直接反映出了党的政策，或者说是宪法常常追认党的政策。中国共产党第十一届三中全会是中华人民共和国历史上的一大转折点，对此，人们没有异议。因此，"改革开放"政策，至少对经济体制的转变起到了扭转的作用。

1．1982年宪法反映了改革开放＝市场经济化

现行宪法是顺应改革开放政策而制定的，如果将"改革"内容理解为市场经济化，那么，在它刚刚开始时，1982年的宪法[①]是不允许市场经济化发生的。众所周知，1982年的宪法是以计划经济为基础，完全不允许私营企业的存在。在有关保护私有财产

的宪法第13条"合法财产"中，不包含生产资料个人所有。应该是"生产资料社会主义公有制"——其具体形态就是国营经济（其核心是"国营企业"）和集体经济（其核心是"人民公社"、"集体企业"）——维护以此为基础的"计划经济"体制是1982年宪法的经济体制框架，这是地地道道的、典型的社会主义宪法。如此看来，必须说1978年以来的十一届三中全会②提出的"改革开放"政策，并不是将中国经济直接转向市场经济的方向舵。将社会主义概念定义为废除生产资料私有制等于生产资料公有制，如此主张无疑是社会主义的观念支配了宪法的制定过程。

2．1988年的宪法修改，承认生产资料私有制——迈向资本主义的第一步

社会主义宪法的崩塌，发生于1988年的宪法修改③。在宪法11条中，将以前规定的"个体经济"④改为承认"私营经济的存在和发展"。个体经济与私营经济的区别是后者拥有8人以上的从业人员，承认法人资格。更为重要的是生产资料私有制得到了宪法的允许。在理论上不将个体经济看作是以他人的劳动来获取利益，允许私营企业，就是承认以他人的劳动来获取利益。这意味着社会主义宪法已开始崩塌。但是，这种私营企业归根结底只不过是"社会主义经济的补充"。只是以国营企业为中心的计划经济框架内的补充物。这反映了当时的市场经济终究只不过是计划经济框架内的补充物而已，体现了陈云流派的"鸟笼经济"⑤论。在这种情况下，邓小平南下湖北、广东，发表了"南巡讲话"⑥。

3. 1993年宪法明确市场经济化——中国宪法的戏剧性变化

中国宪法发生戏剧性转变是在"南巡讲话"后的1993年。正是1993年的宪法修改[⑦]，成为了中国经济从社会主义经济转向资本主义经济在法律上的分水岭。在宪法第15条中明确写明"国家实行社会主义市场经济"，"社会主义"与"市场经济"的关系是将前者理解为生产资料公有制的计划经济，理论上是相矛盾的，这种经济中的"社会主义"已是无实际意义的概念化而已。接受这种"市场经济"，当然就必须消除"计划经济"的所有用语。在宪法15条"国家在社会主义公有制的基础上实行计划经济"、16条"国有企业在国家的统一指导下，全面完成国家计划"、17条"集体经济组织要接受国家的计划指导"，新法将上述中一连串的"计划"词语全部删除。而且，为了推行市场经济，必须确保企业经营的自主权，否则，作为国家行政机关一部分的"国营企业"就不能与市场经济相适应。从行政上分离出来的"国有企业"[⑧]与私营企业以同等资格出现于市场。在农业方面，70年代安徽省已实行了旨在脱离人民公社的家庭联产承包责任制，但在1993年的宪法修正案中被停止了。顺便说一下，这种家庭承包制[⑨]是在土地集体所有制框架内实施的。但笔者认为，土地集体所有制实际上是很脆弱的，事实上，农用土地的私有制已在深入进行。

4. 1999年的宪法修改中，对私营企业的作用给予了积极的评价

一旦市场经济被体制化，那么作为市场经济的主体就不能有

等级之分。无论是私营企业，还是国有企业，在市场上必须享有同样的待遇。从这种意义上来讲，必然要在1999年的宪法修正案[⑩]中，将11条"私营经济作为社会主义公有制经济的补充"修改为"私营经济等非公有制经济是社会主义市场经济重要的组成部分"。本来，在1993年宪法修改时加入这种说法也不难理解，也许是因1993年那时，"社会主义"派与"市场经济"派之间的力量还在抗衡。无论怎样，在这次修改中，将非公有制经济，从对公有制经济的"补充"地位上升到了"重要的组成部分"，为日后的《物权法》[⑪]"合宪·违宪"争论中，为主张无论私有财产权还是公有财产所有权在财产价值上是对等的物权法合宪论者提供了强大的证据。

中国经济进入2000年后，私营企业的比重急速上升，在国内生产总值（GDP）中，民营经济所占的比重由2000年的55.4%（其中明细：国内资产占42.8%，香港、澳门、台湾及外资占12.6%）上升到2005年的65%。在第二、第三产业从业人员数量比较中，公有制企业与私有企业的比例从1996年的84∶16戏剧性地逆转为2005年的39∶61[1]。这种趋势也反映在中国共产党的性质中，由阶级政党到非阶级政党，发生了质的转变，"三个代表"[⑫]就是其象征。在2004年的宪法序言中追加了"三个代表"，这是宪法追认党的政策。2004年的宪法修改[⑬]中，在财产权部分有两处修改值得关注。其一，关于保护私有财产，从以往的限制私有财产转变为私有财产同样获得保护。原来，私有财产的保护只限定于"公民的合法收入、储蓄、房屋及其他合法财产的所有权"。1982年的宪法不承认生产资料私人所有（＝不合法），这是社会主义宪法的特质。但是，自1988年宪法修改后承认私营企业以来，生产资料的私人所有被合法化，现已发展到作为生产资料私人所有的私营企业等非公有制企业已超越了国有企业。宪法13条保护私有财产的规定也已丧失了采用限制私有财产的形式。

5. 2004年修改宪法，私有财产权得到同样承认

（1）在财产权方面，国家合理性根据的转变。

私人的私有财产同样受到宪法的保护，这会为国家的合理性根据带来转变。1982年宪法最初拟定的国家合理性根据是废除生产资料的私有制，实现全民所有。其全民所有制的具体运营形态为国家所有制运营形态。因此，在这里并非保护私有财产权，而是保护国家所有权，这就丧失了对人民的国家合理性根据。宪法12条中规定，"社会主义的公有财产神圣不可侵犯，国家保护社会主义的公有财产"，这是宪法上的表述。保护私有财产权与国家存在的合理性没有任何关联。13条限制性列举条款的私有财产权保护规定，没有赋予国家存在的支配的合理性，只不过是保护财产权上附加的规定而已。但是，私有财产同样成为宪法保护的对象，是通过保护私人的财产权才被赋予国家合理性的。这表明中国宪法在向有产者宪法转变。而且，2004年的宪法，在中华人民共和国宪法中，首次公认了"人权"的概念。这在中国宪法向立宪主义宪法转变过程中，具有极其重要的意义。这是2004年宪法修改

中值得注意的第二点。

在现行宪法的章别构成中，私有财产权被排除在第3章"公民的基本权利与义务"之外。如果把"公民的基本权利"理解成"人权"，那么，在形式上的宪法构成中，私有财产权就不属于"人权"的范畴。但是，如上所述，私有财产权经过在宪法中位置的变迁，私有财产权最后同样成为宪法保护的对象。所以，没有积极的理由将私有财产权从"公民的基本权利"中排除。事实上，2004年宪法修改后，在有关私有财产权与人权的关系的各种论文中，私有财产人权化、编入"公民的基本权利"的主张沸沸扬扬。特别值得注意的是，从中国宪法学界会长这样的学者口中也说出了宪法保护公民的私有财产权，这也体现了"保护人权的基本原则"[2]。这说明了私有财产权属人权范畴的见解已在体制上形成了意识形态。

（2）围绕私有财产权与公有财产权定位的争论。

根据以上的议论，再回到先前的第二点。如果说"人权"条款在哪里规定的话，是在宪法第33条[⑭]。33条位于"公民的基本权利"这一章的开头部分，被理解成所谓的平等条款，即"中华人民共和国公民在法律面前一律平等"。人权条款（"国家尊重、保护人权"）追加在这一平等条款之后。作为人权之一的私有财产权被编入平等条款，这意味着什么？是否意味着私有财产权、公有财产权在权利的内容上是平等的。即使承认私有财产权是人权，在2004年那个时期，还不能单纯地说这一"平等"条款就意味着私有财产权与公有财产权平等。因为第33条的"平等"在之前的宪法解释中，并不意味着权利内容的平等。到了2007年制定物权法，才转变为权利内容的平等。

一直以来，第33条的平等条款被解释为不同于资本主义宪法下的平等。例如：1984年高等学校法学试用教材——吴家麟主编的"宪法学"中说"公民在法律面前一律平等"，这决不是否认法的阶级性，法律本身具有强烈的阶级性。……与其说社会主义法制的平等原则与法的阶级性不相矛盾，不如说法体现了阶级性、实现了阶级性。"公民在法律面前一律平等"是指法律实施上的平等，即司法上的平等，不意味着立法上的平等。在立法问题上，人民和敌人不能平等而论"[3]。而且，作为教育部研究课题之一而编写的由周叶中主编的"宪法"（《宪法学》）中也提到，这一平等条款只限于法律适用上的平等，立法内容的平等除外。[4]如果牵强地将其看作是财产权，那么，1982年的宪法也只是在公有财产和私有财产的言词上设置了明显的差别，其典型是宪法第12条的"社会主义公有财产神圣不可侵犯"的提法，与宪法第13条限制性地保护私有财产相比，所给予的定位截然不同。

（3）公有财产权与私有财产权平等的理论

只根据这样的宪法各条文，让人很难认同公有财产权与私有财产权是平等的。正因为如此，在2005年突如其来的物权法草案违宪争论[15]中，违宪论者追问在物权法的开头明确提到该法是"基于宪法"。在这当中，权威学者韩大元教授提出了与文理解释不同的解释论，说明公有财产权与私有财产权是平等的。应该说韩氏宪法解释的原则是目的论、实质主义的解释论。该法律＝物权法草案是合宪还是违宪，用其与宪法原文的关联性来解释时，韩氏的想法是必须采用"整体解释"形式上的合宪性，即与"实质意义上的合宪性"统合起来解释的手法[5]。问题是这里所说的"整体解释原则"的内容。如果将这一"原则"的实体，结合物权法草案来讲的话，要看是否体现了该物权法草案是"人权保障的基本原则"，即"宪法保障财产权的具体化"，"有利于公民具体地享受宪法赋予的财产权"[6]。结合财产权来看1982年宪法的变迁过程，在2004年的宪法修正案中实现了私有财产权同样受到宪法的保护。物权法草案中，私人财产权的保护是宪法中保护规定的具体化。宪法承认的私有财产权本身，物权法草案违宪论者也不得不承认。问题是宪法解释上是否承认私有财产与公有财产平等，这一论点的焦点是宪法12条私有财产保护规定中，没有公有财产"神圣不可侵犯"的规定。在这里韩氏的解释方法为：这一词语是政治原理，宪法原文中的"神圣"不是严格意义上的法律术语，其只不过是一种政治宣言[7]。这恰好使人联想起日本宪法41条的"国会是国权的最高机关"，其与三权分立相矛盾的说法。对这一说法的解释是：其在法律上没有任何意义，只不过是"政治上的美称"而已。这不能不说是种巧妙的解释。

如上所述，在物权法制定之前，已经在宪法解释论中，就私有财产、公有财产的平等问题进行了准备工作。在2007年的全国人大代表会上制定的物权法将其具体化了，即该法第3条所说的"国家实行社会主义市场经济，保护一切市场主体的平等法律地位和发展权利"。

（4）从社会主义宪法向资本主义宪法的转变

全国人民代表大会将物权法作为基本法，主张私有财产权与公有财产权平等的具体意思是，在这里只承认立法上的权利内容的平等。以前宪法33条关于平等条款的解释是，其规定了法的阶级性，其所指的平等只限于法律适用上的平等，不代表立法内容的平等。现在包括立法内容也平等了。因此，关于平等的解释也根本转变了。这也是中国宪法由阶级性的宪法向资本主义宪法转变的一个具体表现。

二、公有财产的去向

1．公有财产＝全民所有与私有财产矢量不同吗？

在上述篇幅中看到了私有财产权在宪法中定位的变迁。那么相反，公有财产是全民所有，从而是社会主义性质的财产，与私营企业等的私有财产矢量不同。

2．中国物权法不承认企业法人的所有权概念

物权法将所有权区分为国家的、集体的及个人的（原文私人）。更为奇异的是将企业法人对财产的权利从所有权中剥离出来（否认法人所有权概念）。公有财产种类很多，在此不做论述。就作为市场主体的国有企业财产而言（附带说一下，关于土地，在

中国不可以买卖，不属于民事强制执行对象，也不列为破产财产，不得成为市场经济的对象），例如国有企业的生产设备，其所有权是国家的，"财产权"属该企业法人所有，该财产权中包含了处分权。因此，形成了同一物上，有多个所有权并存的事实，让人感觉如同又回到了1986年制定民法通则时的财产权概念。在2005年的社会法修改中，一度似乎在理论上消除了对同一物并存所有权的矛盾，但是，在物权法的制定中，这一"走回头路"的情况，说明了立法者不能无视政治上"社会主义"意识形态的重要性。

3．公有财产的路径

就市场上的国有财产而言，在人们的意识形态中，国有财产首先是全国人民所有。因此，其路径应为从全国人民这里出发，①全体人民→②各级人民代表大会·各级人民代表大会常务委员会（中央级别的是全国人民代表大会、地方级别的是地方人民代表大会）→③国务院及地方各级政府→④国有企业。问题是在这种情况下，国有企业是否被寄予了社会主义"指挥高地"的作用。如果先下结论的话，应该说其实质与一味追求利润的私营企业的矢量是一样的，这在继物权法后制定的企业国有资产法中得到了很好的体现。

4．标明国有企业方向的企业国有资产

近年来，私营企业逐渐追赶上了公有企业，并在经济上发挥了作用。由雷曼冲击引发的经济危机导致世界经济的不景气。民间传说，遭遇此情的中国政府将大量资金投入国有企业，以期恢

复经济。由此，中国国有企业的威望重新升高。国有企业的方向目标是什么？是社会主义还是成为市场经济更强有力的承担者，有必要确认其矢量。在作出明确判断后形成的重要法律就是企业国有资产法[⑯]，特别是相当于该法11条规定的国有资产监督管理机关[⑰]。

5. 企业国有资产法中，国有资产监督管理委员会的作用＝中国版的淡马锡

全国人民代表大会常务委员会，通过制定了物权法。2008年制定了企业国有资产法，其承担了国有企业财产的运营。其主体是国有资产监督管理委员会。《企业国有资产法》第11条规定，该委员会作为"国务院国有资产监督管理机关及地方人民政府，根据国务院的授权设立的国有资产监督管理机关，在同级人民政府的授权下，代表同级人民政府对国家出资的企业履行出资者的职责"。也就是说，如果用图表来表示国有财产的流向，应为①全体人民→②各级人民代表大会，各级人民代表大会常务委员会→③国务院及地方各级政府→④各级政府中的代表国家所有权的监督管理机关→⑤代表国有资本的出资者→⑥国有企业。在企业国有资产法制定过程中，特别成为问题的是④和⑤的关系，具体地说就是问题点在于是否能将作为国务院直属的特设机关——国有资产监督管理委员会定位于⑤。不能期待纯属行政机关的国有资产监督管理委员会遵循市场法则去进行资产运营，从而，在该法的制定阶段，有人主张必须设立"在国有资产监督管理委员会与大

型国有企业之间，履行出资者职责的专门的国有资产的经营管理"[8]公司。持这种主张的人提出了一个典型的例子，即新加坡财务部全额出资的持股投资公司 Temasec Holdings Private Limited。该淡马锡公司的特征是"与'公益'相比，将经营原理放在'私益'（企业利益）上"。详细地说，就是"①即使是政府的企业，也将效率和利润作为第一原理来运营。②不将经济作为政治的手段，反而将政治作为经济的手段。③活动领域不局限于"市场失败"的及公共性较高的领域，进入民间企业活跃的商业领域（例如银行、房地产开发）进行竞争"。这的确是国家资本主义的尖兵[9]。而且，令人感兴趣的是，中国国务院国有资产监督管理委员会自身就是以这个"国家资本主义的尖兵"淡马锡为样板而推荐的。在企业国有资产法制定阶段，有意见强烈提出，国有资产监督管理委员会不负有相当于淡马锡的任务（因为其是行政机关），应将这一任务委托给其他组织。但是，正如企业国有资产法 11 条所规定的那样，最终，该委员会自身被确定为代表国有资本的出资者。

6. 国有资产监督管理委员会是将公有财产变为市场化的[18]"洗钱"机构

从以上情况看来，在企业国有资产法的实施中，国有资产监督管理委员会所期待的方向、矢量是朝向哪里的可以一目了然。本来，制定该法的主旨是怎样将公有财产面向市场经济来"洗净"，其完成"洗净"的机构正是作为"洗钱"机构的国有资产监督管理委员会。"从企业国有资产法的立法主旨和条文看出，将国有资产监督管理委员会作为'被洗净的'出资者，取消了其国有资产委员会总老板的职能及权力"[10]，"取消国有资产委员会的监督管理职能，将其作用完全限定于出资者，'必须是被洗净的'"[11]，这也充分地说明了这一点。

从立法方面可以看出，中国在90年代初实行了由社会主义经济向资本主义经济的大转舵。

注释：

① 1982年宪法：1982年制定的现行宪法。中国宪法由1954年、1975年、1978年及1982年的宪法构成，是为了否定受文化大革命影响的1975年及1978年的宪法而制定的。1982年宪法恢复了国家主席，新设立了国家级的中央军事委员会。

② 11届3中全会：中国共产党每5年召开一次全国代表大会，大会选出中央委员，由选出的中央委员召开中央委员会。中央委员会一期5年，所谓11届是第11届中央委员会，所谓3中全会是第11届中央委员会第3次全体会议。在此确立了邓小平的领导地位，提出了改革开放政策及强化法制。

③ 1988年的宪法修正案：1982年第一次进行了宪法修改。通过此次宪法修改承认了私营企业，还承认了国有土地有偿转让。

④ 个体经济：以家庭成员共同经营为基础的经济，不仅家庭成员，而且从事经营的成员在7人以下称为个体经济，与城市的个体工商户及农村承包经营户类似。

⑤ 陈云"鸟笼经济"：陈云是上海出身的中国共产党领导干部，特别是在经济运行中起到了非常重要的作用，在调整毛泽东的大跃进

政策失误时作出了贡献。文革时受到冷遇，毛泽东死后东山再起，80年代主管经济运营，其手法是继续以计划经济为基础，在其框架内进行一定的市场调节。

⑥ 邓小平"南巡讲话"：1992年邓小平在湖北省、广东省各个城市及上海要求地方干部深入推进改革开放政策。在其讲话中特别重要的是明确要积极引进市场经济，受此讲话影响，在1993年宪法中加入了"社会主义市场经济"。

⑦ 1993年的宪法修正案：从根本上改变了中国的经济体制，其中最重要的修改是明确了中国实行"社会主义市场经济"。消除了以往的"计划经济"、"计划指导"词语。另外也删除了毛泽东推行的人民公社的词语。

⑧ 国有企业：作为中国企业，除国营企业外还有私营企业、与外国有关的合资企业、只有外国资本的独资企业。现在整合了二百多家中央一级的国有企业。掌管金融、能源等国家经济命脉的部门为国有企业。国有企业中股份制企业比较多，但其中一半以上为国家全额投资的独资企业。

⑨ 家庭承包责任制：在50年代后半期毛泽东号召将农地集体所有化＝在人民公社化导致农业生产停滞、衰退的情况下，终于将集体所有土地以家庭形式进行承包责任制。这些农民家庭与村民委员会缔结了承包协议，农民以收获谷物代替了承包金，提高了农民生产积极性，这个承包经营制度首先在1978年安徽省凤阳县被引用，然后在全国实施。

⑩ 1999年的宪法修正案：在此次修改中，强调了在经济方面的私营企业等积极作用的同时，明确提出了邓小平理论的指导思想地位、通过社会主义法治进行国家建设。

⑪　物权法合宪、违宪争论：所谓物权是指对物的支配权，由所有权及着眼于物的利用的用益物权和以债权担保为目的担保物权而构成。物权法草案中规定，私有财产与公有财产在权利内容上是平等的。这与以公有制为基础，只将公有财产规定为"神圣不可侵犯"、与私有财产有差别的宪法相矛盾，因此，提出了物权法违宪论。其后，围绕物权法草案的违宪、合宪问题在全国范围内展开了争论。这场争论的导火索是北京大学法学院巩献田教授的违宪论。

⑫　三个代表：江泽民2001年在中国共产党创建80周年纪念大会上提出的理论，中国共产党是中国先进生产力的发展要求、中国先进文化的前进方向和中国最广大人民的根本利益的代表。

⑬　2004年宪法修改：在这次修改中，将三个代表写进了宪法序言，承认了此前作为资本主义概念而被否定的人权概念，将私有财产权作为宪法中的一种权利得到了承认。

⑭　宪法33条：33条中规定了中国公民的资格、公民在法律面前是平等的、公民必须遵守法律上的义务等，在平等条款后，新增了人权保障的规定。在保护人权的同时，还在宪法上规定了公民的义务，这种宪法构造，形成了在立宪主义宪法中难以见到的中国宪法的特色。

⑮　物权法草案违宪争论：参照前面的"物权法合宪、违宪争论"。

⑯　企业国有资产法：以保全和高效率地运用国有企业资产为目的而在2008年的全国人民代表大会上制定的法律。规定了履行出资者职责的机关、国家出资企业的企业统治等。

⑰　国有资产监督管理机关：国务院及地方人民政府设立的、担任监督管理国有资产的机关。本来属行政机关，但根据企业国有资产

法，代表国家，以出资者的立场，对企业的资产运营业务进行监督。

⑱　洗钱：本来的意思是指不知道用不正当交易得来的资金的出处。比喻在中国如何将公有财产在市场经济中"洗净"。

参考文献：

1. 李成瑞"一个核心、六大问题"收于《巩献田旋风"实录"》，中国财政经济出版社2007年，207~208页。

2. 中国宪法学会会长人民大学教授韩大元。

3. 吴家麟主编《宪法学》，群众出版社，365~366页。

4. 周叶中主编《宪法学》，高等教育出版社、北京大学出版社，2000年，261页。

5.《由物权法（草案）的争论想到的若干宪法问题》法学2006年第3期，29页。

6. 同5。

7. 同5。

8. 张骏《国家授权投资机构或部门应指履行出资人经营职责的机构》，法学2008年，第6期，92页。

9. 岩崎育夫《新加坡国家研究》，风声社，2005年，178~181页。

10. 史际春《企业国有资产法理解与适用》，中国法制出版社，2009年，62页。

11. 晋入勤《广重新定位国资委并更新其职能》，《法学》，2008年第6期，78页。

中国的政治改革与刑事法的进化

王云海

（一桥大学大学院法学研究科教授）

（一）政治改革与刑事法的关系

（1）什么是刑事法

这篇文章的题目是《中国的政治改革与刑事法的进化》，因此，首先有必要看一看"什么是刑事法"。刑事法是一个国家有关犯罪与刑罚的所有法律（作为刑事实体法的刑法与作为刑事程序法的刑事诉讼法，另外还有刑罚的执行法即行刑法），以及适用这些法律的司法行为·程序的总称。

（2）什么是理想的刑事法

当提到"刑事法的进化"时，通常是对于某个理想·目标而言，向着这种理想·目标迈进的过程可以称之为"进化"。那么，"理想的刑事法"以及"作为目标的刑事法"到底是什么呢？为了回答这一问题，首先必须从现代国家或理想国家应该是什么样子来分析。现在社会中的大多数人都会回答说，现代国家或理想国家应该是"民主主义的国家"。的确，这种回答没有大问题，是正确的答案。但是，它绝不是一个达到一百分满分的完美答案。之所以这么说，是因为是否民主主义确实是现代国家·理想国家和非现代国家·非理想国家之间的分水岭之一，但却不是其全部。现代国家·理想国家必须是民主主义的，同时也必须是法治主义的，民主主义与法治主义同时构成着现代国家·理想国家的基础、使其不可缺少的两个支柱。其原因在于民主主义与法治主义的性质完全不同，两者缺一不可。民主主义是基于国民主权·少数服从多数为基本原理来分配权力的，本质上属于"强势性统治"，与此相反，法治主义是将个人人权作为基本原理分配权力的，其本质属于"合理性统治"。民主主义既存在着维护法治主义的一面，但也存在否定法治主义的一面。同样，法治主义既有需要以民主主义为基础的一面，也同时存在抵抗民主主义的一面。历史上，人们在议论何谓理想的国家或理想的法律时，从来都是只倾向于强调民主主义，而忽视法治主义，但随着时代的进步，特别是如今已经进入了大众情报化时代①，人们开始更注重法治主义，在西欧尤其是这样（遗憾的是，日本还未从只强调民主主义的倾向中转变出来，有时还会看到极端地只强调民主主义的风潮）。在欧洲，人们开始认识到不仅需要"以民主主义为前提的法治主义"，同时更需要"以法治主义为前提的民主主义"[1]。这种认识会在今后逐渐成为世界潮流。

从这种潮流出发，我们可以讲，理想的刑事法应该是在以民主主义为基础的同时，更加强调法治主义，更加注重"罪刑法定"[②]、"无罪推定"[③]、"行刑法定"[④]等法治主义的固有原理。理想的刑事法必须能够在尊重合理合法的民意的同时，超脱甚至抵抗非合理非理性的民意，确实以法治主义为原理去充分保护人权。只有这样才可以称之为"法"、"刑事法"，完全受民意左右的法、刑事法已经不是"法"、"刑事法"了，至少法律家应懂得这一点。

（3）什么是政治改革

那么，"政治改革"又是什么呢？从字面的意思来看，政治改革就是一定的政治主体（政治权力者）基于一定的理念·目标对外在的政治体系及政治构造进行能动的和积极的变革。政治改革有两种基本要素。一是政治主体基于所持有的理念或目标进行能动的和积极的改革。另一点是变革的矛头或对象原则上是可见的外在的政治体系和政治构造。

（4）什么是理想的政治改革

政治改革是对政治体系和政治构造进行积极的改革，但改革本身没有价值上的好坏之分，并非只要是改革就全都是好的。不是改革本身，而是改革的方向及内容显示着好与坏之分，改革的方向和内容决定着是好的政治改革还是坏的政治改革。那么，到底具有什么样的方向和内容的政治改革才是好的呢？正如前面所讲的，国家要想成为现代国家或理想国家，只靠"民主主义"或"法治主义"中的一方是不行的，必须同时把两者都作为基础或支柱，将两者平衡和有机地结合起来。特别是在今天的大众情报化时代，法治主义比民主主义更应该得到强调。因此，政治改革的好坏应从民主主义与法治主义二者是否平衡，两者是否有机地结合来判断。这样看来，理想的政治改革，应在确立民主主义的政治体系和政治构造的同时，从政治面充分保障法治主义的存在基础，保证法治主义能够得到充分实施，确切地区分民主主义事项和法治主义事项，各自遵守各自原理行事，有机平衡和协调。

（二）中国的政治改革与刑事法

（1）"政治改革"与"政治变革"这两个概念的必要性

某种政治行为或政治结果，其绝不单纯是由外在的政治系统和政治构造单纯决定的，内在的政治意识和政治机能同样也是左右着政治行为以及政治结果。政治行为或政治结果是外在的政治系统·政治构造和内在的政治意识·政治机能二者的共同产物。为了认识政治变化的状况，有必要同时着眼于这两方面。所谓的"政治改革"是由政治主体对外在的政治系统和政治构造进行能动的和积极的变革，"政治变革"则是指有关内在的政治意识及政治机能的非政治主体的无意识的和消极的变化。

（2）中国的社会特质与"政治变革"的重要性

特别是中国，其社会特质是以国家权力为中心的所谓"权力社会"⑤ ²，因此，政治主体所进行的"政治改革"通常伴随着自身的限制性，对中国社会来讲，与"政治改革"相比，倒不如说

"政治变革"是更重要的视点。换言之，在"权力社会"的中国，不应把政治主体所进行的政治改革视为政治变化的开始·始发点，相反，外在的制度性的民主主义式政治改革应被视为中国政治改革的结束或终结点。也就是说，即使没有外在的制度性的民主主义式政治改革并不等于中国的政治没有变化，在此之前的看不见的非制度体系性或非政治构造性的政治变化更为重要，这种在政治意识及政治机能上的变化可称之为"政治变革"，在到达外在的政治改革之前，从这种"政治变革"的视点观察中国更为重要。在"改革开放"以后的中国，虽没有令人吃惊的外在的制度性的民主主义式政治改革，但政治变革却极为广泛和深刻。具体来说，表现在以下几个方面。①因离过去的革命时代时间上越来越远，基于革命的权威而形成的绝对指导权威在政治领导层已经消失了，取而代之的是民主集中式集团领导，增大了高层决策层的决策民主化和科学化。②随着经济改革不断成功而政治权威性越来越低下，政治权力带来了经济改革的成功，反而引起了政治权威的弱势化与经济力量的单独领先这一矛盾。③由于大众情报化社会的形成，某种程度上已经将政治权利归还给了大众社会中，产生国家权力相对化的现象，开始形成权力被网络舆论左右的状态。④因为全球化的发展，政治权力直面"国内"与"国外"两个重大要素，被置于两重化之中，政治决策之中的国外因素逐渐增大。简而言之，即使没有令人吃惊的巨大的政治改革，基于政治变革，中国也事实上形成了政治权力相对化和多元化的现象。

这种"政治权力相对化和多元化"的现象对中国刑事法的进化产生了巨大影响。具体而言，①刑事法摆脱了过去的完全作为政治权力一部分的状况，形成了作为法律固有的专门性，在一定程度上获得了作为法律的独自的领域·空间。②刑事法从单纯"与国家权力相关联发展"到了在"国家权力与市民舆论"之间发展的新状况，形成了新的价值坐标。③刑事法从主要作为国内法发展，开始转变为同时关注国内法与国外法，在两者之间发展。上述变化都促进了中国的刑事法朝着法治主义方向的进化和发展，促进着中国刑事法的再构建。

（三）中国刑事法的主要进化内容

（1）从政治刑事法到法治刑事法

中国刑事法的进化可以概括为"政治刑事法"走向"法治刑事法"。具体表现在以下各个刑事法领域。

作为刑事实体法的进化，可以列举出以下一些变化：从类推走向了罪刑法定；摸索确立案例制度；追求罪行的均衡与量刑的规范化；对死刑的法规和运用进行改善等。作为刑事程序法的进化，可以举出以下例子：从有罪推定走向了推定无罪；证据法的完善与排除违法收集证据原则⑥的确立。作为行刑法的进化，可以例举如下：行刑的目标·性格由政治行刑向法律行刑的变化；受刑者的法律地位被一定程度地承认与确立；从完全的"改造客体"向"依然是人·公民"甚至是"拥有独立法律地位的人"的变化；行刑的模式也从"劳动改造"⑦（强制劳动与思想教育）向"人道化行刑"、"科学化行刑"、"文明化行刑"变化。

（2）死刑制度改革

这里我们将上述有关进化的详细论述予以省略，只围绕死刑制度的改革问题讨论一下。

众所周知，在当今世界中，中国是使用死刑最多的国家。每年死刑判决的数量及执行死刑的人数都被作为国家机密不予公开，众说纷纭，有人说每年有数百人，有人说每年有数千人[3]。这么多死刑之所以可能，首先是因为在刑法上肯定设置了很多死刑罪名。中国的刑法中，实际上有68个死刑罪名。现行的刑法典中，各则共有10章，一章即一个犯罪类型，在各章之下规定了具体的罪名。在这10章当中，除去第9章的"渎职罪"，剩下所有的章都包含了死刑罪名。按照死刑罪名多少的顺序、罪名数、占全部死刑罪名的百分比等可以排列如下[4]。

第3章的"社会主义经济秩序破坏罪"是死刑罪名最多的章节，有16个死刑罪名，占到死刑罪名全体的约24%。这16个罪名有：生产销售假药罪、生产销售有毒有害食品罪、走私武器弹药罪、走私核材料罪、走私假币罪、走私文物罪、走私贵重金属罪、走私珍稀动物及其制品罪、走私普通货物物品罪、伪造货币罪、集资诈骗罪⑧、票据诈骗罪、金融凭证诈骗罪、信用证诈骗罪、伪造出售伪造的增值税发票罪、非法出售增值税发票罪。

第2章的"危害公共安全罪"排在第二名，有14个死刑罪名，占全体约21%。这14个罪名是：放火罪、决水罪[9]、爆炸罪、投放危险物质罪、以危险方法危害公共安全罪、破坏交通公共罪、破坏交通设施罪、破坏易燃易爆设备罪[10]、破坏电力设备罪、劫持航空器罪、非法制造买卖运输邮寄储存枪支弹药罪、非法买卖运输核材料罪、盗窃抢夺枪支弹药爆炸物危险物质罪、抢劫枪支弹药爆炸物危险物质罪。

第10章的"军人违反职责罪"排在第三名，有12个死刑罪名，约占全体死刑罪名的18%。这12个罪名有：战时违抗命令罪、隐瞒谎报军情罪、拒传假传军令罪、投降罪、战时临阵脱逃罪、阻碍执行军事职务罪、军人叛逃罪、非法获取军事秘密罪、战时谣言惑众罪、盗窃抢夺武器装备军用物资罪、非法出卖转让武器装备罪、战时残害居民掠夺居民财物罪。

第6章的"妨碍社会管理秩序罪"排在第四位，有8个死刑罪名，占全部死刑罪名约13%。这8个罪名分别为：传授犯罪方法罪[11]、暴动越狱罪、聚众持械劫狱罪、盗掘古文化遗址古墓葬罪、盗掘古人类化石罪、走私贩卖运输制造毒品罪、组织卖淫罪、强迫卖淫罪。

第1章的"危害国家安全罪"排在第五名，有7个死刑罪名，约占全体死刑罪名的11%。这7个罪名有：颠覆国家政权罪、分裂国家罪、武装叛乱暴乱罪、投敌叛变罪、间谍罪、为境外窃取刺探收买非法提供国家秘密情报罪、资敌罪。

第4章的"侵犯公民人身民主权利罪"排在第六位，其中有6

个死刑罪名，约占全部死刑罪名的9%。这6个罪名为：故意杀人罪、故意伤害罪、强奸罪、奸淫幼女罪、拐卖致死罪、拐卖妇女儿童罪。

第8章的"贪污贿赂罪"排在第七名，有2个死刑罪名，占全部死刑罪名的3%。这2个罪名是：贪污罪和收受贿赂罪。

第7章的"危害国防利益罪"同样是排在第七位，有2个死刑罪名，占全部死刑罪名的3%。这2个罪名是：破坏武器装备军事设施军事通信罪和提供不合格武器装备军事设施罪。

第5章的"财产侵害罪"同样排在第七位，有2个死刑罪名，约占全部死刑罪名的3%。这2个罪名是：强盗罪与盗窃金融机关罪[12]。

上述中国死刑罪名的特征可以归纳为以下几点。首先，死刑罪名有很强的经济法益性。也就是说，与有关经济、财产、金钱这样经济利益的死刑罪名很多。多至32个以上，占全体47%。其次，死刑罪名呈现非暴力性。也就是说，从行为的暴力性是否成为死刑罪名的构成条件这一点来看，行为的暴力性作为死刑罪名的直接构成条件的很少，相反，不构成条件的死刑罪名很多。具体而言，就是行为的暴力性成为死刑罪名的构成条件的仅有10个，只不过占全体数量的14%。

对于上述死刑罪名的特征，不论是中国国内还是国际社会，对此的批评非常多，近几年，中国政府也开始倾听这些意见。于是，中国的最高人民法院[13]等司法机关及全国人民代表大会[14]，对死刑罪名以及适用基准进行改革，各种动向表明已经开始减少死刑的数量。

首先，全国人民代表大会1997年以来没有再审议通过包含新设死刑罪名的立法。

其次，最高人民法院更进一步严格要求死刑适用的基准。例如，毒品犯罪的情况下，虽然在法律上规定，如果制造、携带0.5克以上海洛因的话，将被判为死刑，可是人民法院实际上适用的死刑基准则为法律规定的数倍以上。收受贿罪或是贪污罪在法律上规定，金额达到10万元的情况下则有被判死刑的可能，可实际上人民法院将这一标准提高了100倍以上。

特别强调的是，迄今为止对死刑最大的改革则是在2011年2月25日全国人民代表大会常务委员会第8次会议上对刑法进行了修改。此次修改对死刑做出了两个重大改革。一是对于75岁以上的被告，除非使用特别残忍的手段致人死亡的情况以外，不再适用死刑。二是将刑法现存的68个死刑罪名中的以经济罪、金钱犯罪为中心的13个死刑罪名中的死刑予以废除，保留55个死刑罪名。被废除的13个死刑罪名如下。即走私文物罪，走私贵重金属罪，走私珍贵动物、珍贵动物制品罪，走私普通货物、物品罪，票据诈骗罪，金融凭证诈骗罪，信用证诈骗罪，虚开增值税专用发票、用于骗取出口退税、抵扣税款发票罪，伪造、出售伪造的增值税专用发票罪，盗窃罪，传授犯罪方法罪，盗掘古文化遗址、古墓葬罪，盗掘古人类化石、古脊椎动物化石罪。

另外，特别是2006年以后，关于死刑，中国开始从刑事程序法上谋求改善，完善死刑案件的程序，确立有关死刑的中国式超级正当程序（Super Due Process）[15]，通过完善程序保障死刑案件的质量，减少死刑数量。例如，死刑案件的二审程序由原来的书面审理转向了法庭全面公开审理；死刑复核权全部由高级人民法院集中到了最高人民法院；严格死刑案件的证据规则，关于死刑案件的事实构成要素与量刑根据，都引入严格证明的原则等。

（四）刑事法进化的局限性及其未来

至此我们关注了一下政治变化中的中国刑事法进化的过程和状况。"进化"是相对于过去而言的概念，中国刑事法的进化原则上来说是与二十几年前的中国相比较而言的。也就是说，即使中国刑事法在不断进化中，也不意味着说中国的刑事法已经达到了世界最先进水平。中国的刑事法从国际水平来看还存在很多问题，毋庸置疑，还需更多的进化与改革。特别是中国的社会特质属于"权力社会"，刑事法的进化无论如何也必须要从"权力社会"这一社会性质出发，并且受到政治改革不彻底所造成的固有局限性。中国的刑事法进化有必要在与现实妥协的同时进行，难以无视社会现实。另外，现今的世界已是网络社会·情报化社会，中国也不例外。以网络为中心的大众舆论越来越发挥着重要的不可忽视的作用。但是，民主主义、大众舆论对法治主义而言，永远具有两面性，有促进法治主义的一面，更有否定法治主义的一面，如何恰切地对待民意和舆论，既不完全无视民意又不完全受制于民意，如何通过引导民意和舆论确保法治主义的实施，是今后需研究的重要课题。刑事法不仅需要避开政治权力的干涉，也应回避大众舆论的干涉。特别是应该极力避免在民主主义·民意名下的政治权力与大众舆论相结合而否定刑事法的专业性的情况。现在比任何时候都更应要求确立刑事法的专业性[5]。只有这样中国刑事法的将来才会健康，才会有助于社会主义法治国家的形成。一句话，对中国政治变化评价，不应单从民主主义角度去评说，更应将视线集中到法治主义上。

注释：

① 大众情报化时代：网络等的普及，使得一般民众也可以进行情报的发送与接收，从而以前所未有的速度形成所谓的"民意·舆论"，拥有巨大的影响力的时代。

② 罪刑法定：没有法律规定就没有刑罚。没有法律规定就没有犯罪。是现代刑事法的基本原则。

③ 无罪推定：所有的民众在没有经过正当的刑事程序宣告有罪之前，推定其无罪地位是近代法的基本原则。

④ 行刑法定：对在监狱服刑的受刑者，通过法律明示其法律上的权利、义务等。

⑤ 权力社会：以国家权力作为社会的基本点的社会。

⑥ 排除违法收集证据原则：向刑事法庭提出的证据，必须属于合法收集的证据（证据力），同时也必须具有证明案件的性质（证明力），缺一不可。因此，尽管证据能够证明案件，但若是通过违法手

段收集的话，法庭将不作为证据采纳，将其排除在证据之外。

⑦ 劳动改造：基于犯罪的原因是由于犯人自身不具备劳动意识、习惯、技术，从而导致不能自立，因而犯罪，因此，监狱行刑需要通过强制犯罪者劳动，使其获得劳动意识、习惯、技术，达到可以自立的目的，不再犯罪。

⑧ 集资诈骗罪：以投资等理由欺诈聚集大量资金的犯罪。

⑨ 决水罪：破坏防洪堤致使洪水发生的犯罪。

⑩ 破坏易燃易爆设备罪：破坏容易引起燃烧或者爆炸设备的犯罪。

⑪ 传播犯罪方法罪：教授以及传播犯罪方法的犯罪。

⑫ 盗窃金融机关罪：潜入银行或保险公司等金融机关，盗取大量资金的犯罪。

⑬ 最高人民法院：在中国，法院称作"人民法院"，"最高人民法院"是中国最高法院。

⑭ 全国人民代表大会：根据中国的宪法，国家权力属于人民，由人民代表行使其权利。全国人民代表大会是全国人民代表的机关，行使包括立法权在内的最高权力。

⑮ Super Due Process：国家要将自己对所有犯罪的搜查、起诉、判决予以正当化，就必须设立和遵守一定的正当的程序（Due Process）。所有刑事案件都需具有一定的正当程序。而死刑案件与其他刑事案件不同，属于涉及人的生命的重大刑事案件，由于这种重大性，死刑案件应采取比其他一般刑事案件更加严格的正当程序，这种只适用于死刑案件的更高要求的正当程序被称为 Super Due Process。

参考文献：

1. 安托万·卡拉邦（*Antoine Garapon*）著，河合干雄译《司法活跃中的民主主义》，劲草书房，2002年，154页。

2. 王云海《"权力社会"中国与"文化社会"日本》、集英社新书，2006年，23页。

3. David T. Johnson & Franklin Zimring, *The Next Frontier: National Development, Political Change, and the Death Penalty in Asia*, Oxford University Press, 2009, p.225.

4. 王云海《死刑的比较研究——中国、美国、日本》，成文堂，2005年，8页。

5. 王云海《日本的刑罚是重还是轻》，集英社新书，2008年，223页。

信息化社会与审判的公正
——"案例指导制度"指明中国司法的未来

但见亮

（一桥大学讲师）

前言

中国由于互联网的普及，信息流通量及信息流通的速度在飞速增长和加快。而且，由于利用媒体来普及、宣传国家的法律等，很多以刑事案件为中心的审判受到了越来越多人的关注。同时，有关审判不公正、不公平的呼声有所增高。在这期间，为了能缩小法官的裁量范围，确保与以前类似案例的一致性，大家就案例制度的关心越来越多，议论也越来越热烈。

现在，以最高人民法院为首的司法机关，强烈主张整理"指导性案例"（原词：Guiding Cases），并将此制度化，这在各地高级及中级人民法院及基层人民法院已试行多年。最高人民法院正在起草规定"案例指导制度"的内容及手续的相关文件。本报告从该制度的介绍和现状分析，来展望在已信息化的中国审判工作应有的状态。同时，就可窥见到的中国司法制度的改革方向做一思考。

一、"案例指导"的概要

1."案例指导"的形成

"案例指导"起源于80年代以后最高人民法院对各级法院公布的"模范案例"。其后，作为"案例"来公布的事例被《最高人民法院公报》定期登载、公布，进而，被最高人民法院各部门等编辑，作为主审法官及学者使用的"案例选"、"审判要览"每年出版，发展成登载值得"参考"的"案例"出版物泛滥[1]。特别是1999年的"人民法院5年改革纲要"[2]中"基层法院在类似事件审理中的参考"这一说法，在其后的"第二个5年改革纲要"中改成了"基层法院审判业务的指导"。

另外，登在"公报"上的"案例"选出条件是，不论审级的高低，一律以审理完毕的案件为对象，考虑事件的典型性、新发性、重大性、社会影响及解决上的困难性等进行选择[3]。其内容构成，根据时期有所不同。在一般的"公报"中，有事件名、"审判提要"、当事人等，诉讼请求、原告、被告的主张及主要证据、事实认定、一审的认定和结论、二审中当事人的主张及法院的认定和结论（主文）。在"案例集"等出版物中，附加该案主审法官及学者的解说。

2. "案例指导"制度化的探索

关于"案例指导",在2004年的"人民法院第二个5年改革纲要"中明确指出,今后要将其制度化。如此一来,"建立改善案例指导制度、指导案例在各方面的作用,即法律适用标准的统一、基层法院审判业务的指导、法学理论的充实与发展的作用得到重视",进而,"最高人民法院制定了关于案例指导制度的规范性文件、编辑指导性案例、制定案例选择标准及选择手续、公布方法、指导规则等"(均为13条)。

在中国常常可以看到实施新的制度,像这种"案例指导"制度化的试行早已在各地实行。如河南省省会的郑州市中原区法院的"先例判决制度"[4](2002年)、天津市最高人民法院的"判例指导"(2002年)、江苏省高级人民法院的"典型案例指导"(2003年)等。仅就省级高级法院来看,指出"有20个以上的高级人民法院(注:全部为31个)在运用案例指导"[5]。

这些制度都是以有关法院的"意见"、"规定"等规范性文件为根据的。在这些文件里,规定了"案例"公布的目的、性质及作用,"案例"选出的标准、条件、范围,登载媒体、登载形式及赏罚等。其名称多种多样,登载的媒体有法院的刊物及网站。登载的目的是要指导管辖内的法院。记载案例的形式一般为:①标题,②判决要点,③案情概要,④判决,⑤评论解释。

二、"案例指导"的现状及理论

1."案例"与"判例"

中国有"判例"的说法。但是，看有关"案例指导"的论文、记述，其中大部分按制度名称不称作"判例"，而称作"案例"。他们的理由是，"判例"这一名称是英、美、法特别是在英国，因与案例法混同而产生的。"判例"的概念中包含了政治要素，与社会主义、民主集中制的中国国情不相适应。也就是说，会让人产生伴随着"判例法"，会有"法官造法、法的发现"（法的创立、法的发现）的印象。其逻辑是由于"判例"的叫法，会混同于"判例法"→承认"法官造法"→司法权对立法权的侵蚀→违背民主集中制[6]。

正因为如此，各地大多在制度上都冠以"案例"的名称，一般的制度名称也被称为"案例指导制度"，个别的审判事例也被称为"指导案例"，即与外国的"判例"制度不同，是"有中国特色的"制度，叫做"案例指导制度"。但实际上，"案例"并未带来一定的识别标准，而现实施行的是不同于"判例制度"的"案例指导制度"。

2.抽象化与原文性

以最高人民法院"公报"为首的许多"案例"刊物，都首先在开头的叫做"审理摘要"的判决要点中，摘要登出法律适用这一重要部分，这被认为是各"案例"的要点[7]。关于判决要点，大多数人会认为无论是在理论上，还是实际上都有一般化和抽象化的作用[8]，进而，主张其"相当于司法解释"[9]。

与此相对照，在"案例"刊物的编制过程中，"案例"与实际情况的同一性被轻视，在上述各"案例"的有关规定中，完成候补"案例"审判文书的法院，要按上级的要求修改、整理原文，然后再提交。为了慎重起见上级法院的审判委员会审议后，"认为不符合要求的，要让通信编辑再次修改"（上述"发布制度"17条），与原文的内容相比，更加重视要符合"要求"。

3."案例"的约束力

关于"案例"的约束力，大多数人的看法是，其作为"指导"有"事实上的约束力"。例如，作为"案例制度"先驱的郑州市中原区法院，在"先例判决制度"的"暂行规定"中，特别强调"指导性典型案例……只作为指导处理事件的根据，不具备法律约束力"。

那么，"指导"是什么概念呢？关于这点，"最有说服力的是'事实上的约束力'"，强调"自觉遵守"[10]。也有人主张"上级法院可承担的风险性"[11]的审级构造的"事实上的约束力"。相反，也有人认为"不参照案例也不违法，也没必要特别说明，没必要负任何责任"[12]。这点"无疑是眼下案例实践中议论最多的问题"[13]。

看各地的试行情况，有关"事实上的效力"的规定多种多样。"正确适用法律才具有说服力"（沈阳市中级法院）。在不参照"判例"来处理同样案件时，规定必须向高级人民法院提出书面报告，保证依据法院系统内部的指导、管理体制，发挥"案例"的"事实上的效力"[14]。

所以，以最高人民法院为首的各级法院都在编辑"案例"，并积极发表。但就"案例"的适用方法及其效力尚属暧昧，其运用的方法和指导的方式，各地法院不尽相同[15]。

三、"案例指导"的问题和可能性

1. "权威"与"实用"的窘境

大家普遍认为，为了确保"案例"的实效性，"权威"是必不可少的。一般希望由最高人民法院"公认"的"案例"来进行"指导"。但是，必须强调的是"案例指导"中的实际需要。特别是在基层法院的"能力"、"素质"还存在问题的现状下，普遍认为，为了法院上下及内部处理的一致性，各地高级法院，乃至中级、基层法院应分别根据需要，进行"案例指导"[16]，事实上也在这样进行。

最高人民法院在今后的"案例指导"规定中，应着眼于如何保持"权威"与"实用"的平衡。试想一下，说是"权威"，那些登在"公报"上的"案例"原本也是基层法院判决的，其案例本身最初并不带有"权威"，其"权威"是最高人民法院赋予的。编辑后附的"审判摘要"被作为"案例"的要点，"指导"的核心如实地展现出来，让人不得不怀疑各法院是否靠着"上面"的权威而为自己带来权威和说服力的。

2. 司法行政与潜规则

确保"案例"的实效性,在现实中需要依靠明面上和暗地里行使的司法行政。在中国,就个别的审判,由法院内的审判委员会来进行审议,经各庭长、正副院长的审查,作为个别事件向上级"请示"(关于处理具体事件的请示),或者是从上级下达对一般事件处理标准的指示等,有一套详细的管理、监督体制。

而且,在"案例指导"实际操作时,这种"司法行政"是推进"案例指导"的重要手段。"上级法院的案例指导意见"作为"规范的意见","已经成为基层法院法官在处理事件时的重要依据[17]。被称为不能引用的司法解释"。也有说"受到了极大的欢迎"[18]。

问题是,对"案例"的哪一部分具有"指导性"完全没有标准,只是通过处分误判事件及指标化、成绩化来强制"案例"的"适用"。于是,在这种指标、成绩的作用下,基层法院不得不广泛使用在最后判决之前,向上级呈文"请示"的方法。而且,是否误判要看最终的结果。其结果是上级的改判,或是驳回重审[19],这样,更加速了下级的审判依赖于上级的事实形成。

3. "法官造法"与司法解释的矛盾

在法院系统中,基于其指导和监督系统,构建"制造"并"适用"的"案例"系统。但其脱离了"与具体案件事实相结合来解释法律规定的意思"[20]这一"案例指导制度"的理想。但是,更严重的问题是,在推进"案例指导"时,并不是要"法官造法",即强调司法不得侵害立法领域。然而,"法官造法"的事实现实存在并在蔓延。

当然，抽象的、一般的规则制度原本就是要遵循最高人民法院进行的司法解释。"司法解释"在法律上得到了认同，至少在形式上是不违法的[21]。但是，基层法院作出的"司法解释"被最高人民法院所禁止，"案例指导"不只运用于具体事件的指导上，也涉及到了一般的、抽象的规则制定，这明显是违法的[22]。

在这里，我们隐约可以看到这样一种制度乃至是一贯的做法，即在强调整体，反对分离、对立的权力制度下，"安定"、"和谐"优先于一切，对一切影响"安定、和谐"的问题，都要通过无形的指导、管理做好事前的协调工作。

像以上这样，为了确保"案例指导"的效力，以法官为中心的很多人都主张将其定位于"司法解释"。而由于一体化构造形成的司法屏障，即现在的情况是缺少对走向"审判者同时也是立法者"的警惕，或者说已习惯了这种做法。这就要求不只是对司法，更要对其根本的统治构造进行重新的考虑与整顿。

4."同案同判"的盛行与司法改革的方向

"案例指导"所呈现出来的是错综与矛盾的现状。"案例指导"本来是要"同案同判"，即以同样的案件同样的处理为目的。关于"同案同判"的强调，特别是媒体的集中报道引人注目。有事件表明近期发生的奇异事件及凄惨事件在量刑上有太大的差别而引起人们的注意。从媒体的性质，特别是中央电视台的积极报道来看，"同案同判"也应该看作是政府的宣传活动。

所谓具有"权威"的"案例指导"在"审判摘要"部分被彻底抽象化，并将其标准奉为一般的规则。因此，很难确保"同案同判"。为此，基层法院在实际处理案件时，会自然地要求有一套以统一处理管辖内案件为目的的详细规则，并以此来进行指导、监督的体制。

但是，在"指导性案例"的"指导"方法及判断标准不明确的情况下，很难想象对什么是"同案"能作出明确的判断。更为根本的问题是，有人会问为什么在中国特别强调"同案同判"，对此，一般得出的答案是解决对司法的不信任、解决司法丧失威严的问题[23]。在完全不理会当事人的主张，判决不具有充分的说服力和感染力的现状下[24]，想通过乱立一些零散的、生硬的规则，能重新取回"失去的威严"和"信赖"吗？另外，独立法官通过与当事人的对话交流而得出的结论，因为与"权威案例"及其他法院的结论不同，就可以说它是有害公正、是不公平的吗？

司法的素质、"权威的丧失"及"民众的不信任"，以此为理由，用详细的规则、生硬地束缚住法官，造成了妨碍法官提高"素质"，使其丧失"权威"，其结果招致民众更加的"不信任"。关于"案例指导"所给出的理想及目标，是指向怎样"同案同判"，进而，应该做怎样的司法工作者。从这个角度来看，现在的当务之急是必须要重新考虑"案例指导"的方法及"同案同判"。

结束语

近来，对于几个成为话题事件的处理方法，引起了"民愤"。网络上洪水般的"民意"，引起了领导者的敏感。迈向"案例指导"制度化的一系列举措，离开顺应民意、采取对策这些问题，就无从谈起。这其中包括两个侧面，其一，合乎民意的公平、公正的审判，其二，通过同样处理类似事件的正当化来统管民意。

通过"同案同判"来切实实现"公平"的主张，可以看出其合乎民意的一个侧面。但是，就连主要的法规都在频繁地修改和进行司法解释，对法律和司法本身，民众已缺乏信赖的状况下，所作出的同样处理是否"公正"是个疑问。而且，现在到处都有的信息发布、信息共享大大超出了以前的信息量和速度。在这种状态下，类似事件的比较对象是无限量的，这使得"公平"的实现更加困难。

但是，试想一下被奉为"公正"、"公平"的事情，相反更有必要以当事人为中心，听取广大民众的对话，形成协作的规则。关于家庭、邻里纠纷，法官在该社区召开座谈会，召集与社会关注度较高事件的有关人员、工作人员，举行听证会等。实际上，为了令人满意地处理事件，各地法院也在摸索各种手段。应怎样评价这种摸索，而且，怎样将由此衍生出来的判决编入"案例"，会为今后带来怎样的效力，期待着最高人民法院出台关于"案例指导"制度化的文件。

参考文献：

1. 有关各种《案例》书、刊物和《公报》，主张将这个区别放置在同样位置上的"权威"例如关于最高人民法院以外的"案例指导"作为"案例《参考》"区别的（崔志宁"论案例指导制度的运座机制"《法制与社会》2008年第10期，170页），参阅并作为指摘，后者多数认同。

2. 经过最高人民法院规范的形式文件，在1999年最初提出《人民法院5年改革纲要》2004年第二期、2009年第三期《人民法院5年改革纲要》提出的，关于人民法院、审判官全部活动范围规定指南和目标。

3. 蒋惠领"建立案例指导制度的几个具体问题"《法律适用》2004年第5期，10页。

4. 关于同制度，当初"而后同种事件的处理有一定的拘束力，必须参照其他的合议厅及独任审判官同种事件有关处理"（陈卫东　李训虎"先例判决、判例制度、司法改革"《法律适用》2003年第1~2期，20页），这个后来被修改。

5. 杨力"中国案例指导运作研究"《法律适用》2008年第6期，40页。

6. 这个点意识很强，比如北京市高级人民法院课题组"关于完善案例指导制度的调研报告"《人民司法》2007年第19期，93页，《案例指导》（并没有超过现行法，不是立法形式《法官造法》，是区别于英美法系国家的判例制度最重要的内容）。

7. 有关《人民法院案例选》最高人民法院的《通知》"审判要旨是案例的《眼目》，是指导性案例意义的所在"明确了"经审判要旨确保确立新的审判规则"。

8. 陕西省高级人民法院的《参阅案例发布制度》，将《要点提示》放在同"案例"的明显的位置上，"案例的法律争论焦点作为其体现了法律问题的根本，被归纳为审判规则"第9条2号的位置。

9. 珠海市中级人民法院董皋、贺晓翔"指导性案例在统一法律适用中的技术探讨"，《法学》2008年第11期，144页。主张"我国的指导性案例制度以最高人民法院拘束力判例公布的形式行使的，必须放在司法解释权的位置上"。

10. 袁廷秀"我国案例指导制度的实践运作及其评析——以《最高人民法院公报》中的知识产权案例为对象"《法商研究》2009年第2期，108页。

11. 聂昭伟"我国判例制度的建立"《法律适用》2004年第5期，14页。

12. 胡云腾于同志"案例指导制度若干重大疑难问题研究"《法学研究》2008年第6期，7页。

13. 四川省高级法院的陈明国"我国案例指导制度建立的若干问题 以四川省高院为例"《法律适用》2008年第11期，85页。

14. 广东省高级法院的秦旺《论我国案例指导制度的构建和适用方法——〈最高人民法院公报〉为分析样本》，《法律方法与法律思维》法律出版社2007年第4期，214页里"从地方法院探索状况看……基本的示范大同小异"、"管辖内的审判官对于审理同种事件必须参考《案例》，考虑应该不参照时，将《案例》以公报审判委员会用进行书面报告"将该内容摘要。

15. 进行《案例指导》的试行状况的调查北京大学的张麒教授"提高任意使用指导性案例""在目前全国的审判厅系统……关于只使用和引用没有统一规定""几乎全部的审判官为适应调查，在使用指导案例时不将其引用到一般性判决书里"等进行摘要。张麒"指导性案例中具有指导性部分的确定与适用"《法学》2008年第10期，97~98页，张教授如此案例的使用称为"隐含使用"。

16. 曹璐《略论我国案例指导制度的构造》关于案例的产生、公布主体"各级法院都承认先例产生、公布的权利"将此学说作为第一观点介绍等赞同。Http://www.east124.com/dongfangfz/node16/ula23973.html（关于HP全部2010年8月29日确认）。

17. 比如，天津市高级人民法院的陈璨平，根据上级以及同级审判委员会，将案例的"事实上的拘束力"作为"违背《指导案例》时的管理性惩戒措施"的中心。陈璨平"案例指导制度中操作性难点问题探索"《法学》杂志2006年第3期，101页。

18. 全部引用于沈阳市和平法院的宋坤赤《展开案例指导工作 提高审判质量和效率》http://www.hpc.gov.cn/admin/news_view.asp?newsid=87.

19. 比如《江西省司法机关错误责任追究条例》（2007）"事实认定及法律适用的失误"事件作为"错案"（3条）具体的"应对"（8条1号）。

20. 引用出处，郭哲、张双英"案例指导制度法律统一适用的中国话语——《同案同判》切入"2008年第12期，206~207页。

21. 但是不仅是形式的、实质的承认人民法院组织法第33条"对于审判过程进行有关法律具体适用问题的解释"违反了范围及限定等的强烈批判。李仕春"案例指导制度的另一思路——司法能动主义在中国的有限适用"《法学》2009年第6期，66页。

22. 1987年最高人民法院《地方各级人民法院关于制定司法解释的文件的回答》。

23. 当然，对于他的回答产生疑问，如罗源《新闻监督的思考》提到（赵中颉《法制新闻与新闻法制》法律出版社2004年，107页）由于"接受政府的指导·管理"的媒体不能干预行政，指出作为"社会的排气阀门之一"的监督，对司法起到很大作用。

24. 北京大学的陈瑞华教授指出，法院对合理的要求辩护意见不作任何反应，相反将辩护方、检察方没主张过的事实作为前提进行判决等"行使'将国家权力作为依据'，做出不能信服的审判"，陈瑞华"脱缰的野马 从许霆案看法院的自由裁量权"《法学》2009年第1期，81页。

第四部分

陷入迷途的日中彼此的政治经济认识
——以不同的视角寻求突破

木下俊彦

（早稻田大学产业经营研究所）

前言

2008年9月的雷曼事件给世界带来了战后最大的负面遗产。美国经济明显变质，失去均衡。欧洲也受其牵累，财政政策走形。数年前还被海外投资家高度评价的希腊、冰岛、爱尔兰成了让欧盟有可能解体的定时炸弹。其后汹涌而来的是在非洲、中东进行的"茉莉花革命"，让世界的投资家们认识到了之前看似相对安定的北非、中东的社会矛盾以及由此引发的商业风险。

在这期间，由于中国采取了巧妙的金融财政政策，现在经济正呈V字形复苏。大多数人认为，中国式的做法获得了成功。中国的经济规模（GDP）10年间超过了日本。中国政府也正式指出，中国的人均GDP只不过是日本的10%，今后更重要的是提高经济的质量。但是，从英特网的检索信息中可以清楚地看到，乐于比

228

较的中国网民对GDP世界第二这一消息抱有一定的满足感。令中国政府忧虑的是，中国的基尼系数最终还是超过了美国的水平，也就是说，中国贫富差距持续扩大，已经超过了在世界上贫富差距最显著的美国。没能实现胡锦涛政府主张的"和谐社会"。正因为如此，中国政府今后的方针将是下调经济增长率，支援经济弱者。

另外，从海外流入的流动性资金（外币）的增加，消费物价开始大幅超过存款利息。政府一方面抑制高级住宅的上升（一般人达不到的水平），另一方面不得不加快面向低收入人群的住宅建设，大多数国民表示没有"幸福感"。

另一方面，由于雷曼事件，经济状况下降，本来就已经在痛苦中呻吟的日本，在2011年3月11日又经历了前所未有的大地震、大海啸及福岛核电事故，进而遭到了更大的打击。福岛第一核电站的反应堆尚未安定下来，虽然政治家们从主张修复转向主张新模式的重建。但当前日本的这一结构问题亟待解决，加之很多生产商在日本东北地区的生产据点遭到破坏，以JIT（丰田生产方式）为人所知的日本的生产供应链发生了转变，给国内外带来了各种影响。

在这种对未来的不确定性增加的时期，很难对未来有一个明确的展望。在这一时机，单就最近的日中经济动向，写出一些像速效药一样的对策，能会有怎样的意义呢？

本文从这一观点出发，抛开最近的问题，对日中两国的有识之士是如何认识多年来日中政治、经济关系的变迁这一问题来阐述一下自己的意见。总之，想听听中国的有识之士的议论，争取事态有所改善。

为什么现在要做这种事情，因为在日中之间发生了一些好事，也发生了一些不好的事。在世界全球化时代背景下，两国间的贸易、投资取得了惊人的增长，不管怎样双方的了解是加深了。我是不赞同这种单纯的乐观论的。

今年，中国媒体在报道有关日本的消息时，像以下这样给人以负面印象的东西有所增加。

（1）今后，日本经济将进入衰退期，中日经济的规模将会加大差距。

（2）日本社会秩序井然，但是，那个闭塞的地方不是年青人和外国人的用武之地。

（3）日本企业不能正确评价中国经济的潜力，对扩大中国市场占有率的努力不够。总之，感觉没有企业战略，在巨大的中国市场中"败犬"倾向显著。

（4）与欧美企业相比，日本企业仍然是依存于中国的廉价劳动力，对中国经济发展的贡献不大。而且，对培养中国职员及技术转移不积极……

事实果真如此吗？这些方面不能说一点没有，但是有些与事实不符。

我平素总在想，日本的那些有识之士并不十分理解中国（人、政治经济）[1]。这并不是因为日本人向中国（人、政治经济）学习得不够，几乎没有哪个国家像日本人那样热心参加与中国有关的讨论会、讲演会，读很多与中国有关的书籍。虽然如此，由于知识的零碎，即使讲话也容易是一些盲人摸象的内容，不仅不善于从整体上了解中国，还缺乏语言的交流能力。因此，容易产生上述的误解。我较赞同这一观点[2]。不只是对中国（人、政治经济）如此，就像日本人一般在学习中的毛病一样，自己的假说与讲师、教师的说法究竟谁是正确的？很少有人为了弄清这些问题而去组织、参加讨论会。只是通过重复的听讲、记忆、分类来决定自己的想法。这种学习态度很适合于"KY社会"的生活习惯[*]。

与此相反，那些对任何事物都不弄得黑白分明决不罢休的盎格鲁·撒克逊的有识之士，完全不具备中国的历史知识，或者根本不会读汉字，他们对中国有整体把握，自己有鲜明的主张（其正确与否另当别论）[3]。

那么，是否大多数的中国人都能全面地理解本国的经济呢？也不能完全这么说。但是，由于他们擅长于辩证法、喜欢争论的性格，使他们在全面理解方面优于日本人。只是有可能受自己的国家是历史悠久的"大国"教育的影响，很少有人能客观地向外国人介绍自己的国家。

因此，有很多人会对以下的问题感到不好回答。

1. 近年来印度取得了经济高增长（年8%~9%），这是否与中国主张的发展中国家要想快速、稳定地成长，坚持共产党领导是必要条件的观点相矛盾呢？

2．美国经常收支赤字的扩大，是因为中国的兑换汇率缺乏灵活性。面对越来越强硬干预的美国，中国反驳说，如何决定兑换汇率是国家的主权（中国的主张没错），但是，如果日本政府对中国政府说同样的话，中国政府会认同吗？如果不认同的话，为什么？是因为中国尚属发展中国家吗？那样的话，中国的官民是否会说：如果菲律宾、印度尼西亚及泰国也同中国的主张一样，开始贬值本国货币，那么东南亚各国会渐渐地理解中国的主张吧。

3．为什么中国最大的（产品）出口商是台湾的鸿海EMS的子公司富士康？富士康、台湾的EMS鸿海与美国的苹果公司缔结了生产委托契约，在中国雇佣了数十万工人，组装时下流行的智能手机等，将其出售给世界市场，再经香港将产品带入大陆，卖给大陆的消费者。中国就是这样，使用大部分的廉价劳动力，将赚的大半利润以品牌材料的形式进入美国的苹果公司。这种劳动密集型的商业模式今后还将持续下去吗？

4．这与中国政府所要达到的提高全要素生产性（TFP）**有怎样的关系？

5．无论怎么看中国统计局的贸易统计、直接投资统计，结果还是不明白为什么说实际操控这一商务的是美国企业（苹果公司）。这种统计是没用的东西吗？这种统计结果为什么不能公开？

期待能有更多的中国（本土）的有识之士，就这些不用特别学习也能理解的问题，给我们做一恰当的说明。

　　我在这里想弄明白的问题是，中国的有识之士对自己国家（人、经济）的理解也不能说是着眼于全球的。以前曾多少提到过，从小时候起，身处辩证法环境中的中国人就得意于他们比日本人更能全面地理解本国（人、经济）及日本（人、经济）。但是，他们又不能像盎格鲁—撒克逊人那样简单明了地说明。原因是：第一中国（人、经济）的实际情况与盎格鲁—撒克逊人的不同，非常复杂（"社会主义市场经济"的说法只是象征）。在喜欢讨论这点上，中国人好像与盎格鲁—撒克逊人很相似，但其结构不同。此外，中国（本土）人有些过于强调中国人，常常忘记了世界是相对的。附记：对日本常常强调认识历史重要性的中国人，并不热心于学习本国解放后的历史，似乎是个忌讳的事，所以就不能恰当地讲解解放后60年的历史。

　　话题好像转到了文化论方面。我并不是想在日中和解的河流中推波助澜，恰恰相反，由于日中不能全面地理解对方，造成对某些问题的片面的评价是不恰当的。如果继续下去，就会影响到准确地采取对策，正确地解决问题。为此，提出这些个设问，号召大家来讨论。期待有更多的中国读者、日本读者能理解我的本意。

一、解放以后60年中国经济发展的特征

1."改革开放前"政策决定者的问题意识

　　中国共产党、政府及政治经济学者们开除了"四人帮"，结束了文革。其后，邓小平出来，采取了改革开放政策，向国人及

外国人说明了中国经济可以在世界上取得史无前例的发展。仍有外国人经常会听到这样的话，把中国从（半）殖民地状态及日军侵略中解放出来，使中国重获新生的是毛泽东的伟大功绩。但是，他又有发起文革、设立人民公社等错误的地方，可以说是功大于过。改革开放后，中国人变得奉行"拜金主义"，失去了精神寄托，因而，再次想起了毛泽东精神。没想到，采取的实际行动是在"天安门"摆放了孔子像。后又不知将孔子像弄到哪里去了。近十年，中国政府，通过孔子学院向世界传播中国的文字和文化。

邓小平"改革开放"的路线是在毛泽东去世前的1975年，以邓小平等人为实现"四个现代化"而制定的"国民经济发展10年规划"（1976~1985年）为原型的。

2．不为人所知的中国汇率大幅下降的历史

中国主张对汇率的决定是自己国家的主权。仔细观察中国解放后人民币汇率的变化，可以发现从80年代初到90年代中期，人民币汇率进行了大幅下调。中国从2005年7月开始，放缓了人民币与美元的完全接轨，以支援中国政府受雷曼事件打击后能再次回归美元制，保障经济呈V字形恢复。但是，由于来自美国等国家要求汇率上调的强大压力，2010年6月以后，再次运用了较有弹性的汇率政策（为了应对通货膨胀），但上升速度缓慢，美中摩擦进一步加大。

来看一看中国解放以后，人民币汇率对美元的行情变化（参照下图）。

人民币对美元汇率的变化（1949~2011）

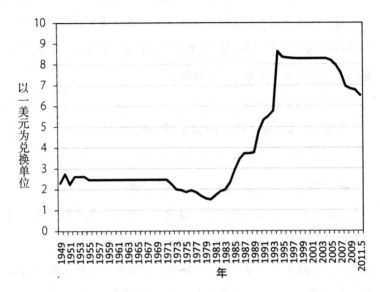

资料来源：中国商务部

  也就是说，在闭锁经济时，实行的是易货贸易，因此，维持了人民币的价格。改革开放从1985年到1995年期间，通货价值下降了25%。在此期间，由于邓小平的南巡讲话，民工开始走向沿海地区充当季节性工人，承担起劳动密集型产品的生产。此时，汇率的降低起到了推动出口的作用。西方专家中也有人认为，汇率的降低也是引起1997~1998年亚洲通货危机的原因之一。其是非暂且不论，这种大幅降低人民币汇率结合扩大出口的战略，确实给邻近国家的经济带来了很大的影响。在过去的20年中，中国经济依靠廉价的劳动力而获得发展，这种经济发展模式的受益者是谁呢？是普通的中国国民，还是获得了开发税（人头税）等附加利益的地方政府？还是像苹果公司那样的企业？还是台湾鸿海那样的EMS？还是日本和韩国进入中国的生产厂家？我们还是不要轻易地下结论，这需要缜密的查证。

二、日本企业为何在中国市场不能成为"赢家"

——日本企业模式：在中国式开发垄断体制中的不利模式

随着韩国、中国企业的质量及竞争力的上升，曾经辉煌的日本企业渐渐显得不那么重要了。继电子、电机产业之后，日本的汽车产业的市场占有率也出现下降。日本企业在"世界工厂"方面是胜者，而在"世界市场"方面却未能取胜，被严厉批评到没有企业战略。的确，即使在美国，日本企业在电子、电机产业、汽车产业方面也被韩国企业所追赶，失去了往日的风貌。其中，进展最不顺利的要数在中国了。此次，在东北地区有很多产品、零部件及原材料生产厂家受灾，供应链被破坏，给世界范围的企业带来很大影响。显然，在中国的生产据点也不例外。然而在这种情况下，其零部件及原材料不用其他的通用品来代替，这也再次彰显了产品的高质量。

话虽如此，那么日本企业今后在中国能否重新恢复生产、销售两方面的竞争力。面对这个问题，我们不能很有自信地说能。不过，名牌也同样在生产和销售两方面依然具有存在感的ASEAN与中国的情况也大不相同。

中国与其他国家有何不同呢？通常，企业在中国即使满足了进入条件，事实上也不会自动获得许可，中国不属于自由投资市场。越是重要的项目，与许可当局的关系也就越重要，其中包含着政治要素。例如：液晶电视的许可给了中国大陆企业、两家台湾企业、两家韩国企业，最后只剩下的夏普，据说如果不拿出夏普堺市工厂生产的最新模型（10G）来提出申请，许可就不给你。

在中国，这种供投资家选择的政策被称作"以市场换技术"。审查也极为严格，特别是中国政府又发布了新的投资选择标准。为了培养国内企业，在他们所希望的产业结构中，对那些有合作意向的外资企业给予奖励。

人们常常说日本企业没有战略性，这也就是说，日本企业的谈判能力很弱，过于单纯的提法是危险的，不过这也是日本企业过多地受到国内企业体制影响的结果。

冷战结束时，欧美预测企业会在世界中展开激烈的竞争。反垄断规则，不看国内占有率了，而是变为在全球的占有率。美国80年代、90年代，M&A受到热捧，其产业领域的最高水平企业的统治和垄断都有所上升。在EU（现在有27个加盟国）正在推行一个产业挑选一个企业的体系，进入选择范围的是西门子、飞利浦、施耐德、阿尔卡特、大众、罗氏、雀巢、联合利华、诺基亚这样的巨型企业。

日本90年代以后，经济长期处于低迷状态，有一部分企业改为控股企业，减少了过分竞争。而且，为了提高技术水平，也进行R&D投资。但是，电子、电机、汽车领域并未消灭过多体制，这是受股东资本主义或主管银行主义化的影响。日本国内有这样一个习惯，如果不经对方请求就收购对方的企业的话，就不是正规企业的做法。从另一方面说，中国采取的方式是在开放对华投资过程中，让世界的同类企业进行竞争，然后从中选择最好的企业。在国内市场本来就饱和的情况下，又有许多外国企业想进入，从一开始就决定了日本企业处于不利的地位。

美国的寡头、垄断企业，与美国政府一起对付中国，以战略会议等强有力的攻势，比日本更有效地保护了知识产权。从这种意义上来说，人们会认为正是因为有了这样的日本企业，才让中国取得了不菲的利益。日本企业只有成为统治、垄断企业，称雄于世界，有能力把中国市场抛弃了（即使抛弃，仍可从日本和世界市场获利），才可对中国当局进行强有力的交涉。要达到这种状态，尚需相当的时日。但如果经济不景气持续的话，行业老二、老三只得从市场退出。因此，不得不进行垄断化。

欧美企业并不向中国说明自己的企业是寡头、垄断企业，比日本更能进行强硬的交涉。因此，欧美企业被认为是具有强有力的战略（过度竞争不可能做到）。日本企业由于没有战略而被愚弄。向波音公司销售碳素纤维的东丽（Toray）等企业，对波音公司具有很强的竞争力。像东丽（Toray）这样的掌握高品质碳素纤维的企业，在世界上绝无仅有，如果对方达不到我方公司希望的价格，也不会讲"我们向欧洲的某个公司订货"。也就是说，不存在是欧美企业谈判能力就强，日本企业谈判能力就弱的情况。而是掌握谈判资本的企业强，没掌握的企业就弱。

在中国，一般企业无法像国有公司那样受到政府的支持，所以他们就必须要掌握这种谈判能力。国家及巨型国有企业充斥（国进民退）并不断独霸世界市场的做法，给发达国家及民主的发展中国家（印度、东南亚、墨西哥等）作出了不应有的重商主义的范例。因而，当中国发展减速时，欧美日等有可能和中国发生大的冲突，这是中国国民最不愿见到的场景。正确的做法难道不是应该培育那些能够活跃于世界的民间企业吗？在培育这种普通企业方面，日本不是作出了很好的榜样吗？

自身的地位，不足以向谈判的对方当局说不而接受审查的企业，因此就不可能持有什么战略。当然，对中国来说，哪种情况下、哪种企业好对付已经很清楚了。所以单纯的说日本企业没有战略，也许是不公正的。

从中长期来看，要对抗中国这样的重商主义的国家，虽然需要时间，但日本企业自身应联手国内外适合的企业，提高寡头、垄断程度，在无利益可图的情况下，说不。这就是企业战略。

结束语

应该讨论的论点还有很多，只能做一简短论述。只学了以上这些概念，并不能解决日中间悬而未决的事情。不管什么现象都会有不同的各种解释，要靠双方对彼此的理解，才可防范那些没必要的摩擦。

注解：

* KY 社会：撷取自日语的 "kuuki ga yomenai（直译为'不会读取气氛（空气）'）" 的第一个字母。意思是所有人都会看眼色、看气氛而采取附和别人的行为反应。

** 全要素生产性（TFP）：从供应面来分析经济增长，包括资本（资本的增长率×资本的分配率）和劳动（＝劳动投入量的增长×劳动分配率）这种通常的生产要素，以及用这些要素所不能计算的技术革新、制度改革等（贡献）。TFP 的上升指的是经过技术革新、制度改革等获得的综合性的生产性的改善。

注释：

① 常常有人说，因为日本人轻视中国（人），所以他们并不十分理解中国（人、经济），我不认同这种说法。也许真有这样的日本人存在，才使得人们将这种说法信以为真。可是我更赞同由于交流能力不足，导致日中之间容易产生误解的说法。

② 例如，日本侨报社的段跃中先生，对每年举行的中国人日语作文比赛得奖作品中，学生等人在对日资企业及"日本产品"时不落俗套的评价，感到很吃惊。像这样的评价越多越好。在此，从这一观点出发，想提供两本书，段跃中编《日本人对中国的贡献——中国人如何看待日本企业》（第 5 次中国人日语讲演比赛获奖作品集），2008年。段跃中编《日本制造与中国人的生活——日本制造商对中国的影响》（第 6 次中国人日语讲演比赛获奖作品集），2009 年。

③ 盎格鲁·撒克逊企业热衷于"当地化",虽常说了解当地社会,但事实上,他们自身就不能说是做到了"当地化"。在日本有外国记者的俱乐部,其中盎格鲁·撒克逊特派员中的大多数,只会讲只言片语的日语。因此,他们的新闻来源受限。在北京、上海也是如此。即使这样,也很少有人说自己不了解中国。

④ 详细参照益尾知佐子"邓小平的《对外开放构造与国际关系1978年经过中越战争后的决定》《亚洲研究》"亚洲经济研究所2007年1月Vol.53,No.4。

参考文献:

木下著作等:

1.《日本的金融·资本市场的现状与留意点——中小企业领域的对中国的教训》国际协力事业团·中国经济贸易部共同召开的中小企业座谈会@北京,2000年2月22日。

2.《东亚的经济发展与资本流通量》,《亚洲经济:对风险的挑战》(与浦田秀次郎共同编辑书),劲草书房2000年,第2章,17~72页。

3.《东盟十国FTA与日中韩FTA的展望》,《亚洲研究报告书:扩大自由贸易协定与日本的选择》日本经济研究中心,2001年,第4章。

4.《海外企业活动与经济活动——海外直接投资的宏观效果与对日本经济的影响》,《海外投融资(特集)日本的对外直接投资》[创立10周年纪念](财)海外投资金融情报财团2002年7月号,110~118页。

5.《ASEAN10与日韩中FTA的展望》(浦田秀次郎·日本经济研究中心编)《日本的FTA》日本经济新闻社,2003年,110~118页。

6.《中国从日本的东亚直接投资经验中学到了什么》,同上,国际学术研讨会《东亚区域经济合作》提出论文：2003年9月7日召开。

7.《为东亚经济可持续发展的日中合作》，复旦大学日本研究中心主办讨论会《中国与日本的东亚地域合作》提出论文，2003年11月15日~17日实施，研究报告书6~31页。

8.《东亚诸国的地域主义与FTA：日本的出路》，《中国21》爱知大学，2005年3月，Vol.21，57~68页。

9.《全球化时代下的日本——亚洲共赢的课题》（高梨和紘编）《非洲与亚洲 开发与消灭贫困的展望》庆应义塾大学出版会，2006年，183~233页。

10.《日本企业的经营模式与日中经济》（浦田秀次郎·深川由纪子编）《东亚共同体的构筑 对经济共同体的展望》（早大21世纪COE计划《现代亚洲学的创立》）岩波书店，2007年3月，65~93页。

11.《世界金融危机与P2M的新需求》，《国际大纲·计划管理学会杂志》October2009，Vol.No.1 41~58页。

12. 2009年3月10日木下在经济产业省产业研究所的演讲，主旨为《世界金融危机与日本企业的对应》http://www.rieti.go.jp/jp/events/bbl/09031101.html。

13.《世界金融危机时代的新兴国市场与国际化企业的动向》，林华生等共编著《围绕世界经济危机——论日中印的真正价值》，白帝社，2010年，第4章。

论文（英文）：

1. *"Japan's Direct Investment in China and the Hollowing-out Problems"* presented at Symposium at Korea University among Waseda University, Korea Univeristy and Peking Univsersity September 19,2003.

2. *"Japan and Asia-How Do We Meet the Globalization Challenge Together?"* (co-authored with Ippei Yamazawa & C H Kwan) A Publication of the Waseda University Program on Contemporary Asian Studies (COE-COS NUS), Press Singapore2007, pp.68-99.

3. *"Changes of Japanese Corporate Business Model Under Global Pressure: Evidence Justifying KPM"and "Examples of Changes of Japanese Corporate Business Model: Why is KPM Essentially Important Now?"* (Shigenobu Ohara etal ed.) Japanese Project Management KPM—Innovation Development and Improventment, World Scientific, London & Singapore 2008, pp.83-110 & pp.403-424.

金融危机后日本对华投资的变迁与
现状分析

张纪浔

（日本城西大学教授）

一、问题意识

2008年下半年未曾有过的"百年一遇"的金融危机，给世界经济带来了很大的影响，金融危机后，日本对华投资发生了怎样的变化，是否还存在很多问题？本文将通过具体案例，来分析这一问题。

据中国商务部[①]的公布，2009年中国引进直接投资的件数为23435件，比2008年减少14.8%，实际使用金额为900亿美元，比2008年减少2.6%[1]。尽管总体上，2009年世界对华投资有所减少，但是日本对华投资额比2008年增加了12.4%为41亿美元[2]。2010年世界对华投资增加了17.4%,高达1057亿3500万美元,由2009年的负增加转变为正增加[3]。另外，日本对华投资不仅金额有所增多，每件的投资额也大幅度增加，2009年日本每件投资额为384

美元，是2003~2005年（130万美元）的3倍。2010年的投资金额同样比上一年同期增长了3%（42.4亿美元）。

二、日本对华直接投资的动机与投资战略的变化

1．日本对华直接投资的动机

日本对华投资的直接动机基本上取决于以下几点：第一是生产成本原因。对华投资的日本企业可以减少生产成本。中国是一个国土与人口相符的大国，有着广大市场及丰富的劳动力资源。同时还拥有相当于日本27倍的国土面积。但是与日本相比又是经济发展较慢的发展中国家。在中国进行工业生产有着劳动力成本优势。第二是市场原因。现在的中国不仅是"世界工厂"，也是"世界市场"。因此，日本企业不单单是将生产据点向中国转移，更是抱着增大中国市场占有率的目的而加大对华投资的力度。

2．日本对华直接投资的战略转变

（1）中日"产业内分工"[②]体系的确立

从日本对华投资历史上来看，从1979年到2000年的20多年来日本跨国公司对华投资战略主要是利用中国劳动力成本低的优势，通过在中国投资设厂，建立以东京为主导的"产业内分工"体系。表面上，生产基地向中国转移给日本造成了"产业空洞化"现象，但实质上，跨国的"产业内分工"体系增强了以东京为总部的跨国公司在高附加值领域的优势。也就是说，日本跨国公司把原来以日本二、三级城市为基地的工厂转移到中国，降低了劳

动分配率，提高劳动生产率[③]，从而增强了以东京等大都市为基地的产业竞争优势[4]。

（2）加强知识产权保护

欧美及日本等发达工业国家一方面从中国的经济发展与城市进展中获得极大的商机，另一方面又对中国的强盛与崛起感到潜在的威胁。为加强知识产权的管理、保护日本在2002年设置了以内阁总理大臣为部长的知识财产战略部[④]，决定采取"有关知识产权的创造、保护以及利用的推进计划"。这一计划包括知识产权的创造、保护、利用，以及相关人才的培养，囊括了包括文化产业[⑤]在内的约270个项目。日本在国家层次上实施综合性"知识产权立国实现计划"[5]。启动"知识产权战略"和"产业竞争力战略"以确保在高附加值领域或生产制造技术领域上的对华竞争优势。另外，受经济产业省、专利厅的委托实施调查的JETRO北京中心，在2006年3月发表了《第4次中国模拟被害事态的问卷调查结果》[⑥]。从中可以看出，在对华投资的日资企业中受仿制品侵权的占调查总数的42.8%（比上次减少8.9个百分点），因此造成的损失在1亿日元以上的企业占20.6%（同样减少14.5个百分点）。63.2%的日本企业对中国的仿制品问题持"应坚决取缔"的强硬态度。他们对中国政府在制止、打击仿制品侵权方面的态度表示"不满意"[6]。因此要在中国建立水平分工型体系[⑦]，必须加强对包含生产技术在内的知识产权的保护，如何保护好知识产权已经成为妨碍对华投资的主要原因。

三、金融危机后世界及日本对华的投资

1. 世界对华投资的变化

2008年的世界性金融危机后，以美国为首的先进工业国均陷入投资不足的状态。在对外国直接投资大幅度减少的情况下，世界对华的直接投资却没有出现很大的变化。根据中国商务部的资料显示，2007~2008年，世界对华投资金额为748亿和924亿美元，分别比前一年增加了13.6%和23.6%。2009年为900亿，比2008年减少了2.6%。2009年的投资件数23435件，减少了14.8%[7]。2010年没有变化。投资件数为27406件，投资金额也增加到了1057亿3500万美元。（参照表1）

表1 世界对华直接投资额的变化

（单位：件、%、亿美元）

	直接投资件数 （合同件数）		直接投资件数 （履约金额）	
		增长率		增长率
2007年	37871	-9	748	14
2008年	27514	-27	924	24
2009年	23435	-15	900	-3
2010年	27406	17	1059	17

资料来源：中国商务部《中国投资指南网站》http://www.fdi.gov.cn/pub/FDI/default.htm

（1）投资规模的大型化

世界性金融危机后，对华投资出现的变化可以分为以下几

条。第一个变化是投资规模的大型化。2003~2005年，每个投资规模为130万美元，2006~2008年，分别为159万、197万和336万美元，2009年又上升到384万美元，是2003~2005年的3倍左右。第二个变化是与过去相比，近年来，因中国国内M&A法治的健全，M&A投资比重增高等多种因素的存在所致。

（2）制造业与非制造业的变化

第三个变化是制造业的比重有所减少，非制造业的比重逐年增加。

表2　按行业区分直接投资金额的比例

（单位：100万美元、%）

	07年			08年			09年		
	金额	比重	增长率	金额	比重	增长率	金额	比重	增长率
农业	924	1.2	54.3	1191	1.3	28.9	1429	1.6	20.0
矿业	489	0.7	6.2	573	0.6	17.0	501	0.6	△12.6
制造业	40865	54.7	2.0	49895	54.0	22.1	46771	51.9	△6.3
非制造业	32490	43.5	48.5	40737	44.1	25.4	41332	45.9	1.5
房地产	17089	22.9	107.7	18590	20.1	8.8	16796	18.7	△9.6
租赁服务业	4019	5.4	△4.8	5059	5.5	25.9	6078	6.8	20.1
批发、零售	2677	3.6	49.6	4433	4.8	65.6	5390	6.0	21.6
运输、邮电	2007	2.7	1.1	2851	3.1	42.1	2527	2.8	△11.4
其他	6699	9.0	18.4	9804	10.6	46.4	10451	11.7	.7.5
合计	74768	100.0	18.6	92395	100.0	23.6	90033	100.0	△2.6

注：增长率是与前一年相比。

资料来源：根据《中国商务年鉴》各年版，国家统计局"China Monthly Statistics"各月版。

按行业区分可以发现2009年制造业对华投资金额为467亿7100万美元，比2008年减少了6.3%，而非制造业413亿3200万美元，比2008年增加了1.5%。非制造业中，增加最多的是"批发、零售业"，增加幅度为21.6%，其次是"租赁、服务业"，增加了20.1%，第三位是"房地产业"，减少了9.6%。但是房地产业的投资金额在2009年减少9.6%后，2010年却大幅度增加了239.9亿美元，其占非制造业的比例由2009年的22.7%，增加至2010年的42.8%。增加速度远远超过其他行业。

（3）按地区及业种不同的投资变化

按地区区分，中西部地区[8]投资有所增加，沿海地区有所减少。在东部沿海地区[9]中，增长幅度最大的是辽宁省（28.5%）和天津市（21.6%）。辽宁省增加的原因主要是来自香港的投资。2009年，香港对辽宁投资额高达67亿4200美元，比2008年增加了26.7%，占全省投资总额的43.7%。按行业区分，第二产业和第三产业投资都出现大幅度增长，例如，第二产业增加了30.5%（74亿5000万美元、48%）。第二产业增加了30.5%（74亿5000万美元、48%）。第三产业中，例如现代服务业的投资额就高达26亿美元，增加了71.8%。具体投资案例，有韩国乐天所建设的沈阳综合设施（金融投资型公司、总投资额30亿美元）、日本ORIX所建设的大连中国本部（总投资额9200万美元）[8]。另外，2010年辽宁省的投资额也与去年相比增加了34.4%（207亿美元），外资引入额升至继江苏省之后的全国第二位。

2009年，天津市的外资达到90亿以上，增加率为21.6%，实施金额超过北京。据天津市政府报告，外资企业中增资案例迅速增加，达381件，占投资总数的60%，增资合同金额49.7亿美元（增加19.7%），占总投资额的35.9%[9]。

表3 按省、自治区、直辖市区分世界对大陆直接投资（2009年）

（单位：件，100万美元，%）

	省、自治区、直辖市名	合同件数	增长率	合同金额	增长率	履约金额	增长率
东部	江苏省	4129	△0.4	50981	0.5	25323	0.8
	广东省	4346	△37.9	17558	△38.7	19535	1.9
	山东省	1468	△3.9	8710	△14.2	8010	△2.3
	浙江省	1738	n.a	16000	△10.1	9900	△1.3
	辽宁省	1629	23.5	28182	38.9	15443	28.5
	上海市	3090	17.6	13301	△22.3	10538	4.5
	天津市	596	△13.8	13838	4.4	9020	21.6
	北京市	1423	△25.0	n.a	n.a	6121	0.6
	福建省	939	△14.7	5361	△25.0	5737	1.2
	河北省	256	n.a	n.a	n.a	3598	5.3
	海南省	88	△27.9	418	△72.5	943	△26.6
中部	湖北省	268	n.a	n.a	n.a	3658	12.7
	湖南省	n.a	n.a	n.a	n.a	4598	14.8
	江西省	821	19.2	n.a	n.a	4024	11.7
	河南省	274	n.a	n.a	n.a	4799	19.0
	安徽省	303	18.4	2090	1.6	3880	11.3
	山西省	58	n.a	n.a	n.a	490	△51.8

	吉林省	n.a	n.a	n.a	n.a	3567	18.6
	黑龙江省	n.a	n.a	n.a	n.a	2660	22.5
	内蒙古	n.a	n.a	n.a	n.a	2984	13.0
	四川省	286	△ 19.9	n.a	n.a	3590	16.2
	陕西省	101	n.a	n.a	n.a	1511	10.3
	重庆市	161	n.a	n.a	n.a	4016	47.2
西部	广西	n.a	n.a	n.a	n.a	1.035	6.6
	青海省	8	n.a	3	0.0	2	△ 2.3
	贵州省	37	n.a	n.a	n.a	1	△ 10.3
	甘肃省	26	n.a	n.a	n.a	134	4.2
	宁夏	14	n.a	105	n.a	142	17.7
	云南省	190	△ 16.7	1682	△ 0.2	910	17.2
	新疆	n.a	n.a	n.a	n.a	n.a	n.a
	西藏	1	n.a	76	n.a	58	n.a

注：地方政府所公布的外商投资中包括"外商其他投资"（委托加工、补偿贸易、国际租赁贸易等），所以，累计金额超过中央政府公布的金额。

资料来源：日本贸易振兴会根据各省、自治区、直辖市统计资料整理、制作。

从表3可以看出，按投资金额区分，实际使用金额最多的是江苏省，2009年253亿，其次是广东省，195.4亿美元，第三位是辽宁省的154亿和第四位上海市的105.4亿美元。以广东为例，广州是广汽本田、东风日产、广汽丰田等日本汽车的重点投资地区，3家的汽车销售台数为109万辆，占中国销售总量（1033万辆）的10%左右。[10]

（4）中国香港、日本、德国投资额增加

表4 按国家和地区区分外商直接投资实际使用金额（2009年）

（单位：个，100万美元，%）

名次	国家地区	合同件数				履约金额			
		2008年	2009年	增长率	比率	2008年	2009年	增长率	比率
1	中国香港	12857	10701	-16.8	45.7	41036	46075	12.3	51.2
2	英属维尔京群岛	975	708	-27.4	3.0	15954	11299	-29.2	12.6
3	日本	1438	1275	-11.3	5.4	3652	4105	12.4	4.6
4	新加坡	757	640	-15.5	2.7	4435	3605	-18.7	4.0
5	韩国	2226	1669	-25.0	7.1	3135	2700	-13.9	3.0
6	开曼群岛	216	103	-52.3	0.4	3145	2582	-17.9	2.9
7	美国	1772	1530	-13.7	6.5	2944	2555	-13.2	2.8
8	萨摩亚	346	243	-29.8	1.0	2550	2020	-20.8	2.2
9	中国台湾	2060	2555	8.3	10.9	1899	1881	-1.0	2.1
10	德国	390	303	-22.3	1.3	900	1217	35.1	1.4
	参考EU	1844	1441	-21.9	6.2	4995	5068	1.5	5.6
	全世界合计	27514	23435	-14.8		92395	90033	-2.6	

注：①名次按2009年实际使用金额计算。

②欧盟包括15个国家（比利时、丹麦、英国、德国、法国、爱尔兰、意大利、卢森堡、荷兰、希腊、葡萄牙、西班牙、奥地利、芬兰、瑞典）。

资料来源：根据中国商务部出版《国际贸易》2010年2月号制作。

按国家、地区分，2009年对华投资的第一位和2008年相同是中国香港。尽管有世界性金融危机的影响，香港对国内投资金额仍然高达460.7亿美元，是日本对华投资总额的10倍以上，比

2008年增加了12.3%，占世界对华投资总额的51.2%。香港的税制对华投资非常有利，不仅投资后的红利不需要再纳税，而且中国企业给香港母公司分红时的收益税率只有5%，与其他地区的10%相比，非常优惠。香港总商会认为"香港是对大陆投资的导管"，随着中国经济的恢复，这种税制上的优惠措施之效果将充分体现出来[11]。

第二位是英属维尔京群岛[⑩]，和2008年一样。但实际的投资金额减少了29.2%。日本为第三位，在金融危机后，日本对华投资不仅没有减少还增加了12.4%，达到41亿497万美元。日本对华投资近年一直保持较好的成绩，2006~2007年有所减少，但2008年增加1.8%，2009年是2位数增长率。

2．日本对华投资的新动向

（1）日本对华投资的变化

以上，我们分析的是中国公布的统计资料，那么看日本的统计资料对华投资出现怎样的变化？

日本财务省发布的统计资料与中国商务部的统计资料有些不同。按中国商务部的统计，2009年日本对华的实际使用金额为41亿美元，比2008年的36.5亿美元增加了12.4%，但是按日本财务省公布的资料，2009年日本对华投资额（合同金额）为6492亿日元，比2008年的6700亿日元减少了3.1%，占日本对外投资总额的9.3%。2009年排在第一位的是开曼群岛，第二位是美国，第三位是澳大利亚，中国是第四位。但从表5可以看出，美国、开曼群岛⑪、英国2009年分别比2008年减少了77.6%、4.7%和69.7%，与此相比，中国只减少了3.1%¹²。另外，2010年日本对华投资额为6,278亿日元，与去年相比增加了3.3%，占日本对外投资总额的比重也从2009年的9.3%上升至12.6%，排名也由原先2009年的第四名升至仅次于美国（7982亿日元、16.0%）的第二名（财政省统计）。由此可见，中国始终是日本对世界投资的主要投资对象国。

（2）中国仍旧是在日本企业主要投资对象国

表5　日本海外直接投资的变化

（单位：亿日元，%）

名次	国家、地区	2007年			2008年			2009年		
		金额	比率	增加率	金额	比率	增加率	金额	比率	增加率
1	开曼群岛	6889	8.0	105.8	22814	17.2	231.2	12080	17.3	-47.1
2	美国	18524	21.4	71.0	44617	33.7	140.9	9989	14.3	-77.6
3	澳大利亚	4781	5.5	774.0	5369	4.1	12.3	6556	9.4	22.1
4	中国	7305	8.4	1.9	6700	5.1	-8.3	6492	9.3	-3.1
5	荷兰	14710	17.0	48.0	6790	5.1	-53.8	6314	9.0	-7.0
6	巴西	1458	1.7	-11.9	5380	4.1	269.0	3513	5.0	-34.7
7	印度	1782	2.1	198.5	5429	4.1	204.7	3443	4.9	-36.6
8	卢森堡	2682	3.1	n.a.	576	0.4	-78.5	2962	4.2	414.2
9	新加坡	2626	3.0	491.4	1122	0.8	-57.3	2706	3.9	141.2
10	英国	3737	4.3	-55.6	6758	5.1	80.8	2045	2.9	-69.7
参考	EU（欧盟）	23636	27.3	13.2	23431	17.7	-0.9	15942	22.8	-32.0
	ASEAN（东盟）	9169	10.6	13.3	6518	4.9	-28.9	6587	9.4	1.4
	俄罗斯	117	0.1	-37.1	317	0.2	170.9	363	0.5	14.5
	世界合计	86607	100.0	48.1	132320	100.0	52.8	69896	100.0	-47.2

注：① 排序以2009年为基准。

② 增长率是与上年同期相比。

资料来源：日本财务省的统计数据。

根据日本国际协力银行的调查证实，"日本企业在未来3年中所考虑的最有希望的投资事业展开国"始终是中国。中国从1992年后，一直占被调查日本企业总数的60~90%左右。2008年虽然印度接近中国达50%左右，但2009年中国在各项调查中又远远超过印度和其他国家。日本企业重视中国的原因主要是"中国市场的成长性"。列举"中国市场的成长性"的企业比例由2008年的77.6%增加到2009年的84.8%[13]。

（3）制造业和非制造业的对华投资变化

表6 按行业区分日本对华投资的变化

（单位：亿日元，%）

	2006年		07年			08年			09年		
	金额	比率	金额	比率	增长率	金额	比率	增长率	金额	比率	增长率
制造业（小计）	5670	79.1	4926	67.4	△13.1	5017	74.9	1.8	4651	71.1	△8.0
食品	216	3.0	207	2.8	△4.2	397	5.9	918	827	12.7	108.3
织维	110	1.5	76	1.0	△30.9	86	1.3	13.2	154	2.4	79.1
木材·纸浆	41	0.6	552	7.6	1246.3	105	1.6	△81.0	455	7.0	333.3
化学·医药	551	7.7	371	5.1	△32.7	467	7.0	25.9	444	6.8	△4.9
石油	×	·	6	0.1	n.a	△1	△0.0	n.a	4	0.1	n.a
橡胶·皮革	266	3.7	231	3.2	△13.2	68	1.0	△70.6	△6	△0.1	n.a
玻璃·土石	136	1.9	112	1.5	△17.6	151	2.3	34.8	119	1.8	△21.2

续表

钢铁·有色金属·金属	309	4.3	601	8.2	94.5	589	8.8	△2.0	337	5.2	△42.8
一般机械	594	8.3	667	9.1	12.3	741	11.1	11.1	617	9.5	△16.7
电器机械	1487	20.7	940	12.9	△36.8	1085	16.2	15.4	583	9.0	△46.3
输送机械	1330	18.5	889	12.2	△33.2	1019	15.2	14.6	907	14.0	△11.0
精密机械	219	3.1	80	1.1	△63.5	93	1.4	16.3	85	1.3	△8.6
非制造业（小计）	1502	20.9	2378	32.6	58.3	1683	25.1	△29.2	1877	28.9	11.5
农业·林业	15	0.2	9	0.1	△66.7	8	0.1	60.0	3	0.0	△62.5
渔业·水产业	5	0.1	9	0.1	80.0	27	0.4	200.0	1	0.0	△96.3
矿业	·	·	1	0.0	n.a	·	n.a	n.a	×	n.a	n.a
建设业	△28	△0.4	22	0.3	n.a	△3	△0.0	n.a	9	0.1	n.a
运输业	110	1.5	95	1.3	△13.6	107	1.6	12.6	59	0.9	△44.9
通讯业	27	0.4	48	0.7	77.8	111	1.7	131.3	13	0.2	△88.3
批发·零售业	734	10.2	642	8.8	△12.5	794	11.9	23.7	805	12.4	1.4
金融·保险业	275	3.8	1098	15.0	299.3	80	1.2	△92.7	938	14.4	1072.5
房地产业	38	0.5	202	2.8	431.6	319	4.8	57.9	△71	△1.1	n.a
服务业	115	1.6	184	2.5	60.0	137	2.0	△25.5	90	1.4	△34.3
合计	7172	100.0	7305	100.0	1.9	6700	100.0	△8.3	6492	100.0	△3.1

注：①不满3项的专案以"×"表示；②没有资料的专案用"·"表示；③"制造业（小计）"和"非制造业（小计）"的合计，与表上各行业的合计不一定相符。④增长率是与去年同期相比；⑤金额为负数时，不计算其增长率。

资料来源：根据日本财务省统计制作。

与2008年相比，2009年日本制造业对华投资的变化可以归纳为以下两点：

第一点，制造业中"电器机械"大幅度减少，"食品"大幅度增加。

制造业一向都是日本对华投资的主体。制造业中"电器机械"一直起着对华投资的主导作用。但2009年"电器机械"投资总额只有583亿日元。比2008年的1085亿日元减少了46.3%，下降幅度最大。在制造业中是下降幅度第二大的行业是"钢铁、有色金属、金属"，投资金额为337亿日元，比2008年的859亿日元减少了42.8%。与此相反，"木材、纸浆"2009年增加了3.3倍，是制造业中增长幅度最大的行业。其次增长速度快的是"食品业"，投资额为827亿，占制造业的12.7%，比2008年增加了一倍。

第二点，非制造业中"金融、保险业"大幅度增加，"通讯"大幅度减少。

在非制造业中，增加最快的是"金融、保险业"，总投资额为938亿美元，比2008年的80亿美元增加了1072倍。"金融、保险业"中，最大投资案例是三井住友银行在中国成立的当地法人（资本金70亿日元）。另外"金融、保险业"投资金额不包括在中国直接投资统计内，这也是造成中国统计额少于日本统计额的原因之一。

四、对华投资的新动向[14]

2009年在金融危机的冲击下，日本企业为什么还要去中国投资？对华投资出现了什么样的变化？以下我想通过具体案例来分析日本企业对华投资的新动向。

（1）重视中国市场的中长期发展

以上已经指出，日本对华投资最重视的是"中国市场的中长期发展"。在世界市场徘徊不前的情况下，中国市场的发展引起了世界的瞩目。重视中国市场的中长期发展而增加对中国市场投资的主要行业是日本的食品行业。

2009年4月，朝日啤酒对中国最大的啤酒公司青岛啤酒[12]注资6亿6650万美元，获得青岛啤酒19.99%的股份，投资目的是企图"和青岛啤酒建立更加长期的合作关系"。另外是"为了在中国打响朝日啤酒的品牌，有必要在有收益的中国各地确保有竞争力的生产据点"。因此，朝日啤酒把中国作为最有收益性的啤酒市场，通过各方面的努力，增加对华投资。

日世[13]和伊藤忠商事在2009年4月与中国烟台啤酒集团合资，在山东省烟台市成立了新的合资公司。该公司资本金1,068万美元，日世占64%，伊藤忠商事占19%。该公司生产和销售奶油冰激凌。日世负责提供制造、销售技术，伊藤忠商事负责原材料的配送和中国国内的销售途径，烟台啤酒[14]则负责在中国的销售和生产。该公司2010年1月开始制造、销售，2015年的销售目标为100亿日元，生产量为5600万立升。

日本ORIX公司于2010年1月开始加强中国本部的营业业务，投资大连海昌集团旗下的企业，着手发展观光、房地产开发事业。同年10月获得了当地政府部门的许可，投融资事业正式化。

12月开始修建两栋41层的中国本部大楼。[15]

（2）在世界最大的汽车市场竞争

和"食品业"一样，日本汽车行业也非常重视开发中国的内需市场。2009年，日本汽车行业对华投资虽然比2006~2008年少，但也保持在907亿左右，占制造业对华投资的第一位（14.0%）。除本田、丰田、日产汽车等最终组装厂家外，汽车工业产业链中的零部件厂家也加强对华投资，抢占中国的汽车市场。

例如，日立造船在2009年4月15日和上海船基（集团）有限公司（SZG）成立合资公司"中基日造柴油机有限公司"（中日造机）。该公司主要生产船用柴油机，资本金2亿元中，日立造船出资25%。

马自达汽车在2009年4月30日宣布，将和中国第一汽车集团公司，一汽轿车有限公司合资成立的销售公司"一汽马自达汽车销售有限公司（FMSC）"，投资比率由过去的25%提升到40%，出资金额为4950万元。通过增加出资率来扩大在中国合资公司的地位。

普利司通为对应在中国市场上"中长期轮胎需求的增多"，决定增强江苏无锡市普利司通轮胎的生产能力。普利司通在2009年4月13日宣布增强江苏无锡市普利司通轮胎厂的生产能力，由过去的日产4200个，增加到日产12000个轮胎。2010年4月28日在江苏省苏州市成立了一个集工业材料、建筑材料、电气材料化成品、化工品直供事业的公司——普利司通（中国）化工品投资有限公司。该公司统一管理各分事业公司的业务，支配其他8个化工品事业公司。另外，该公司还包括管理一部分出售事业，建立应对中国市场顾客需求的（去除对应）体制。

（3）发展与公共事业和基础建设的有关事业

日本对华投资中，也开始重视和内需市场有关的公共事业，基础建设事业。

例如，小松制作所在2009年1月20日决定在中国常州购入53万平方米的土地，"转移小松（常州）建机公司，设立新的工厂"。在世界金融危机的影响下，中国市场也同样受到打击，"但是，以持续的经济发展和城市化建设为背景，中国今后肯定需要增加基础设施的建设（道路、铁路等），开发矿山。因此，从中长期角度看，中国的基础设施的建设，矿山机械市场会有更大的发展"。

昭和电线2009年9月28日决定：将天津合资公司的生产能力在2012年提高7倍。他们认为"在中国，随着电力基础网和铁路网的完善，汽车、家电的普及，平角卷线等附加值较高的卷线需求会大幅度增多"。昭和电线除天津外，还在山东成立了新的合资公司，和中国国家电网一起，整备和发展中国的送电网络。

五、日本对华投资的问题

尽管日本企业在华投资取得了许多成绩，但遇到的问题也不少。2010年3月，日本贸易振兴机构发表了《平成21年度 日本企业海外事业发展的问卷调查》报告。该报告指出，在中国投资中，最大的问题是"知识产权的保护问题",2009年占被调查企业的57.4%,比2008年增加了1.7%;其次是"法律制度不健全,运用问题"(53.1%),"劳务问题"(29.7%),"人工费太高,工资上升问题"(29.2%),"税务风险问题"(28%)。与泰国、越南、印度相比,中国"知识产权保护问题"显得十分严重[16]。

表7　按项目区分的各国事业的风险·课题(所有行业)

名次	中国	2009年	2008年	增减
1	(1)知识产权保护问题	57.4	55.7	1.7
2	(1)法律制度不健全,运用有问题	53.1	55.7	-2.6
3	(4)劳务关系有问题	29.7	32.6	-2.9
4	(3)人工费太高,工资在上升	29.2	42.4	-13.2
5	(5)税务上的风险、问题	28.0	30.6	-2.6
6	(7)外汇风险过高	18.8	16.6	2.2
7	(6)基础设施不完善	15.7	16.8	-1.1
8	(8)相关企业不集中的问题	5.4	4.0	1.4

注:括弧内的数字是2008年的顺序

资料来源:日本贸易振兴机构《平成21年度日本企业海外事业展开的问卷调查》报告、2010年4月9日。

六、今后的展望

现在的中国既是"世界工厂",同时又是"世界市场",因此,对日本企业来说,如何占领中国市场,扩大销售途径显得十分重要。

例如,上述朝日啤酒向中国青岛啤酒注资是为了更好地在中国销售;三菱化学的合资企业是代表中国的中石化(SNOPEC);

和三菱商事合作的是中国最大的医药批发商——国药集团等。日本企业想通过和中国最大企业的合作来加强在中国的销售网络，扩大销售量。

如何开发中国国内市场是中国加入WTO以后，日资企业最关心的课题，同时也有的企业为了防止过于依靠中国，采取"中国+1"的方法，指向中国以外的市场。

但是，不管日本企业采取什么样的投资战略，中国市场对日本企业越来越重要。同时，中国企业也开始注意开发日本市场，开始增加对日投资。例如，2010年山东纺织企业，如意集团收购日本东京一部上市公司RENOWN，出资金额40亿日元，取得了该公司40%的股份成为最大股东；2009年6月，中国苏宁电器集团成为日本东京二部上市的LAOX的大股东。2010年5月17日日本LAOX在上海设立乐购思（上海）商贸有限公司，6月18日在上海中心地区苏宁电器·浦东第一店"MUSICVOX上海远东店"开业。中国企业对日本企业M&A（合并、收购）的事例现在并不多，但中国企业如何进入日本市场也值得我们去研究、分析。

注释：

① 中国商务部：中国商务部隶属于中国国务院，是中国掌管经济和贸易事业的中央行政部门。2003年由国家经济贸易委员会下属的国内贸易部门与对外经济贸易合作部合并后成立的。相当于日本通商产业省（现经济产业省）。

②　"产业内分工"：日本与中国相互结合，或者更广泛的来讲是融为一体的合作。在产业中采取更紧密方式的贸易往来的国际分工合作。

③　劳动生产性：指劳动生产者一人所创造的商品等新的价值额（附加价值额）。一个国家的附加价值额的总额和国内生产总值（GDP）相等。

④　知识财产战略本部：成立于2003年（平成15年）。为加强日本的产业竞争力，由内阁组建而成的部门。

⑤　文化产业：（contents）原指内容、目录等意思，在这里是指设计、电影、音乐等由创造活动所产生的新价值。文化产业的潜在价值不止14兆日元，其涵盖时尚、工业制品、教育等各种各样的领域。作为日本的"国家形象"向海外传播发展，受到广泛关注。

⑥　《中国模拟被害事态的问卷调查结果》：日本贸易振兴会（JETRO）北京中心受日本经济产业省、特许厅的委托，和中国日本商工会议所合作，从2001年12月开始，对在华日资企业进行调查。这项调查一直延续下来，2005年是第四次。

⑦　水平分工型体系：也称作为"水平国际分工"，指最终的生产物或工业品之间的相互贸易。发达国家之间的贸易关系主要是以水平国际分工关系为基础的。中国同日本的水平分工型体系主要是指日本跨国企业所进行的企业内贸易合作。与此相反的是垂直分工型或是垂直国际分工，最终的生产物或工业品与原材料的贸易。主要是指发达国家与发展中国家间的贸易关系。

⑧　中西部地区：国务院发展研究中心于2005年将中国分为"四大板块八大经济区"。按照这种分类法，中国被分为中部黄河中流综合经济区（陕西、山西、河南、内蒙古）以及长江中流综合经济区

（湖北、湖南、江西、安徽）两大经济板块区域。西部地区又分为大西南综合经济区（云南、贵州、四川、重庆、广西）和大西北综合经济区（甘肃、青海、宁夏、西藏、新疆）两大经济板块区域。

⑨ 东部沿海地区：东部沿海地区又分为北部沿海综合经济区（北京、天津、河北、山东），东部沿海综合经济区（上海、江苏、浙江）和南部沿海综合经济区（福建、广东、海南）等三大经济区域。另有东部沿海地区又可单指是长江三角洲地区，南部沿海地区的广东同时是珠江三角洲地区等这样的分类方法。

⑩ 英属维尔京群岛：1672年被英国合并，地处加勒比西印度群岛的英国海外领土。与英国在内的各国没有签署租税条约，被日本企业用来避免租税的地方。

⑪ 开曼群岛：与维尔京群岛同属于英国海外领土。在开曼群岛设立不办实业的特别公司，可以享受各种有利优惠条件，对其收入、资本以及资金收益可保证不征税的原则。

⑫ 青岛啤酒：青岛啤酒的正式名称是青岛啤酒股份有限公司。是在上海证券交易所和香港证券交易所上市的中国最大的啤酒公司。总公司于1903年在山东青岛建立。2002年中国市场占有率为12.5%，位列第一名。

⑬ 日世：是位于大阪茨木市的冰激凌生产销售公司。1947年成立，资本金4亿950万日元，工作人员有659名。

⑭ 烟台啤酒：与青岛啤酒一样位于山东省烟台市。为了统一啤酒市场，2011年青岛啤酒从朝日啤酒与烟台啤酒集团两个公司中获得39%的股份，成为该公司的大股东。

参考文献：

1. 中国商务部《中国投资指南》。

2. 日本财务省统计、中国商务部《中国商务年鉴·2010年》。

3. 日本贸易振兴会《特集：2010年的对中直接投资的新动向》2011年4月号（Vol.14）。

4. 小池良司《我国直接投资与日本·东亚贸易构造的变化》《金融研究》2004年10月号。

5. 内阁官房知识产权战略事务局编《知识财产立国之道》日本行政书士会联合会，平成15年12月出版，1~5页。

6. 日本经济产业省特许厅《中国仿制品被害事态的问卷调查结果概要》2001年12月。

7. 中国商务部《中国投资指南》。

8. 根据辽宁省政府资料整理。

9. 根据天津市政府资料和《天津统计年鉴，2009年》。

10.《日本经济新闻》"中国提薪要求过热"，2010年6月2日报道。

11. 日本贸易振兴会《特集：日资企业所面临的课题》2010年4月号（Vol.12）。

12. 同3。

13. 日本国际协力银行《对我国制造业企海外事业展开的调查报告》2009年。

14. 对大陆投资新动向中的企业事例，大部分引自日本贸易振兴会《特集：日资企业所面临的课题 2009年的对华投资新动向》2010年4月号（Vol.12）和日本贸易振兴会《特集：日资企业所面临的课题 2010年的对华投资新动向》2011年4月号（Vol.14）。

15. 根据ORIX资料和日本财务部统计得出。

16. 日本贸易振兴会《平成21年度日本企业海外事业展开的问卷调查》报告书，2010年4月9日。

中国的区位优势及日资企业的投资动向

洪诗鸿

（阪南大学流通学部、研究生院企业信息研究科教授）

引子

在日本经济"迷失的10年"期间，日本的产业结构及企业间结构也随之发生了两大变化。一个是产业结构面向全球市场，另一个是大型企业和中小企业的两极分化，出现了企业间的落差现象。后者是因为上市大企业在海外销售的比例及利润率的上升造成的。也由此使得面向国内市场的企业或是专门接大型企业单的中小企业的经营环境更加严酷，使旧有的企业间关系、结构发生了变化。也就是所说的企业间"系列关系"、承包关系也随着全球化的调整而出现这种流动性（图1）。

图示的这种变化是企业由于应对日本高龄化及全球化消费和生产而调整结构带来的结果。但与此相伴的结果是近年来具有代表性企业聚集地中的中小企业数量也急剧下降。这是我们所关心的"产业空洞化"[①]的原因。

图1 大中小企业关系的变化（网状化）

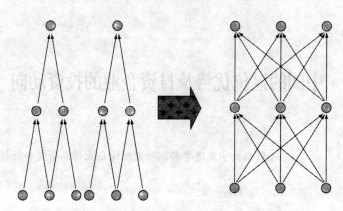

资料来源：中小企业厅《中小企业白皮书2007年》第1章第3-1-1图。

如果说空洞化的原因是由于产业、企业转移到海外的话，那么，除去将其推出去（PUSH）的国内原因以外，海外除了区位优势还具有怎样的吸引力（PULL）也是我们需要关注的。

日本的制造业在资金力量方面、技术力量方面和基础设施方面都优于其他亚洲地区。但是，近年来却怎么也看不到制造部门的区位优势。按传统的布局论，日本正是最适合制造业的聚集地。M.波特的国家竞争优势论[②]的素材正是日本的聚集地。但是，时代变了。现在日本的制造业区位优势没有丝毫进展。那么，有必要分析一下日本现在的区位优势发生了怎样的变化，什么样的区位优势对当今的全球分工体制来说才是最重要的，本文将基于日本聚集地的"空洞化"现状，考察日本及海外的产业聚集地的优势的转移变化，来理解日本聚集地及中小企业经营环境变化的机制。为此有必要将日本制造业最大的投资对象中国的聚集地与日资企业关系进行分析，拟就分析日资企业在这些地方的投资动向，找出中国聚集地区位优势的特征。在区位诸多优势中特别是想就产业聚集地中的"速度的优势"（economy of speed,speed merit）问题做一思考。目前该概念还只限于经营学内的议论。。

（一）日本企业对华投资的变化及地区特征

中国自1978年末实行改革开放政策以来，开始引进外资。初期阶段，主要是以中国香港资本为中心，投向华南地区。1990年以后，日本资本才开始正式进入中国。从图2可以清楚地看到日本对华投资的过程。从投资金额的变化来看，1997年和2005年是

图2　日本的对华投资变化

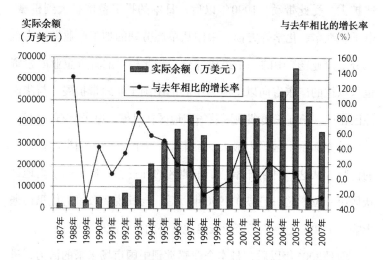

资料来源：21世纪综研http://www.21ccs.jp/china_performance/performance2007_01.html

日本对华投资的两个高峰期。

这两个高峰不仅意味着金额、件数的增加，也反映了投资结构和投资地区的变化。

从改革开放初期到90年代期间，由于投资的主力是香港资金，因此，出口加工是投资的主要形态，其目的是廉价的劳动力。特征是以组装低价的家电、玩具及服装缝制行业为主。投资地域限定在广东省等华南地区的四个经济特区④。那时，日本的投资也以缝制工厂、食品加工为主，投资金额也并不太多，投资地域也集中在华南地区以及与日本人联系较多的大连等。其后，伴随着中国产业结构的变化，1990年以后投资需求从下游产业加工提高到为中游产业加工零件和材料，中游企业的投资及贸易快速扩大。受此带动，1990年以后，日本的投资范围扩大到机械、电子、汽车、化学等方面。中国从单纯劳动的加工产业发展为全球分工产业链⑤中的一个组成部分。与此相对的日资企业的投资也从以往的广东省向以上海为中心的中国工业地带扩展。与华南地区相比，长江三角洲地区及华东地区在机械、电子、石油化学、金属等方面是中国国内最大的聚集地，因此有吸引同类产业外资的优势。从这一时期开始，华东地区的外资收入额超过华南地区跃居第一位。这一趋势在1990年以后，与其说受政策的优惠待遇影响，不如说是得益于产业聚集地优势的投资战略影响。

而且2005年以后，日本企业感觉到中国市场未来的潜力，进而向中国消费、生产中心地区的投资倾向愈发显著。此时的外资特征是以服务业、制造业这些上游产业为主，开发部门主要集中于华东地区。

近年，日资大型企业设在中国的开发中心也开始集中于这一地区。这也是考虑到产业聚集便于获得信息、人才，接近客户与市场能快速作出反应等因素的结果。可以说日本的对华投资进入了以上游部门为主的新阶段。

表1　近年日本大型企业的中国研发中心设立动向

企业名	设立年份	机构名称	地域、都市
丰田汽车	2010年内	新车辆研究开发地点	常熟市
松下	2002年	松下苏州有限公司	苏州
富士通	2010年3月	富士通研究开发中心	苏州
日产	2010年3月	设计中心	上海
欧姆龙	2007年9月	欧姆龙上海协创中心	上海
科莱瑞安	2010年4月	虚拟全球总社	厦门

资料来源：根据《日系商业》2010年各期，《日本经济新闻》2010年12月3日报道整理。

但是，这种日本投资的动向不仅仅只限于日本，随着2005年以后，中国国内市场的发展与产业结构的变化，世界企业对中国的投资也出现了同样的倾向。图3、图4是世界500强公司[⑥]对华投资的国别明细及中国的投资接受地的饼状图表。值得注意的是，在对中国的投资中，日本仅次于中国香港位居第2，但同时期的日本国内投资却处于低迷状态。

图3　2006年世界大型500强公司的对华投资国别明细

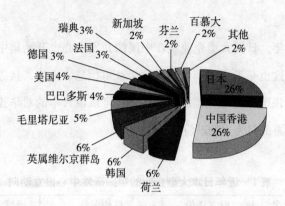

图4　世界大型500强公司2006年对华投资的地区明细

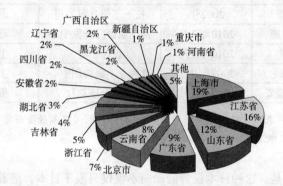

资料来源：中国商业部，http://www.fdi.gov.cn/pub/FDI/wzyj/ztyj/
kggszzg/t20080417_91695.htm。

（二）中国不同地区的区位优势特征及日资企业的投资
动向

在前一节，我们大致了解了日本企业在不同年代和不同地区
对华投资的动向。可以明显看出，各个产业分别以其聚集地为目

标进行投资。下面让我们来整理一下投资的实际状态及中国产业聚集地的特征。

如上所述，中国的经济特区起源于华南地方。但是，现在优待外资的开发区、科学园区遍及全国。1995年以后又推出了不同产业类别的优惠政策。可以说，基本上消除了地区间投资待遇的差别。不仅如此，包括日资企业在内的外资企业为何集中在华东地区投资，其原因十分耐人寻味。当时是处于劳动力廉价、投资简单、方便等因素来考虑，但也未必就能获得成功，很多企业也不得已撤退或转移。产业选址本来应该考虑的是这一地区是否适合这个企业及整个产业的竞争力。因此，在这里我们将前面已经讲过在中国已形成的产业聚集作为重要线索之一，来看一下中国不同地区的企业聚集状况及日本投资的选址情况。

表2　中国的主要产业聚集地（只选取日本企业较多的地区）

北京市	天津市	广东省	上海市	江苏省
•北京自动车产业 •北京海淀IT产业集团	•天津市食品产业集团 •天津市津南区的环保产业集团 •天津市崔黄口镇绒毯产业集团	•广东东莞市大朗镇毛织产业 •广东湛江市廉江九洲开发区 •深圳电子产业集团 •广州自动车产业集团	•上海浦东微电子产业集团 •上海金山化学工业产业集团 •上海嘉定自动车产业集团	•江苏宜兴电线电缆产业集团 •江苏宜兴陶瓷产业集团 •江苏江阴精细纺织产业集团 •江苏锡山电动车产业产业集团

浙江省	福建省	湖北省	四川省	湖南省
• 浙江杭州安全设备关连产业集团 • 浙江杭州萧山钢结构产业集团 • 浙江温州鹿城皮鞋产业集团 • 浙江温州鹿城打火机产业集团	• 福建厦门电子信息产业集团 • 福建晋江运动靴产业集团 • 福建石狮服装产业集团 • 福建南安五金水暖器材产业	• 湖北武汉东湖高新新光电产业 • 湖北当阳市建筑陶瓷产业集团 • 湖北谷城县自动车零部件产业 • 湖北枣阳市自动车制动产业	• 四川省遂宁兽药产业集团 • 四川省成都市电子信息产业 • 四川省成都市化工产业集团 • 四川省成都市机械产业集团	• 湖南衡阳铜管及加工集团 • 湖南长沙铝材深加工集团 • 湖南株洲硬合金及深加工产业集团
辽宁省	吉林省	黑龙江省	内蒙古自治区	山东省
• 辽宁省海城纺织服装集团 • 辽宁省沈阳自动车零部件产业 • 辽宁省沈北新区农产品加工 • 辽宁省沈北新区食品产业集团	• 吉林省柳河县山葡萄酒产业 • 吉林省交通运输设备制造业 • 吉林省石油化工产业集团 • 吉林省粮食深加工产业集团	• 黑龙江省兰西县亚麻产业集团 • 黑龙江省煤炭深精加工和煤 • 黑龙江省医药产业集团 • 黑龙江省食品加工产业集团	• 内蒙古呼和浩特乳业产业集团 • 内蒙古农畜产品加工产业集团 • 内蒙古稀土产业集团 • 内蒙古羊绒产业集团	• 山东德州太阳能产业集团

笔者根据各种报告整理。

表2是中国各地代表性产业聚集情况一览表。主要归纳了日本相同产业投资比较多的地区。在这些聚集地出现了很多相同产

业的日本企业。例如：在广州、上海、重庆等地集中了很多汽车零件方面的日资企业。

为了探索迄今为止日本累计对华投资的行业与聚集地的关系，作为有代表性的地区，我选择了日资企业比较集中的上海和广东省为例，制作了一个比较表。

表3　上市企业对上海、广东投资行业比较

（限定总公司为上市公司的企业）

	广东1207家公司	上海2335家公司
电子	208家公司（2006年） 291家公司（2008年）	179家公司 262家公司
汽车	82家公司（2006年） 105家公司（2008年）	58家公司 72家公司
服务业	341家公司	1034家公司

资料来源：苍苍社《在中国发展的企业一览表2007~2008》。

从表3可以看到，上海是日资企业最为集中、公司数量最多的地区。但是，从行业上来看，广东省大多集中了电子零件及制品的日企，在汽车及其零件制造方面这一特征更加显著。这是因为广东省作为汽车、电子产业的聚集地，其规模要大于上海。相反在服务业，上海方面占压倒性多数，因为考虑到上海便于进出中国国内市场，这也是上海的地缘优势。这说明了中国的地区特征，同种产业聚集地与日本制造业的投资选址之间存在着很大关系。

我们同时可以看出2006年日本对广东省的投资，整体上与广东的产业结构、聚集结构相吻合（图5）。

图5 2006年日本企业的广东省投资种类的明细

制造业　　　　　　　　　　　服务业

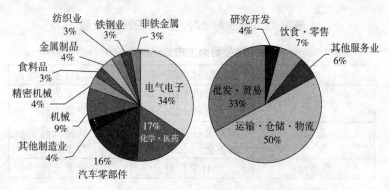

根据苍苍社《在中国发展的企业一览2005~2006》整理得出。

表4 日本与中国的企业聚集地的协作实例

【中国】（生物工程） 关东生物工程—上海地区	【中国】（产品制造） TAMA地区—上海地区
【中国】（新能源、节能） 中国循环环境项目—上海地区	【中国】（再生资源、环境净化） 九州K—RIP—大连、青岛地区
【中国】（废弃物处理、减低环境负荷） 环境KANSAI—广东、辽宁地区	【中国】（环境、产品制造） 关西、北京中关村
【中国】（IT） 北海道IT—北京、沈阳、大连等	【韩国】（再生资源、环境净化） 九州K—RIP—首尔地区

资料来源：《2009年度通商白皮书》281页。

表4进一步说明了聚集地业者之间交流、协作的实际状态。

产业聚集地中业者之间的交流，以前曾在美国与加拿大边境的机械、汽车零件产业盛行。像日中这样隔海相望的两个国家，相同产业间的交流是从20世纪后期，随着技术的输送及IT通信技术的发展才实现的。

（三）聚集的优势与中国的区位优势

日本企业对华投资的变化，从其过程和地区的变迁来看，是从贸易论的比较优势转变为产业的竞争优势。可以说是聚集的优势引起了人们的重视。正如在上节所看到的，日本投资有向中国的聚集地集中的倾向。中国聚集地有怎样的优势，又与日本有何不同？对此，几乎没有人讨论，在这节中，我们一边与日本的聚集地进行比较，一边就中国聚集地的特征和优势进行描述。

在为什么要进行FDI的探讨中，Dunning的折中理论[7]很有名。他把与企业所有有关的特殊优势（ownership advantage）、与企业内贸易有关的内部化优势（internalization incentive）及对方国家的区位特殊优势（location advantage）的三种理论结合起来。三种优势相互作用，促使企业的进行FDI。不过，其中的关于区位的优势理论，近年来，有了更加细致的用经营学的竞争力优势的解释。例如：M.波特的产业聚集区位优势的理论[8]就是如此。另外，研究地理经济学的克鲁格曼的收获递增新国际贸易理论[9]也对聚集的优势作出了明确的说明。

两者的共同点是：在地理上集中起来的同业者、及相关产业，可以形成一定的规模，共同享受聚集带来的好处。前者进一步将聚集地竞争力的源泉分为四个要素条件列举出来，所谓菱形模式为（1）要素条件，（2）需要条件，（3）相关产业、支援产业的存在，（4）企业战略、结构、竞争关系。后者通过规模上的经济性和地理上的接近性，使削减成本和世界分工变为可能。

但是，另一方面，日本从90年代后期开始，为了防止产业空洞化，也计划在日本各地建造多个产业园区和产业特区，而且已经完工，只是其中大多以失败告终。此外，在旧工业聚集地，如东京的大田区、东大阪等，企业的数量一直在减少。新计划的工业园区等，虽因调整了道路、基础建设项目等，解决了旧聚集地常有的道路、工厂狭小的问题，却一直没有形成新的聚集地。不用说大型企业入住了，就连中小企业都敬而远之。因大型企业转移到海外，全球化的比率上升等，空洞化进一步加剧。

通过一系列的运作，旧聚集地确实具备了波特的要素条件。同时也取得了机械化进展，也具备了可以忽略劳资程度来进行大规模生产的设备投资，但是，并未能遏制企业向海外的转移。在日本虽然也建成了同中国一样的高科技园区，但没能奏效。其产生不同结果的原因，用现有的理论很难得出答案。如此一来，不由得让人觉得中国聚集的优势、聚集地的竞争力源泉会不会在其他方面。

将日本的聚集地与中国的进行比较，因存在全球价值链上分工的差别，虽然可以解释为是企业的国际垂直分工、垂直统合的

战略。但笔者将以前在日中间企业进行调查得来的意见与现有的理论进行对照，将中国聚集地的优势特征（或者说是与日本聚集地的不同）整理如下：

在上面的表中，有两点与日本不同。一是聚集地本身规模的差别。除土地、自然条件的差别外，聚集的性质也有所不同。日本被称作是自然形成的都市型综合聚集地，其中数量少、种类多。另一方面，中国特点是外生型、植入型聚集地较多，其规模一开始就计划得比较宏大，特征是比较集中于特定的行业。

另一个不同是聚集地所有企业间协同运作的速度感。例如：在顾客的问询、样品的提供、有关经营决断的反应速度上有很大差别。至今，在缝制、电子组装、一般机械等的样品提供、所需时间等方面，绝对是中国聚集地更快速。在年轻劳动者的数量上也有差别，在同业者的数量、经营判断的速度、设备的灵活变更等这些机动灵活的对应上，两者显然出现了不同。中国方面的快速反应就抓住了商机，下游部门尤其如此。下游部门的发展，进一步波及中游及上游部门。

各地方政府为了吸引外资，实行的一站式服务等快速应对，也为聚集地的要素条件起到了加分效果，这也被看作是一种速度上的优势。中国聚集地的这些特征，与日本大不相同，迄今为止，这一点在理论上还未得到过论述。但在现实中，可以认为，这种速度优势对经营活动起到了相当的影响作用，形成了整个聚集地全体业者的竞争力。

包括日本企业在内，把产品推向世界市场，在世界同时发售，技术更新加快的今天，需要能大量且快速地接受OEM的厂家，或者是自己公司的工厂。

聚集的强势在于规模，现在这已在理论上得到了清楚的说明。其理由是收获的递增和成本的降低。同样，快速反应可减少库存成本、运输成本，可以带领新的竞争者和模仿者率先获利。因此，速度上的优势成为聚集的重要条件。中国聚集地同时具备规模上的优势和速度上的优势，这是其现在成功的原因。但是，要用数字化具体地说明速度上的优势，必须进行细致的比较研究。这是今后的课题。

小结

在日本国内也有像爱知、长野那样集中了比较单一产业（城下町型企业）的聚集地，其情形与东大阪、大田区那样的都市型综合聚集地不同。与日本国内企业间由于存在差别而引起两极分化一样，聚集地也出现了同样的现象。虽还不能判断出哪种形态的聚集有独特性，能最终获得生存，但在全球化经济推进的今天，产业空洞化现象是世界规模的产业分工化导致的结果。我们可以认为，大型企业的对外投资是为了产业的高度化和制造工程的外延化——是为了寻求聚集地的价值链或者是供应链。

由于中国现阶段对全球市场的应对需要，很多聚集地只集中了单一产业。这只不过是承担了全球分工的一部分。产业的高度化和自有技术的进步是今后的课题。特别是由于工资的增高、人民币的增值及国际上分散风险的动向，对保持竞争力方面不可掉以轻心。与生产规模和工资相同，速度上的优势为减少顾客方的成本有所贡献。这无论是现在还是将来，都无疑是聚集地的竞争力之一。

注释：

① 产业空洞化：担心由于制造业向海外转移，围绕主要产业的周边产业、企业衰退，企业数量减少，丧失了国内雇用机会，使该地区产业崩溃的一系列议论。现阶段日本的海外生产比例约为18%。

② M. 波特的国家竞争优势论：哈佛大学的波特教授在其著作《国家的竞争优势》中，认为在国际竞争中成为产业竞争优势的生产要素是国内创造的。为了创造和保持竞争的优势，引入了聚集的概念。日本的汽车和照相机是成功的例子。

③ 速度的优势：与规模优势相同，是聚集地重要的优势之一。由于聚集地中的企业间的相互协作，缩短了协调时间，可快速作出经营判断。因而，减少了库存及运输成本，可以带领其他竞争者、模仿者率先取得利益的优势。

④ 四个经济特区：1978年以中美建交为契机，对以国有经济为中心的计划经济进行了改革。先限定在中国的沿海四个城市（福建省的厦门、广东省的汕头、深圳、珠海）试验性地引进海外投资，许可私营企业的存在。将这四个地区叫做"经济特区"。

⑤ 价值链：也叫产业链，是波特提出的概念。生产活动由购买、制造、贩卖还有人才资源管理、技术开发构成。各个程序都附加

了价值。提高各活动的构成要素或谋求与其他竞争公司间的不同之处，以确立企业的竞争优势。各个程序可以在世界范围内寻找适当的材料、适当的地方来进行。重要的是各企业如何搞好自己担当的部门及擅长的领域，确保在价值链中的位置。

⑥ 世界500强企业：正式应叫做Fortune Global500，财富杂志每年发表一次，按各种等级指标，公布500个世界顶级公司。

⑦ Dunning的折中理论：就为什么企业要投资到国外这个问题，英国的经济学者J.H. Dunning认为，企业具有独自的优势性（所有优势理论），将这种优势性与其卖给其他企业，不如让自己的国外子公司来利用更有价值（内部化理论），被投资国提供选址优惠条件（区位优势理论）的情况下，可直接进行国外投资。将这三个零散的理论综合起来，叫做折中理论。

⑧ M. 波特的产业聚集的优势理论：波特认为产业聚集可为国家和地区带来特定产业的竞争力。因为，聚集中四个要素相互作用，形成钻石般坚固的结构。在综合作用和竞争结果方面有三个优势：提高相互间的生产性，强化技术革新能力及易于形成新的事业。

⑨ 克鲁格曼的收获递增新国际贸易理论：在以往的经济学中，都知道"收获递减的法则"。由于IT及机械的发达，在等量追加特定的生产要素投入量时，由追加而获得的产出量也在逐渐增加。能够大量生产，贩卖量越大，获利就越能快速增加。克雷格曼的国际贸易理论中主张规模决定收获递增。在产业发展初期，条件相同的同一国家的同业者中，能大规模生产和收获递增者，相比之下就会获得优势，在贸易中就会成为成功的典范。

参考文献：

1. 克鲁格曼《脱"国境"的经济学 产业选址与贸易的新理论》，北村 行伸译，东洋经济新报社，1994年。

2. 迈克尔·E.波特《国家的竞争优势》，土岐 坤等翻译，钻石社，1992年。

3.《2009年，2010年通商白皮书》，经产省。

4. 21世纪综研《在中国发展的企业一览2007~2008》，苍苍社，2009年。

5. 杜进《中国的外资政策与日系企业》，劲草书房2009年。

6. 李子彬《2009年中国中小企业白皮书》（中），企业管理出版社，2009年。

7. 中国社会科学院《2009年中国城市竞争力蓝皮书：中国城市竞争力报告》，2009年。

8. 李婉萍等编《工业园区竞争力分析》，中国纺织工业出版社，2005年。

9. 陈平《集群发展的国际经验》，浙江大学出版社，2007年。

研讨会：中国的经济发展·法律调整与日系企业

开幕词

森原隆

（综合研究机构负责人、文学学术院教授）

大家好！先做一下自我介绍，我是综合研究机构的负责人、文学学术院的森原。承蒙大家在百忙之中参加会议，在此表示衷心的感谢！请允许我作为专题研讨会的组织者致开幕词。

早稻田大学综合研究机构——课题研究所组建于2000年4月，至今已有11年了。去年时值第10年之际，我们召开了10周年纪念专题研讨会。而且我们将今年作为一个新的起点，召开了这次主题研讨会。首先我对各位的光临表示感谢！对新校长镰田先生在百忙之中亲临会议，表示衷心的感谢！

这么说来，经常会有人问，所谓综合研究机构是个怎样的组织？或者说专题研究所又是个什么样的研究所？我认为特别是对大学的外部人士来说更是不好理解。平时，我们一提到研究所，人们就会联想到有高大的建筑物和事务所及永久性的研究员组织。然而，所谓专题研究所并不是一个长久性的组织，它是在一定的时间内，通常情况下是3~5年，在此期间内为完成特定的研究课题而设置的有时限性、功能性的研究所，以至少4名以上的专业人士为中心进行共同研究。但是，有时也会有虚拟的、看不见实体的研究所。至今年4月，像这样的专题研究所，在早稻田大学里共设置了150多个。对其中约130个专题研究所不论文科、理科进行综合管理的组织就是早稻田大学综合研究机构。

我们将专题研究所简称为科研所。从只有数名研究人员的小规模研究所到拥有数十名研究人员，并拥有数千万外部研究资金的大规模研究所，如今都在以各种形式开展着研究工作。

在学校内外，综合研究机构是这些科研所的代表机构，全盘负责与研究所的设置、运营相关的业务、人事及会计、事务，并进行宣传活动。今天的研究成果报告会也是宣传活动之一，这已经是第6次了。

我想简要介绍一下之前的课题。第1次是在2006年召开的，以"历史与现代、生命与共生"为主题。第2次提出了"机器人医疗福利·伦理"的题目。第3次恰逢早稻田大学创立125周年，推出了代表早稻田大学传统与创造性的题目"自由·进取精神与反抗的传统"，取得了强烈的反响。第4次以《思考日本的国际战略》为共同题目。去年是第5次，如前所介绍的那样，恰逢综合研究机构成立10周年纪念，我们以《地球环境问题与汽车·汽配产业课题》为题，召开了盛大的专题研讨会。

这次是个非常大的题目，"中国的经济发展·法律完善及日系企业"。正如大家所知道的那样，战后的中国经历了激烈动荡的年代，经济发展取得了今天的成果。我本人是个门外汉，我的专业是欧洲近代史，但是，从欧洲的角度来看1950年后中国的一系列经济政策，我认为是对历史饶有兴趣的探索。

首先，在毛泽东领导下的社会主义初期建设在某种意义上可以说受到了挫折，其后是重新评估刘少奇等人的经济计划，进而是文化大革命造成的混乱，毛泽东去世后是四个现代化路线。然后，邓小平提出了改革开放的经济政策，经济才发展到了今天的程度。另外，EU、欧盟的经济合作由于近年的雷曼事件（雷曼兄弟公司倒闭引起的冲击）或希腊债务危机受到了相当大的阻碍。与其相反，为什么只有中国的经济在持续发展，大有超过日本之势呢？这些与日资企业又有何关系呢？我认为，在今天的专题研讨会上这将也是个非常有意思的话题。

今天的专题研讨会是由早稻田大学中华经济研究所主办的，同时还得到了跨国HRM研究所、早稻田大学亚洲研究机构附属的中国法研究所的大力协作。此外，我们还得到了校外顶新国际集团的支援。作为主办方，在此向大家表示由衷的感谢！

今天，有幸请到各位来听取报告、讨论，这对早稻田大学来说意义深刻，我们主办方深感荣幸。作为开幕词我就简单的讲一讲以上这些作为开场白。非常感谢！（鼓掌）

致　辞

镰田薫

（早稻田大学校长）

在下就是刚才承蒙森原先生介绍过的早稻田大学校长镰田。大家在百忙之中来参加今天综合研究机构第6次成果报告会，在此，我表示衷心的感谢！早稻田大学于2007年10月迎来了创立125周年的纪念日。现在在打造日本第二的建学理念下，我们制定了Waseda Next 125中长期计划，我们正在面向未来迈出新的一步。早稻田大学的目标是冲出日本，构筑全球性的综合大学Waseda，集中世界各地的学生、教师。而且，要让早稻田培养出的人才能为人类、为地球社会有所贡献，活跃在世界的各个领域。这就是我们的目标。在研究方面，我们的目标是实现世界最高水平的研究，以此来确立国际性研究大学的地位。

为了将这一目标具体化，我们于2009年创立了研究院。所谓研究院就是要超出学术院框架的研究者之间进行交流，或是促进各学科间的研究，同时构建在重点领域推进大学整体规模研究的体制。研究院的框架内包含多个研究所，其中，综合研究机构是其核心所在。正如前面介绍的那样，综合研究机构于2000年4月成立，今年（2010年）是第11年。现在，综合研究机构下活跃着130个专题研究所。

以机构成立后的第5年为契机，如前面所介绍的，2005年在6个研究所的协力之下，首次召开了以"历史与现代"、"生命与共生"为题目的报告会。此后，每年都举办报告会。去年第5次报告会以纪念成立10周年为专题，召开了"地球环境问题与汽车、汽配产业的课题"的研讨会。今年是第6次成果报告会，题目是"中国的经济发展·法律完善与日系企业"。此次报告会是在综合研究机构下属的中华经济研究所、跨国HRM研究所及亚洲研究机构下属的现代中国法研究所跨机构的协助下召开的。最近就与中国的关系、日中关系有许多话题，通过此次报告会，也许能加深大家对中国现状、特别是与日系企业的关系这方面的理解。

最后，预祝此次报告会取得圆满成功。今后还承蒙大家对以综合研究机构为首的早稻田大学的研究活动多多给予理解和支持。以上是我的致辞。谢谢！（鼓掌）

◄◄ ——————

主旨说明

林华生

（早稻田大学中华经济研究所所长、国际学术院教授）

主持人：下面，由早稻田大学中华经济研究所所长林华生先生，就今天研究成果报告会的主旨，向大家做一说明。

早稻田大学镰田校长在百忙之中亲临会场并致辞，我表示衷心的感谢！对今天的研究成果报告会给予协助和支援的早稻田大学综合研究机构长森原教授，各位学者、研究者、各位学生及在场的大家，你们好！请允许我借此机会，就召开此次综合研究机构研究成果报告会的主旨做一简要说明。此次的研究成果报告会，正如镰田校长和森原先生所说，是由早稻田大学中华经济研究所、现代中国法研究所、跨国HRM研究所共同主办的，综合研究机构给予了我们全方位的协助。而且，上述三个专题研究所分别就中国经济的发展、法律完善、日本企业，派出了3名学者、研究者来参加会议、撰写论文。在小组讨论会上，请与会各位提出问题，研究报告会上预定回答6个人的提问。

正如大家所知，中国自1978年以来，实施改革开放政策已32年。中国每年经济增长达10%，结果发展成为区域性、国际性的经济大国。我们有必要探讨中国经济的发展及结构、经济发展的"必经曲折"或是"弊端"等课题，以此来分析今后中国的经济能否会持续发展，中国在国际舞台上将发挥怎样的作用。

一方面，伴随着中国经济的快速发展，对产业高度化和企业现代化提出了更高的要求。由于市场经济，特别是社会主义市场经济的推进，中国所要进行的具有中国特色的社会主义建设是否能顺利进行。这是一个重要课题。中国能稳步地推进社会主义现代化吗？重要在于与此相伴的法律解释，或者说如何构筑法律体系。中国有个说法叫"上有政策，下有对策"。中国的法律缺乏一贯性，总在来回变动。所以，外国人或是外国投资者感到不知所措，不知实际情况发生了怎样的变化。随着时代的变迁，这些是否得到了改观。因此，分析中国法律体制的实情、中国法律的特殊性、法律体系及制度的改革等，成为紧要的课题。

另一方面，外国企业，特别是日资企业进入中国令人瞩目。2008年日本对中国直接投资的实行额为923.95亿美元。现在，进入中国的日资企业上升到10788家。在企业类别上，以制造业居多，为4546家，占总数的42%。从企业规模上看，资金在1000万以上、未满5000万的中小企业有5538家，超过了半数。这些日系企业要直接面对中国租金高涨、外资企业员工加入保险、中国政府撤销对外资企业的优惠政策等问题。日资企业将如何生存、日资企业将如何定位、现阶段在中国的日资企业实际情况如何以及日资企业如何掌握在中国的企业战略，这些已成为重要的课题。

以上三个课题，即：在严峻的国际经济环境中，中国经济的发展与展望；以现代化社会为目标的中国的法律完善及法律体系的改革；日资企业的事业开展及发展展望这三个专题，这也是研究所需要齐心合力进行探讨的地方。

以上简单地向大家介绍了此次综合研究机构研究报告会的主旨。谢谢！（鼓掌）

主持人：非常感谢。

报　告

滨胜彦

（创价大学名誉教授、社团法人中国研究所理事长）

主持人：接下来，应将麦克风交给本日的大会主持人，社团法人中国研究所理事长滨胜彦先生了，请大家聆听滨先生的个人经历以及关于演讲者的安排，那么现在就拜托滨先生了。

滨胜彦：大家好！请允许自我介绍一下，我是中国研究所理事长滨胜彦，今天接受委派，由我来担任大会主持人。

有关我的经历，我想还是请大家看资料比较好。我曾在亚洲经济研究所及创价大学工作过，现在担任中国研究所理事长。研究的题目是跟随改革开放时期的近代化过程分析中国现状。

想必大家先前在林华生教授所说的内容里已经了解到，今天有9位先生要发言，今天的资料已经装入我身边的信封里，绿色的是论文主旨，其他内容装入了白色的别册中。那么请按照顺序进行，对非常大的题目每个人用时1小时、2小时，对待其他不需要很长时间的问题只能用20分钟来进行报告，所以我认为主持人的使命还是比较重要的。

　　因此，分别限定20分钟，请集中介绍报告的要点。有关详细内容，请参考已派发到大家面前的资料。

　　接下来，即将发放我手头的提问用纸和调查问卷，请大家在休息，或者在离开的时候，放进回收箱中。另外，结束时在大隈纪念塔安排宴会，请届时参加。

　　下面让我们抓紧时间开始第1个报告，请林华生教授作报告。［以下依次为，林华生、谷口诚、杜进、小口彦太、王云海、但见亮。（林华生、谷口诚、杜进、小口彦太、王云海、但见亮的报告内容请参照本书第一部分、第二部分及第三部分论文）］

小组讨论会

主持　林华生（早稻田大学教授）

小组名单：小口彦太（早稻田大学教授）、白木三秀（早稻田大学教授）、谷口诚（岩手县立大学教授）、滨胜彦（社团法人中国研究所理事长）、木下俊彦（原早稻田大学教授）、杜进（拓殖大学教授）

主持人（林）：我们现在开始吧，到场的各位先生有许多内容想要提问，小组讨论会时间是45分钟。因为有6位先生参加发言，1人7分钟，将其分开二次，必须用2、3分钟简洁回答，在最后我想再用1分钟的时间进行总结陈述。

大家提出了各种各样的问题，特别是对谷口先生的提问比较集中，我认为原因有两个。一个是谷口先生的讲演（参照本书第一部分第2章）是具有挑战性的；另一个是，即使不是尊老日，大概可能有尊敬年长者的意思，所以提问比较多。但是请只回答两个问题，先前的提问内容已经告诉您了，请先做考虑。

按照顺序，请从小口先生开始。小口先生刚刚的报告（参考本书第三部分第1章）内容非常具体严谨，提及了非常宏观的问题。首先对伴随着计划经济向市场经济转型的中国，法律的体系以及法律的完善是否顺利地推进提出了疑问，另一点则是在中国近代化社会形成的过程中，对能否实现法律体系的再编制或者说是再构造提出了问题。请稍后进行解答。

接下来要拜托白木先生。对应策略一的当地人才调动管理的因素，职场环境的保健要素等，能否稍稍对我们详细说明一下。另外一个问题是，中国的制造业高成本构造，生产性低下的观点，台湾系的大型企业，EMS等向中国大陆转移，能否有助于改善这一现象。与此相关的问题是，与欧美企业相比，日本企业能否实现本土化，请一定向我们讲讲您的观点。因为有两三个问题，请老师根据自己的时间调整回答。

关于谷口先生的提问，第一个问题是中国人口预计在2030年达到14亿5千万人这个峰值后转为减少，可是印度的人口还在持续增加，预测在2050年会达到17亿人口。印度经济的影响力扩大后，中国的经济还有没有可能实现可持续发展。

第二个问题是，中国永远也追不上美国，中国所发布的数字有水分不能相信，另外有人认为中国不是任何时候都能实现高增长的，会在何时以何种方式终结高增长呢？

果然还是环境问题最为重要。

首先，请回答这两个问题。

其次是滨先生。这次的研究成果报告会上您并没有发表论文，但是与滨先生专业相关的、最近成为热点的"北京共识"，您又是如何评价的呢？请给我们说明一下。

另外一问是中国作为一个大国，而且又是发展中国家，中国经济的发展模式今后能否成为亚洲太平洋地区的发展中国家一个参考的典范，请您回答一下这个问题。

接下来是有关木下先生专业的问题。第一个问题是，美国低利率造成资金的大量供给，美国的政策对中国经济会造成怎样的影响。

这里有很多相关问题，现在，关于货币贬值的竞争正在激烈地展开，日元急速地增强。对于人民币，欧美诸国也好日本也好都同样向中国施加压力，目的就是敦促人民币的升值。另外，欧洲等许多国家，纷纷让货币贬值以促进出口，关于货币贬值的竞争您是如何看待的。

最后有关于杜进先生的提问有很多。例如，由于物价上涨，房地产价格上涨，利息的上调成为热门话题。房地产价格的上涨，人民币的升值，这些都是由于大量热钱的涌入所带来的后果，中国对此会采取何种对策。

另外对白木先生还有一个问题，在这里顺便提一下，白木先生提出的日系企业全球化模式是否已经发生了变化了呢。另外一个问题是小口先生的。听说在中国没有继承税，一旦引入是否会遇到障碍等的提问。对我也有几个提问，比如，印度尼西亚、马来西亚等华人资本，对北京共识的"别动队"有没有戒备感的提问。然后华人企业对中国的转移从沿海地区、经济特区向西部经济开发区、内陆地区等地方转移等各种提问。如果有时间我想概括地说明解释，如果时间比较紧张的话，就请原谅忽略对我的提问。

那么如前面所讲的那样,1个问题两三分钟。请按照顺序回答，首先是小口先生。

小口：有关对我的提问，我是这样理解的，一是关于中国法律的完善状况，其次是法律体系再构造的状况，然后是继承税，这3个问题，我将依次回答。事实上因为我没有接触过有关税法方面的知识，实在抱歉，但是有一点，我认为继承税在中国很难适用，不如说原本家庭内部的财产关系是和权利义务关系有着相关性的，有关这方面是没有明确规定的。比如夫妇和子女通过劳动所得的财产，对于这部分财产，究竟所有者是谁。另一方面也存在这样讨论，都可以被认为是家庭每个成员私有的（份额所有——小口补充）。但是总的来讲，因为抓住了其家庭财产所谓共同所有的观点，这样的话，如果这个期间家庭的一个成员死亡时，清算自己的财产关系并没有出现继承现象，将会被视为家产分割，因为有这个情况，所以我不能够回答以上有关继承的问题。

我将对有关法律的完善状况进行说明，我认为，实际上中国法律已经基本完善了。例如中国的合同法，我认为这是市场经济化的主要法规，中国的统一合同法于1999年制定，日本的合同法是民法典的一部分，是一个世纪前的19世纪末制定的，因此，可以说日本的合同法已经进入了修改阶段。其修改的决定方向为中国的合同法。也就是说，中国的合同法是极为先进的了，是借鉴了20世纪各种各样先进的法律形式制定的。因此我认为，这样看来中国的法律完善状况已经取得了很大进展了。但是其是否取得了实际的操作却是另外的话题了，我只能回答在立法方面中国已经做得十分出色了。

但问题是，这样制定的法律，在立法方面确实做到了完善，我们可以认为各种法律的体系被认真地制定出来了，但其中仍有很大的疑问，就是法和法之间的相互关系出现了矛盾，有各种各样的情况。比如举两个例子，在给对方造成伤害时，必须对损害进行赔偿。作为请求赔偿损害的理由，规定加害者的一方根据故意过失、不注意过失的过错程度，必须担负赔偿损害的责任，另外，尽管加害者一方没有过失，根据双方当事人关系，加害方造成的一定财产上的责任，另行规定也应该承担赔偿。这在理论上是矛盾的。像这样的规定还有很多。这样看来，应根据每个事件当事人的关系或者财产状况来分别使用了。这样的情况在日本是不存在的。

举另外一个例子，这涉及到制造业的产品责任问题。产品责任由生产商一方的欠缺引起事故时，被害者一方首先必须对损害进行举证。举证后生产商一方如果对损害有正当理由说明时，由生产商一方拿出证据来证明此次的事故可以免责。也就是谁主张谁举证的原则。这一点同样也是矛盾的。矛盾的地方在于，消费者一方往往是缺乏专业知识的，这时候对损害进行举证的消费者相比较生产商一方而言肯定是劣势的。各个案件是由当事者关系、能力关系、知识面等综合决定的，正因如此，应该如何把握呢？这是非常难以理解，难以预见的问题。另一方面，虽然有非常具体甚至说是很好的方法，但是对于法的体系性或者与法律体系的再构建来说又有怎样的关系，如果思考起来的话会感觉是同一个道理，也不能突然就说这个方法更好。但是，作为21世纪的大致方向，我认为恐怕法律还是会按照中国式的方向发展的。我的回答就是这些。

主持人（林）：下面请白木先生发言。

白木：我这里有四个问题，如果按林先生给出的排序，不便清楚地说明。因此，请允许我变换一下问题的排序。问题一：我说构成积极性的要素有两个，大家想要我对此作出说明。问题二：如何评价当地化？问题三：现在全球体制模式是否在变化？问题四：如何理解EMS及台湾系的中国EMS？以上四个问题，前三个问题大体上有所关联，因此，我想归纳这三个问题，一并作出回答。

首先就人才的积极性因素来讲，这对学习过赫兹伯格双因素理论的人而言是班门弄斧，但对初次听到的人来说，却有约100万日元的价值。特别是对经营企业、拥有下属的人来说。有两方面，在我的能力要点第10页中，只谈到项目，因此可能不太好理解。赫兹伯格双因素理论对积极性因素的贡献是，是那个人认为好才做的，并非将一切都与积极性联系在一起。这里分为两种类型，一种是保健要素，也就是日语讲的保健要因。例如：是否与其本人的经营方针一致？职场环境如何？是否有良好的上司同僚关系？工资水平是否还可以？这些均列入保健要素。例如：职员食堂的伙食怎样？这并不是说伙食好，积极性因素就会上升。或者是工资水平与其他相比是否逊色？并不是工资不逊色，积极性因素就会逐渐上升，积极性因素不是随着工资的升高也相应升高的。即使这些要因再好，也与积极性因素无关。但是，一旦欠缺这些要因，积极性因素就会无限大地下降。在职场上，人与人的关系也是如此。如果说职场中人际关系良好，就会说好是应该的，职场环境好也是理所当然的事。如果这些不好，积极性因素就会无限下降，这就是保健要素。对此，在我的能力要点第10页里有所提到。1、2、3所说的是推动保健因素，这些做得好就会成为积极性因素上升的要因。在这里，我潦草地将其分为三点：工作是否有意思？所做的工作是否得到正当的评价？将来的发展预期怎样？我认为从大范围上可以分为这三点。

越是准确地做好这些，就越能相应地提升积极性因素，提出此言的是赫兹伯格。积极性因素分为两类。大家误认为，想办法多致力于保健要素，积极性因素就会上升。但问题是，谁也没意识到如果忘记了保健要素，积极性因素就会无限地下降。这是对第1个问题的说明。

与此相关联的是评价当地化的问题。常常是一提到当地化，人们就会议论日本派遣者的比例是多还是少？是高还是低？我认为这是错误的，完全没有必要考虑这些。如果说完全这样，有些过分，但有些地方派人去是浪费。即使在同一企业中，由于业务不同，派遣者的比例也完全不同。我以前在德国的西门子工厂见过他们的公司。在马来西亚和新加坡，德国人派遣者的比例是0.02%和11%，相差如此之大。其原因是根据业务开展的情况而定。那么，有多少业务部与此有关呢？在新加坡有十几个业务部参与，所有人都是从业务部派来的。而在马来西亚，因只对一个半导体部门有投资，所以，派遣者的比例非常低，只有0.02%。我明白你们提出当地化这一问题的意思，但它确实与派遣者的比例没有太大关系。近四五年来有这样的动向，比如，日本的企业在日本录用留学生，或者是去中国大量采用中国的大学生，现在有这样的变化。能否在使用过程中，让他们一直很好地保持积极性？他们能否作为骨干要素保留下来？能否形成一种制度？应该考虑，这些才是当地化的实质问题。

第三个全球组织机构模式的问题。我对刚才的介绍做以下说明，也许你们是想问：是否从全球形式向跨国的或者是国际化变化？按我的模式来讲，是否在从两国籍形式向多国籍形式靠拢？我想这有一个逐渐变化的过程，不会那么快地变化，要一点一点地变。但是，对刚才讲到的人才使用方法来说，这种制度会得到怎样的变化？有可能在实施过程中向我所说的方向变化。

最后第四个是EMS的问题。EMS是 Electronics Manufacturing

System 的意思。总体来说是，只将制造部门委托给他们的形式。例如：听说中国的台湾企业在南方雇用了数十万人，我没去过。另外，在这次的雷曼事件中，数十万人中有 5 万到 10 万人被解雇，并转移至其他地方。这是迄今为止的雇用典范和商业典范，但其也有不太好的一面。昨天，有议论说发生了工人自杀和劳资纠纷事件。听说在南方发生了很多自杀事件，这已在中国成为一个话题，说的是富士康的问题。

因而，如果说这作为一种商业模式，能否很好地发展下去？有能发展下去的情况，也有不能发展下去的情况。从严格意义上来讲，如果工资低廉，只是单纯地劳动，这可以作为一种典范。但实际上，有时候这里面还夹杂着心理问题及各种各样的问题。我认为，在其他方面，其有所欠缺。以上是我个人的想法。回答完毕。

司仪（林）：下面有请谷口先生。

谷口：谢谢！第一个问题是中国和印度的情况，这在国际经济中也是一个大问题。在人口问题上令人惊讶的是：中国人口恐怕不会达到 15 亿，联合国的调查也是如此。对为何会如此，也做了广泛的研讨，也许是独生子女政策及老龄化、少子化造成的。另外，我认为环境问题也是个大问题。在人类的成长方面，虽不能宣扬说由于环境、特别是水的污染，男性的精子活力及精子增殖力有所下降。之所以这样说，是因为据说大的鲸鱼、鲨鱼、大鱼，或是动物也因为汞、水银，增殖力有了惊人的下降。基于这个例子，某法国人类学者提出了这个问题，称由于水污染等环境问题，恐怕中国人口的极限是14亿数千万人。

我认为，与此相比，今后将发生人口问题的倒是印度和非洲。印度有一般的世袭阶级制度，贫困状态等将比中国持续的时间要长。据OECD的调查，预测于2020年，中国生活水平在每天2美元以下的人口会完全消失。而印度恐怕会持续到永久，这对印度是个非常不好的消息，但OECD作出的预测就是这样的。

虽然有些讽刺，但有人说：优秀的经济学者越多，经济就越搞不好。印度具有获得诺贝尔经济学奖的优秀人才，现任总理曼莫汉·辛格曾是牛津大学的高级经济学家。有这些人在，经济却没有搞好。正如凯因斯所说，优秀的经济学家聚集在一起，意见会各不相同，因此，难以确立经济政策。印度是民主主义国家，在经济政策的制定上，恐怕还是共产党领导的中国要容易一些。

第二个问题是也许中国追赶不上美国。美国诺贝尔经济学奖获得者保罗·克鲁格曼（Paul Krugman）在1994年所写的外交事务书籍《东亚经济的神话》中写到：无论中国如何努力也超不过美国。日本也认为这是理所当然的事情。Total Factors Productivity（全要素生产性）也只是停留在教育的层面，没有科学技术，经济就不能获得真正意义上的发展。不过我认为，在GDP的高低方面，大概人口众多的中国很有可能超过美国的GDP。但是，问题在于实质。依然是Total Factors Productivity的问题，GDP高是否经济实质就好，我认为这是另外一个问题。

特别是在中国，正如1800年OECD的安格斯·麦迪森（Angus Maddison）所提出的那样，1800年中国占世界GDP的30%，现在，也许再过20年，中国有可能成为世界GDP最高的国家。所以，从1800年开始，经过了250年，或是230年，中国又回到了原来的GDP。这是历史上从未有过的。如果真能如此，那太了不起了。中国能否做到这些，正如我刚才所说的，这关系到中国将如何解决环境问题以及如何培养人才的问题。这属于科学技术的问题吧。中国在科学技术方面，有很多团队在付出着惊人的努力。他们认为，在美国的《自然》杂志上用英文发表文章会有存在感，反之用中文写就不行了。日本的学者们不太在意这些，因为，与用英文写文章相比，日本的学会中大多都使用日语。好像中国的学者们认为，只要用中文发表文章，将来就不会有什么发展前途。社会科学院的人员中想在《自然》上发表论文的积极性很高。我想，也许再过10年、20年、30年，科学技术水平会得到提高。我还是认为，中国如果以军事大国为目标的话，会受到世界的孤立。在中国历史上，受到海外广泛赞誉的也就是其以文化立国，文化最为繁荣的那段时期。大国的真正意义不在于军事，也不仅限于经济。我认为，作为一个文化国家，中国在历史上曾被世界尊敬，那时是中国文化发展的时期。谢谢！

司仪（林）：下面有请滨先生。

滨：林华生先生，我没有做报告，感谢您还特意给了我题目。

在今天的讨论中完全没有涉及到的是：现在中国经常讨论的

是将中国作为一种模式的北京共识，以及今后这种中国模式将成为发展中国家的典范。北京共识的说法，是在2004年由原《时代周刊》的记者、基辛格智囊团的拉莫提出的，相当于所谓的"华盛顿共识"。即：将当时对抗并无视IMF、世银的附加条件，实行中国自己的经济政策等，统称为北京共识。这是外界的一个评价，但是，在对此的各种议论中，有人认为，不能勉强照搬华盛顿共识的经济政策模式，要按中国的模式进行。因此，这就是现在所议论的中国模式。对此，大体上有两种考虑：一是现在中国共产党政府实行的是中国式的社会主义发展模式，这就是所谓的中国模式，是提供给发展中国家的模式。

另外一种是，中国汇总在改革开放过程中实际实施的政策，在广泛意义上构筑中国模式，并对此进行研究。经过各种考虑，中国共产党政府采取的立场是：现在并不喜欢中国模式这一宣传。也就是说，中国要作为一个典范，还存在着很多问题。中国如果成为一个典范，就会被要求对国际做出更大的贡献。因而，重要的是中国不要说大话，而是一个一个地解决现实中的问题。但是不管怎样，典范归典范，我认为中国的经济学者，或者是中国的学者应该对此静下心来研究，这样才会对中国有所帮助。

总之，有很多种议论。在世界上，中国在现行体制下信心愈发强大，但其还有很多现实问题。我认为，中国现处于上下评价不均衡、国内外对其评价褒贬不一的状态之中。

司仪（林）：谢谢！下面继续。

木下：本来大家给我提出了一个问题，我不该发言两次，但请给我7分钟来回答问题。原本我没想再发言，但因有人问了一个稍难的问题：关于美国现在的金融政策问题。所谓monetary easing（超金融缓和）就是不断地印钞票，随着印钞票，将经济……

司仪（林）：我想请问木下先生另外一个问题。中国北京、上海等利用经济开发区的铁路，形成北方亚洲循环路线，而且计划修建从唐山到天津、北京、蒙古的铁路。他们对改善通货膨胀的态度到底是怎样的呢？虽然这个问题有些专业，如您能解答，我很幸运。

木下：您所提到的通货膨胀问题，刚才杜进先生已经讲了。但如时间允许，我愿讲讲。前面的问题非常复杂，所以我想对此做一解释。美国的monetary easing是否会对中国现在的经济造成不良影响？其次，美国要求中国升值人民币是否妥当？最后，今后该如何应对这一问题？对此，我讲一下自己的意见。

第一，美国现在实行monetary easing，如果问这个政策是否妥当，我认为很容易就能得出不妥当的答案。但是，如果说为什么事态发展至此？我认为这与雷曼事件后，G20在华盛顿召开的会议上决定以30年代相同经验为戒有很大的关系。30年代中，为了紧缩财政和金融，实施了"区域经济"。如今一致认为，此次绝对不能那样干，要最大限度地利用财政和金融，以此来避免重现30年代的情形。美国也放缓了财政、金融，其后也未被发现实施

"出口战略"。就是由于经济不能好转，不仅是"出口"，还以缓和金融的形式，从实质上降低美元。

那么，由于美国的做法完全不对，是否一定要让他停下来呢？我认为，大方向上不一定非要那么做。要求它今天、明天必须改正，这不仅不适合美国，对世界也不利。善有善报、恶有恶报。从50年代开始，而且近20年间，结果美国——后来考虑是错误的——世界经济是依存于"过度消费"而发展的。日本也是如此，中国也是如此。欧洲因区域内市场庞大，情况有所不同。韩国、ASEAN各国都是依靠过度消费而发展起来的。

因而，现在让美国完全转换方向，实行完全相反的做法会怎样呢？在中期选举中，Tea Party获胜。正如Tea Party所说，当政府说什么都不要做（适合小政府）的时候，正是很容易出现30年代那样超通货紧缩的情况，整个世界将极不景气，很容易形成哪个国家都不让进口。中国是高增长国家，也许多少会进口一些。但是，考虑到美国的高级品市场对几乎崩溃的世界经济的不利影响，美国还是不要一下子改变政策，最好是循序渐进地进行。这是第一点。

第二点是人民币升值的压力。如果说现在美国的政策是否给中国经济带来了不利影响，对此能作出明确的回答：是。为此，中国政府出台了应对热钱流入的对策。钱不断地流入，如此一来，人民币汇率迟早要上升。但无论怎样控制，人很聪明，会用各种方法将钱带入。这些热钱会加速泡沫的形成。

另一方面，美国提出要人民币升值。那么，如果人民币升值，就会像美国期待的那样，能减少美国贸易、经常收支赤字吗？不可能。经济学人士最清楚，据此不能减少赤字。美国的经常收支赤字是否能减少，是由美国的消费和储蓄的关系来决定的，不增加纯储蓄就不能减少赤字。如果人民币汇率上升了，美国的经常收支并未得到改善，反而中国将过去出口给美国等国家的一部分产品，出口给泰国、马来西亚、越南、印度、印度尼西亚，这些国家反倒高兴了。

如此看来，这并不能改善美国的经常收支。

关于中国经济的现状，刚才杜进先生已经讲得非常deep thought了。正如他所说，通货膨胀有所上升。有议论每年4%多是否算高？与存款利息相比较，实际上是负利息，中国人认为高了。另外，泡沫问题。住宅价格的上升率达到百分之多少这一数字，是不动产关系团体得出的，与实际完全不符。实际情况比发表的数字要高。特别是沿海地区及海南岛，已达到了相当高的水平，一般人已渐渐买不起新住宅了。

另一个问题，据说在雷曼事件后，4兆元的财政支出获得成功。但同时，相当于其几倍的资金被地方政府作为投资公司的保证金并逐渐交由银行来进行融资，其融资的潜在不良债权涉及金额巨大。因而，中国政府为了不凸显这些问题，必须实行软着陆，既不能让泡沫完全崩溃，也不能让情况继续恶化。在这种非常微妙的状态中，人民币汇率是否必须上升成为一个政策课题。而且，在尚未作出决定之际，热钱进一步流入，我认为对这种状况下的中国经济，我们应给予适当的理解。

归根结底，决定人民币是否升值的是中国人民，而非其他国家。但是，应该考虑的是，今后要将中国的经济结构转移到靠内需来指导，并不是说人民币便宜就不能转变为内需指导结构。随着人民币的逐渐升值，按内需指向，有可能从过度的劳动密集型出口产业中脱离出来。另外，中国人向海外投资时，因人民币强势，可以降低投资率，还有，海外旅行也便宜。留学生的话，如果靠父母寄钱也能便宜一些。这样看，升值的好处很多。

是否忘记了好的一面，或者是大家都不好说。在与杰出的中国学者个人会面时，他们都说会升值，但在公开场合就不好说了。我认为，这其中问题很大。因此，在中国国内应该讨论一下升值的利弊，然后决定该如何去做。

第三个论点，这也是杜进先生讲过的，必须学习日本的经验，我完全赞同。只是中国稍稍误解了日本的经验。中国误解为日本是屈服于美国的压力而逐渐使日币升值，造成了"迷失的10~20年"。因此，有很多人主张，中国要挺直腰杆，决不让人民币升值。这是非常错误的。本来，自己国家的生产性逐渐上升，国家的通货变强，这对国家来说是最好的事情。在通货变弱的国家中，没有一个像样儿的国家。如果说战后通货变强的国家，只有三个，日本、德国和瑞士。这三个国家的生产性逐渐上升，通货变强。因此，国民也变得非常富足起来。

中国的情况是，国家的生产性TFP（全要素生产性）每年上升3%或4%。测算生产性的方法很多，也许劳动生产性低，但国家的TFP与日本1%以下的年率相比要高得多。虽然不知道美国的TFP数字，但现在已经很低了。TFP每年上升到了3%~4%，而人民币汇率却不上升，我认为这对中国并不好，对其他国家也不利。

日本在1971年以前，1美元兑换360日元，1985年市场协议时1美元兑换230日元，现在是80日元，与360日元相比是4倍。另外，与230日元相比，也达到了3倍以上。所谓3倍或是4倍，就相当于将现在中国1美元兑换6.4元人民币变为1美元兑换2元或是1.7元的水平。世界上谁也不会要求中国这样做，而日本就这样升值了。为什么会这样？是错误地采取了财政、金融政策，使得经济落入通货紧缩等种种原因。我认为不应只单纯地认为是日本屈从于美国的压力。我想，我们日本的研究者是想清楚地告诉中国的研究者及政策决定者：日本的经验其实是上述这样的。

归根结底，没有一个如此便可全盘解决的处方。

司仪（林）：感谢木下先生。

木下：我马上讲完，如果没有按处方可一举解决问题的方法，那么，需要约3年到5年的时间，人民币才能逐渐升值。为此，我觉得G20上讨论的将各国经常收支的赤字，或者是盈余与GDP的比率订一个目标，这样是比较合理的。我的话讲完了。

司仪（林）：下面有请杜进先生（参照本书第一部分第3章）。

杜：我尽可能说得简短些。人民币问题涉及到国际经济、国际政治、国际法等诸多方面。今天，我仅从经济的侧面来讲一讲。恐怕下面的三个问题是最重要的。首先是人民币是否被过低评价的问题。第二个问题是，如果真是被过低评价了的话，其程度是多少？要达到适当的程度，人民币将必须升值多少？第三个问题是，如果人民币升值，中国能否实现国际收支的平衡？

对这三个问题，我的回答如下：对第一个人民币是否被过低评价的问题，我的回答是Probably，也许是这样。第二个问题低估多少？我的回答是I don't know，不知道。因为，就算出所谓"适当的"比率的方法，在研究者中间尚未得出一致的意见，有各种各样的测算方法。有测算认为过低评价了30%以上。另一方面，也有测算认为过高评价了人民币。对于第三个问题，升值是否有助于纠正中国的对外不均衡？我的回答只有I'm not sure，说不准。对外不均衡是由各种原因造成的，汇率只不过是其中之一。正如日本的经验所示，通货的增值不一定导致经常收支盈余的削减。

但并不是说中国的外汇制度没有必要改革、可以维持人民币汇率的现状。伴随着经济发展而人民币升值对中国有利，向更有效融通的外汇制度发展有利于经济政策的安定化和经济构造的高度化。问题是改革的方法和时机。我认为在进行人民币改革方面，有以下四个任选答案。其中之一是采用以美元为标准，固定对美元的名义汇率的方法，这非常有利于维护中国的商业环境和国际竞争力。但其缺点是国际社会恐怕不会同意，来自国外的压力会越来越强。而且，正如我在前面的报告中也提到的那样，国内金融政策的运营会变得非常困难。

第二个选择答案是，实际上从2005年下半年至2008年10月实行的制度，因国际金融危机爆发而一度中止。今年6月再次恢复的"管理下的变动行情制"是一种容许外汇汇率小幅变动，逐渐提升人民币汇率的做法。对中国政府来说，减轻由于外汇汇率的变动而产生的不确定性，特别是减轻银行风险、企业风险等，将对风险的管理控制在可能的范围之内。这也向国际社会显示了中国致力于外汇制度改革的姿态。但问题是，想急于实行人民币大幅升值的美国等国家，是否能接受这种做法。

第三个选择答案是，中国政府不介入外国外汇市场，将人民币的汇率决定完全委托给市场交易。但是，这恐怕会像木下先生所讲的那样，人民币汇率会一下子发生数倍的大变动，会对中国经济产生极大的不利影响。政府可以逃脱外汇汇率安定化的重责，但出口产业和金融机关将背负极大的风险，整个经济将不得不面对这种不确定性。

第四个选择答案是，如美国的智囊机构和一部分国际机构的研究者所提出的改革方法那样。首先将中国人民币汇率大幅提升，其后，让其慢慢地自由化。例如：如果有人主张必须将人民币从25%提升到40%，中国政府就选择一下子将人民币升值50%这种"极度做法"的话，市场就会作出"人民币升值幅度过大"的判断。因此，即使政府不介入，人民币汇率也会下降，逐渐取得均衡后而稳定下来。当然，这种"分两个阶段改革"的效果"必须实行后才能得知"。我认为，这一定伴随着巨大的风险。

从中国政府政策运营的出发点来看，我认为，在这四个任选答案中，最有可能选择第二个答案。问题是，即使说逐渐地升值，将基准定在哪里？每年升值多少？如木下先生所说，中国的劳动生产性与美国的劳动生产性相差一个标准，恐怕在5%~7%左右。实际上，从2005年至2008年大约就是这个上升幅度。今年是从7月开始升值的，年率也许要达到5%~7%的幅度。但是，市场却预期更大的上升幅度。决不能说年上升5%~7%是低增率。如何调控伺机等待人民币升值的热钱流入是一大政策课题。恐怕难免实行对脆弱的流入资本征税等资本管理。总之，在外汇制度改革中，没有无瑕疵的完美的方法。我认为，在各种任选方案中，中国政府可能会选择第二个方案。

司仪（林）：谢谢！如我们最初讲好的那样，再强调一下，在今天的报告会上，如有想从自己的研究领域发出呼吁的请发言。首先，从小口先生开始。

小口：无论怎样，请大家也关注法律，就讲这些。

白木：我这里算不上发言，梅泽先生在发言中提到过去日本派遣者的作用很大，我想其主要原因之一在于过去海外勤务的年限。现在是否能稍微修改一下，每次3、4年左右。如果长时间的话，可以分几次前往。不可能每年都去，可以隔几年再去。这样改变一下，会让人觉得年轻时的海外勤务是很重要的。如果说什么是年轻时期重要的事情，我想大概分为两个，一个是根据自己的能力，能够从事与自己能力相适应的工作。或者是与自己的实际情况不相符，或者是能够明白国家将你放在了什么位置。第二个是与不同文化的整体接触、对应能力。这些需要在年轻时培养。基于上述二点，如前面所说的海外赴任者的年龄也许应该在40多岁，我认为那个时候是最好的。就讲这些。

司仪（林）：下面请继续，有请谷口先生。

谷口：我说一句。听了今天的讨论，我感觉几乎没有对中国，特别是对今后日本如何与大踏步前进的中国共存这方面的议论。我还是认为，日本具有很好的东西，一切都照搬美国，沿袭它的体系而发展这种概念有点过分。我们来看中国的做法，1995年我从OECD去中国，了解了那时人民银行的金融水平，现在10年过去了，再来看一下，他们的知识有了难以想像的增长。呼吁那些有美国经验的优秀人士、学者来学习一下。真的感觉日本在这方面的研究是迟缓的，学习得慢了些。我认为，有必要向美国学习，但更有必要学习中国，特别是亚洲的快速发展中国家的各种经验。我们是亚洲最大的先进国家，但认为我们是新锐的先进国的时代已经过去了。我想，今后如何修正这种想法在今天的研讨会上显得重要起来。就讲这些了。谢谢大家！

滨：听了今天的报告，其中第二部中国的经济发展与法律制度的报告是我以前很少有机会能听到的，所以，从中学到了很多东西。今后，还请大力开展研究，并请务必积极出版成书。

司仪（林）：木下先生，请您讲讲。

木下：刚才有些超时了。林先生让我讲讲通货膨胀的问题，我想就此简单地说一下。可能由于中国的通货膨胀来得比较晚，近年来涌现了数量庞大的高铁工程。但从日本的经验来看，如果不断地修建高速铁路，地方会发展，东京也会发展。如此一来，周边会被东京吸附殆尽。也就是说，相反会引发过疏化。这点请不要忘记。而且在这过程中，乘数效果会逐渐下降。因而在实施前要做好经济计算工作，不弄清是否真正有利，建起铁路后，虽是增加了工作机会，大家都很高兴，但我想会给今后的财政带来问题。就讲这些。

杜：在美国似乎有中国专家和中国行家之分。专家是指精通某个领域，而行家是指对中国全盘了解的研究者。我认为，在考虑中国经济的发展方向时，应不只局限于国内经济，还必须要综合理解与国外的关系以及法律、社会、企业等。因此，我想同大家一起努力成为中国行家。

司仪（林）：已经超过时间了。我也想过是否中途停止，但是，看到学者先生们如此热情，详细地回答提问，就将原定的时间延长了。

如果能再次召开今天这样的研究会，我想会给各位先生充分的讨论机会。今天的到会者都学到了很多东西。今天的报告会到此结束。最后，请谷口先生对今天的报告会做总结并致闭幕词。

闭幕词

谷口诚

（原岩手县立大学校长）

承蒙各位热情的参与，今天的讲演会开得很精彩。在这种天气中，虽然很辛苦，但大家还是秉灯研讨，热心地聆听发言，理解讨论内容，提出精彩的问题。会议开得很成功。

我虽然不是早稻田大学出身，但我很喜爱早稻田大学。去中国时，与我所毕业的学校相比，如果我说是早稻田大学的，特别是亚洲太平洋研究中心的，就会得到大家的好评，受到大家的欢迎。我虽然不是中国问题专家，但与深入地探索中国问题相比，我更重视从今后日本该如何发展这一角度来考虑日中关系。到了我这个年龄，已无私无欲，心里只想着如何教育好年青一代。于是，我在岩手县成立了新渡户国际补习班，并请来了木下先生。我认为日本今后如何培养人才是个关系到日本未来的问题。过去，我曾在外务省供职，就连OECD都在讲，现在已不是欧美时代了，亚洲的时代已经来临。21世纪亚洲将飞速发展，我认为，那时日本所起的作用将是巨大的。让我们更加充满信心地努力吧！特别是对中国的飞速发展，我们不应嫉妒，而是应该考虑如何向中国转移技术，在环境问题上如何与其合作，我认为这些对今后日本的生存非常重要。正如大家所了解的那样，2007年中国的二氧化碳排放量已超过美国，成为世界第一。OECD的IEA估计，到2030年恐怕中国的二氧化碳排放量将超过美国的两倍，同时敲响了二氧化碳对人体更加危险的警钟。此时，我们应毫不吝惜地向中国传授日本所掌握的技术，我认为日本此举不只是为今后的日中关系做贡献，更是对亚洲甚至是世界做贡献。

我认为日本应用更加宽阔的视野来看问题。

例如中国的南水北调问题，我刚听说时也是被吓了一跳。那时，所有的日本环境问题学者都认为此举荒唐。但是，中国果真开始修建3条从长江到黄河的运河。见此，我们不禁感叹还是中国厉害，感到中国不愧是个历史悠久的国家。当然，对此日本也想进行合作，西部大开发也是如此。日本的作用很重要，这点美国不能取代，欧美也不能取代。例如：1995年我代表OECD去会见前总理李鹏时，他曾说OECD只是讲大道理，就是不出钱。但我还是认为，对中国来说，解决环境问题或是改善环境问题，关键不在钱上，重要的是中国自身要制定相应的政策。

OECD曾讲polluter pays principle，即不断进步的人类要对国家负起责任，要有改善环境的意识。这叫做PPP，第二年中国就在李鹏总理签署的文件上规定中国PPP，这就是针对环境问题的

政策。从这点上来看，中国作出了出色且快速的转变，看样子对
环境的治理还会陆续出台很多规则。但是，这些规则在多大程度
上能不能够得到遵守，那就要看中国国民是否能真正地从自我做
起保护环境了。我认为日本有必要对此不辞辛苦地努力下去。

今天在各个方面确实学到很多东西。第一部分是经济，第二
部分是法律、法律制度，第三部分是日本的企业。将这三部分综
合起来很困难，但在今天的圆桌会议上我们取得了一致的意见，
可见对于中国来讲法律完善是何等的重要。我过去一直只搞经济，
在今天的研讨会上，让我受益最深的是法律完善问题。今后中国
将会如何，他们也在认真研究中。我认为就中国的法律完善问
题，我们有必要进一步研究下去。就上述问题我今天随便讲了很
多，希望我们大家今后相互合作，为亚洲、为世界而努力下去。
谢谢！（鼓掌）

后　记

林华生

（早稻田大学亚洲太平洋研究院教授）

　　东日本大地震，不只是日本的悲剧，也是世界的悲剧。由地震、海啸、放射性物质污染构成的这场大灾难，给国内外带来了严重影响。在这场大震灾中，死亡1万7404人，失踪1万零969人，避难者为12万6372人（2011年5月1日下午4点至今）。《中国经济发展的必经之路》这本书是在东日本大地震前企划、震后出版的。在此，向各位灾民送上衷心的问候，并祝愿灾区的人们平安、早日完成复兴！

　　3·11日本大地震给日本经济造成了很大破坏。日本曾是世界第二经济大国，但在2010年被中国赶超，跌落为世界第三，给日本、特别是亚洲太平洋地区带来了很大影响。日本银行总裁白川方明指出，大震灾给世界经济带来的影响虽不小，但也不会"影响太大"。那么，何种程度的影响才算是"大"呢？日本产品出口海外剧减，日本的对外贸易缩小，显然，这对日本及其他国家来说都是很不利的。从中短期来看，日本与亚洲太平洋地区的经济合作关系将会缩小，乃至弱化。

伴随着经济关系，日本与亚洲太平洋地区的政治外交关系也将有弱化的可能。在亚洲太平洋地区，特别是以 ASEAN 为中心的东南亚各国，早在 1971 年就提出了 ZOPEAN（东南亚和平、自由、中立地带 Zone of Peace, Freedom and Neutrality）、1976 年提出了 TAC（东南亚友好条约 The Treaty of Amity and Cooperation）、1994 年提出了 ARF（ASEAN 地区论坛 ASEAN Regional Forum）这些深谋远虑的构想。ASEAN 地区各大国（美、中、印、俄）保证，相互之间保持一定的距离，互不干涉、互不介入，在和平、自由、中立的原则下，进行经济建设。在 ASEAN 成立之前，有很多国家没有依存于某个特定大国。其中一半的国家（例如，除马来西亚、印度尼西亚以外的国家）试图请美国来填补亚洲太平洋地区的这一真空地带。而且，具有日美同盟关系的日本参与其中，引起了大家的关注。这样一来，处于因泡沫经济崩溃而难逃低迷经济"迷失的20年"的日本又逢此次大震灾，更加速了其经济的弱化。日本与 ASEAN 的经济关系很有可能变得薄弱，且在政治上、外交上的参与也有可能减弱。

另一方面，美国从未放弃过对亚洲太平洋地区事务的参与及影响力。美国长期呈巨额"双重赤字"，其政府国债被中日英大量购买，成为世界上最大的债务国。虽然在 1997 年发生的亚洲金融危机中，美国逃过一劫，但在 2008 年秋爆发的美国金融危机中，美国遭受了相当的损害。美国为了创造就业机会及促进出口贸易，无论如何也要加强同亚洲太平洋地区的经济合作关系。美国无论如何也不愿脱离东亚经济联合及亚洲太平洋地区经济联合。从ASEAN10+3（日、中、韩）发展到ASEAN10+6（日、中、韩、印、澳大利亚、新西兰），再到ASEAN10+6+2（美国和俄罗斯），直至发展到FTAAP（亚洲太平洋自由贸易协定）。此外，2006年由新加坡、文莱、智利、新西兰发起的TPP（环太平洋战略经济联合协定Trans-Pacific Strategic Economic Partnership Agreement）得到了美国、澳大利亚和其他ASEAN各国（例如马来西亚、越南）的赞同和支持，以空前之势发展起来。美国如此热衷于在亚洲太平洋地区的存在与影响力，在于其想加强同这一地区的经济合作关系。此外，日本拟于2011年6月之前作出是否加入TPP的最后决定。但此次大震灾中断了有关TPP的讨论，难以预测6月末是否能作出最后决定。日本6~7成的社会舆论（政界、产业界、学界、传媒界）赞同参加TPP，但农业方面人员大多持反对意见。日本无意与美国对立，但也不想被排斥在亚洲太平洋经济合作体之外，无论从哪个角度出发，都是要加入TPP的。加入TPP有利于日本大震灾后的经济重建及复兴。

　　现在，中国尚未明确表态是否加入TPP。中国注重ASEAN10+1（中国和ASEAN），也致力于构筑ASEAN10+3（日、中、韩）经济合作体制。而且，中国已意识到美国想在亚洲太平洋地区挑头儿，所以也不坚决排斥ASEAN10+3，不得已作出妥协，同意ASEAN10+6，乃至ASEAN10+6+2。但此次，中国政府对是否参与FTAAP及TPP保持沉默，似乎要看一下政界、产业界、学界、传媒界的议论，不急于作出决定。当然，中国要看日本、韩国的态度，还要特别看清ASEAN全体成员国的态度后再做决定。不管怎样，中国最终还是要参与TPP的，中国作为亚洲太平洋地区的经济大国、世界的经济大国，必须参与TPP。

自1978年改革开放以来的33年，中国的经济发展令人惊讶。西方国家期待中国由"世界的工厂"向"世界的市场"转变。中国正在以高速度从"贫困大国"向"小康社会的大国"发展。"建设有中国特色的社会主义国家"及"社会主义市场经济"是人类社会的初次尝试，抛开中国经济的重要性，世界经济就无从谈起。构筑东亚经济合作体制，不能抛开中国。同时，也不能忽视中国在应对亚洲金融危机及美国金融危机时的影响力和贡献。特别是现在，中国经济力量的参与，对东日本大震灾后的亚洲经济发展及日本经济的重建与复兴起着至关重要的作用。

但是，中国经济的发展并非十全十美。当然总体来讲，中国市场经济的发展是成功的。中国的一般国民富裕起来，中产阶级增加。过去，作为贫困大国的中国是世界的负担，现在，社会发展、富裕的中国为世界的进步、繁荣作出贡献。特别是在世界经济均不景气的今天，中国经济一枝独秀，发展好于BRICS的任何国家。在这种情况下，最重要的是中国要正确把握经济的实际情况，与亚洲太平洋地区经济及世界经济融洽地结合下去。

　　实际上，中国经济的发展也带来了很多的"弊端"，遇到了很多"必经的曲折"，这些都是经济发展的"负面遗产"。例如：环境的破坏、收入的差距、农村和城市的差距、沿海地区与内陆地区的差距、贪污腐败的蔓延等。重要的是，要全面地检查这些"负面遗产"，才能正确地把握中国经济的发展。

　　中国的经济发展这一模式，是否能成为发展中国家的参考？中国经济是否有可能持续发展？中国经济发展所形成的泡沫是否会最终破灭？作为近代社会的中国，是否能伴随着经济的发展做好法律的调整与完善？租金上涨、对外资优惠政策的修改、新设并增加了对外国企业及派遣员工的征税等，中国一贯实施的吸引外资的政策将如何调配、解决？本书的意图在于根据对上述问题进行客观分析和具体考察后，对政策提出建议。如果能为广大的读者重新认识中国献上一臂之力的话，实在是我们的荣幸。

林华生

（2011年5月吉日

于余震不断的东京家中）

本书执笔者、合作者一览

（除编者外，按日语五十音图排序）

林华生

早稻田大学亚洲太平洋研究院教授，早稻田大学亚洲太平洋研究中心教授，早稻田大学国际学术院教授，早稻田大学中华经济研究所所长。

一桥大学经济学部、经济硕士毕业。伦敦大学博士毕业。经新加坡国立东南亚研究所、新加坡国立大学、中京大学等，于1998年至今任早稻田大学教授。现任南开大学、同济大学、上海交通大学、北京师范大学、北京大学、中山大学、复旦大学、赫尔辛基大学、南洋工科大学等顾问、客座教授。主要著作有《ASEAN经济的地壳变动》（东京同文馆），《亚洲四极经济》（东京钻石社），《东盟、日本与中国人地区经贸合作》（编著新加坡世界科技出版社），《东亚经济圈》（北京世界知识出版社），《剖析东亚经济》（编著：新加坡世界科技出版社），《Peranan Jepang di Asia》（PT Gramedia Pustaka Utama, Indonesia），《Japan and China in East Asian Integration》（Institute of Southeast Asian Studies, Singapore），《亚洲经济的致命弱点》（编著：东京文真堂），《围绕世界经济危机——论日中印的真正价值》（编著：东京白帝社），《东亚政治经济论》（北京世界知识出版社），《转机中的中国》[编著:（东京）苍苍社] 等。

王云海

一桥大学大学院法学研究科教授、（日本）法文化学会理事长。

1982年毕业于西南政法大学。1982年任中国政法大学教师、1983年中国人民大学硕士在学、1984年赴日，在一桥大学取得硕士、博士学位。1999~2000年任美国哈佛大学客座研究员、2003年7月至今任一桥大学教授。著作有:《监狱行刑的法理》,《日本的刑罚是轻还是重》,《权力社会中国与文化社会日本》,《死刑的比较研究——中国、美国、日本》,《监管工作的比较研究——中国、美国、日本》等。

镰田熏

早稻田大学校长。

1970年早稻田大学法学部毕业，后在该大学取得法学研究科硕士、博士学位，1976年任法学部专职讲师，1978年任法学部副教授，1983年任法学部教授。研究领域为民法、不动产法、法国法。历任法学部教务主任（负责学生）、大学院法务研究科长等。2010年11月5日起任现职。专业为民法、房地产法、法国法。2006年10月任民法（债权法）修改研讨委员会委员长（至2009年）。此外，还历任日本土地法学会理事、日本佛教法学会理事、金融法学会理事等。著作有:《岩波讲座·现代法（全15卷）》（合著），《新不动产登记讲座（全7卷）》（合著），《民法学说百年史》（合著），《现代城市与私人土地》（合著），《思考法律学校—21世纪的法官培养及法学教育》（合著），《分析与展开·民法Ⅰ（总则·物权）（第3版）》（合著），《分析与展开.民法Ⅱ（债权）（第5版）》（合著），《立法学讲义》（合著）等。

木下俊彦
原早稻田大学教授。

1963年庆应义塾大学经济系毕业。同年，进入日本进出口银行（现国际合作银行）。从马尼拉驻在开始，历任雅加达主席驻在员、营业Ⅰ部部长、财务部长、哈佛大学国际开发研究所（HIID）兼美国经济研究所（NBER）客座研究员、海外投资研究所所长，1996年退行。并历任A. T. Kearny亚洲特别顾问、日本经济研究中心·研究委员（客座研究员）、大藏省财政金融研究所特别研究官、千叶工业大学讲师、早稻田大学商学部·大学院商学研究科教授、该学院国际教养学部教授，并参与该校教育部工作，早稻田大学大学院亚洲太平洋研究科教授（客座）。主要著作有：《21世纪的亚洲经济　从危机走向复苏》（合著），《日本企业的经营模式与日中经济》（与蒲田秀次郎等人合著《展望经济共同体》）等。

专业领域：国际经济、国际金融、国际企业经营、国际开发问题。主要著作有：《东亚的经济发展与国际资本流动》，《亚洲经济：向危险挑战》（与蒲田秀次郎合著）（劲草书房、2000年），《与亚洲的对话：亚洲中的日本及其作用》（与山泽逸平、关志雄合著），《日本与亚洲的经济状况》，《重新构建日本产业地的必要性迫在眉睫》（日本未来研究会），森地茂著《日本国土的未来》（日本经济新闻社），《日本企业的商业模式及日中经济》，《构筑东亚共同体展望经济共同体》（岩波书店），《世界金融危机与P2M的新需要》（《国际大纲·计划管理学会杂志》（October 2009,Vol.4），《世界金融危机时代的新兴国市场与全球企业的动向》、与林华生等人合著《论日中印的真正价值》（白帝社、2010年），《展望越南今后应有的经济社会及战略建议》（早大越南综合研究所编著），《东亚新时代及越南经济》（文真堂、2010年）等。

小口彦太

早稻田大学法学学术院教授、早稻田大学亚洲研究机构长、早稻田大学亚洲研究所所长、早稻田大学现代中国法研究所成员、早稻田大学现代中国研究所研究员。

1971年任早稻田大学法学部助手，1985年任早稻田大学法学部教授（至今），1994年任该大学法学部教务主任，1998年任该大学教务部部长，1981~1982年任哈佛法学院东亚法研究计划客座研究员，2002年任早稻田涩谷新加坡校副校长、该大学理事，2003年任该大学国际部部长，2005~2006年任该大学常任理事（副校长），2007年任早稻田涩谷新加坡校校长。专业是中国法。主要研究课题有：中国刑事法及中国民法（契约法、不法行为法、物权法）。著作有：《中国法入门》（合著·三省堂）1991年，《中国商务法及实际》（主编·日本评论社）1994年，《唐令拾遗补》（合著·东京大学出版会）1997年，《中国的经济发展与法》（编著·早稻田大学比较法研究所）1998年，《现代中国的审理及法》（单著·成文堂）2003年，《现代中国法》（合著·成文堂）2004年。

白木三秀

早稻田大学政治经济学术院教授、早稻田大学跨国HRM研究所所长。

早稻田大学政治经济学部毕业，该大学大学院经济学研究科博士后课程结业，经济学博士。国士馆大学政治经济学部教授，2005年至今任现职。专业是劳动经济学、社会政策及人力资源管理。

但见亮

一桥大学大学院法学研究科讲师。

1993年早稻田大学法学部毕业，早稻田大学法学研究科博士课程；2003年，早稻田大学比较法研究所助手；2006年，早稻田大学亚洲研究机构客座教师；2008年，早稻田大学法学学术院助教；2010年，桥大学法学研究科讲师至今。

谷口诚

早稻田大学中华经济研究所顾问、原岩手县县立大学校长、樱美林大学东北亚综合研究所特别顾问、东北亚研究交流网络（NEASE-Net）代表干事；同济大学、武汉大学客座教授。

一桥大学经济学部硕士课程结业，英国肯特大学毕业，外务省入职。任日本在NY联合国大法部特命全权大使，OECD事务次长，早稻田大学亚洲太平洋研究中心教授等，后任岩手县县立大学校长、日立金属株式会社社外监查役、天津外国语学院客座教授等。主要著作有：《南北问题 开发之路》（サイマル出版），《21世纪的南北问题 全球时代的挑战》（早稻田大学出版），《东亚共同体 经济统合的前途及日本》（岩波新书）等。2000年被授予二等瑞宝勋章。

张纪浔

城西大学大学院经济学研究科、经营学院教授。

1976年毕业于中国对外经济贸易大学，后任教员。1978~1980年作为中国文革后首批公费留学生来日本，留学于大阪外国语大学。1980~1985年任对外经贸大学专职讲师、日语教研室（现日语系）副主任。1985~1990年东京经济大学大学院经济研究科博士课程结业、获经济学博士。1990~1993年任国立茨城大学专职讲师、副教授，后于1993年转任城西大学副教授。2002年升职为经济学部教授。专业是国际经济论、亚洲经济开发论、中国劳动经济论。

杜进

拓殖大学国际学部教授。

经济学博士。拓殖大学国际学部教授。1988年一桥大学大学院结业、学习院大学东洋文化研究所助手，1991年北九州大学产业社会研究所副教授，1997年东洋大学国际地域学部教授，2001年至今任现职。著作有：《毛泽东、邓小平、江泽民》（合著）（东洋经济出版社）、《现代中国的结构变化2：经济》（合著）（东京大学出版会），《中国经济入门》（合著）（日本评论社），《日中关系及日本政治》（翻译书）（岩波书店）等。

滨胜彦

创价大学名誉教授、社团法人中国研究所理事长。

东京大学大学院（农业经济学）硕士。亚洲经济研究所香港和新加坡海外派遣员。外务省派出（驻北京日本大使馆经济部特别研究员），后任动向分析部长。1991年任创价大学文学部教授。亚洲宏观调控研究所董事、所长（兼任）。作为中国研究所理事，主持"21世纪丝绸之路研究会"。日本现代中国学会会员、日本亚洲政经学会会员。主要著作有:《中国——邓小平的近代化战略》,《邓小平时代的中国经济》,《亚洲经济的致命弱点》等。

洪诗鸿

阪南大学流通学部、大学院企业情报研究科兼职教授。

1965年生于中国福建省厦门市。1984年进入中国对外经济贸易大学。1986年作为日本文部省公费留学生（日研生）进入福井大学教育学部。1991年进入日本京都大学经济学研究科读硕士，1996年该大学博士课程中途退学，任阪南大学流通学部专职讲师。2006年任阪南大学流通学部、大学院企业情报研究科兼职教授。在2000年庄国土·田中恭子等编著的《中国侨乡研究》（厦门大学出版，2000年）一书中编写《华南华侨区域产业聚集及华南地区的外资》。2001年在刘晓峰等著（中国 人民大学出版社）《日本的危机》中担任编写2、3章。在2002年饶美姣编著的（香港商务印书馆，2002年）《新经济和两岸四地的经济合作》中，担任编写《珠江三角洲的IT聚集及对引入外资的影响》。2005年受大阪府企划室委托，编写报告书《关于近畿地区产业布局的优势·劣势的内外比较调查》(大阪府企划部 阪南大学)。广东省战略研究院特别研究员。(财团资助)大阪科学技术中心MATE研究会顾问。

森原隆
早稻田大学文学学术院教授、早稻田大学综合研究机构长。

1977年早稻田大学第一文学部西洋史系毕业。京都大学大学院文学研究科硕士、博士毕业后，1985年任鸟取大学教养部讲师，1988年任该大学教养部副教授，1992年任金泽大学文学部副教授，1999年任早稻田大学第一文学部副教授，2000年任第一文学部教授，2010年起任综合研究机构长。专业是近代·现代法国史、社会史、社会文化史。著作有:《欧洲·上层统治及政治文化》(成文堂，2010)等。

图书在版编目（CIP）数据

中国经济发展的必经之路：转型中的中国／（马来）林华生编著.
—北京：世界知识出版社，2011.12
ISBN 978-7-5012-4187-3

Ⅰ.①中… Ⅱ.①林… Ⅲ.①中国经济—经济发展—文集 Ⅳ.
①F124-53

中国版本图书馆CIP数据核字（2011）第241028号

图字：01-2011-8050号

责任编辑	龚玲琳　余　岚
责任出版	赵　玥
责任校对	陈可望
封面设计	小　月

书　名	中国经济发展的必经之路：转型中的中国 The Road to China's Economic Development —— China in Transition
编　著	［马来西亚］林华生
出版发行	世界知识出版社
地址邮编	北京市东城区干面胡同51号（100010）
网　址	www.wap1934.com
电　话	010-65265923（发行）　　010-65233645（书店）
印　刷	北京楠萍印刷有限公司
经　销	新华书店
开本印张	880×1230毫米　1/32　10¾印张
字　数	245千字
版次印次	2012年1月第一版　2012年1月第一次印刷
标准书号	ISBN 978-7-5012-4187-3
定　价	29.00元